左传译注

（春秋）左丘明 著

王珑燕 译注

北京联合出版公司
Beijing United Publishing Co., Ltd.

目录

前　言

《左传》原名《春秋左氏传》《左氏春秋》，与《春秋公羊传》和《春秋谷梁传》合成《春秋三传》。

“春秋”，指东周诸侯列国之历史，各国都有自己的《春秋》。今流传下来的只有鲁国的《春秋》，故《春秋》也就成为鲁国《春秋》的代称。相传《春秋》为孔子据史官所编史书修订而成，孔子以修订鲁国《春秋》为范本，就历史之事件，言春秋之微言大义。然《春秋》依旧记事过简，措辞晦涩，于是出现专门解《春秋》的经传，最出名者就是左氏、公羊、谷梁三家。

关于《左传》的作者，一直以来都是经学史上争议的焦点，至今仍无定论。主要有左丘明说、吴起说、子夏说以及刘歆伪造说。但目前最为大家公认的还是左丘明说。

最早提出《左传》作者的是西汉司马迁：

> 自孔子论史记次春秋，七十子之徒，口受其传，鲁君子左丘明惧弟子从异端，各安其意，失其真，故因孔子史记具论其语，成左氏春秋。
>
> ——《史记·十二诸侯年表序》

可见司马迁认为《左传》的作者是左丘明，其后孔颖达、刘师培、杜预等人，均把左丘明认定为《左传》的著者。

至于现行本《左传》共计有六十卷，共有十八万字，全书按照编年体形式，是我国古代第一部编年体史书。《左传》以时间为纲领，上起鲁隐公元年（公元前722年），下迄鲁悼公三年(公元前464年)，记载了前后共二百五十九年的史实。同时,《左传》与《春秋》并不完全一一对应。《左传》所记时代，除比《春秋》多十七年外，还保存了一些《春秋》以前的史事和传说。另外,《春秋》多记鲁国一国史事，而《左传》则除鲁国历史外，还记述了当时若干诸侯国的史事，涉及春秋时代各国的内政、外交、军事等方面的活动。

梁启超在《中国历史研究法》称《左传》是“商周以来史界之革命”，可见《左传》在史学上有着重要的地位。

《左传》首开以编年体记事的先河，按年、日、时为序记事，以《春秋》为纲，叙述事件的经过、刻画人物形象、分析史事原委。除记事外,《左传》亦记载时人外交辞令和文书，这对后世记言有着深刻的影响。故而《左传》集叙事、记言、论史为一体,对后世史家影响颇深。司马迁著《史记》就继承了《左传》的优良传统。同时,《左传》以史家直书的精神，保留了上古的珍贵史料。其书记载的春秋各国的官制、兵制、田制等资料，是研究制度渊源的珍贵材料。而其中又记载了春秋时代不少关于天道、鬼神、卜筮、灾祥的事，保留了很多当时的社会史料，极具参考价值。《左传》是保存春秋史料最重要的史书，连《史记》论及春秋时代史事，就有不少取材自《左传》，可见其在史学上的价值。

除历史价值外，《左传》还具有非常高的文学价值，这部书既是一部比较完整的历史著作，也是一部相当精彩的散文著作。历代的散文家都重视学习《左传》叙事和议论的笔法，并以它为楷模。可以说，《左传》是我国历史散文的开山之作。

《左传》所记之言主要是人物对话、外交辞令和谏说、议论之辞。这些文字简洁精练，委曲达意，婉而有致，栩栩如生，开启了战国时代纵横驰骋、酣畅淋漓的文风。同时，在修辞方面，《左传》大量运用比喻手法，并采用了生动的俗语、谚语和民谣，从而使行文更加准确、精练、生动、富有文采。《左传》叙事手法也非常独特，它注意完整地叙述事件的过程和因果关系，按时间顺序交代事件的发生、发展和结果的全过程，倒叙、预序、追叙和补记的手法也频繁使用，同时又使叙事具有戏剧性和神秘色彩。因此说，《左传》不仅记载了春秋各国所发生的历史事件，还以生动而明快的文字，向人们描述了一个色彩斑斓的春秋时代的大千世界。

《左传》问世以来，即有多种注本，前人注本中，西晋杜预《春秋左氏经传集解》是《左传》注解流传至今最早的一种，对后世研究《左传》颇有影响。此外清人刘文淇《春秋左氏传旧注疏正》为公认善本，此书由其创始，其子刘毓崧、孙刘寿曾继之，三代共治，百年而成，该书于1959出版。日本著名汉学家竹添光鸿有《左氏会笺》是为《左传》所作的一部具有注疏性质的鸿篇巨制，亦是研究《左传》的必读书。今人杨伯峻先生《春秋左传注》注释周详，为当今诵读《左传》最为流行的一个本子。笔者今次以鄙陋之资,重注《左传》不免忐忑不安。

本书以北京大学出版社《十三经注疏》为底本，主要参考了杜预注本和杨伯峻先生注本，同时李梦生先生注本亦使我获益良多。在此表示谢意。另，鉴于篇幅所限，本书作了选译处理，并在原著分卷基础之上，另行分卷。所选篇目虽俱是名篇，但无法避免遗漏，望读者见谅。

王珑燕

2012 年 10 月

卷一 隐公

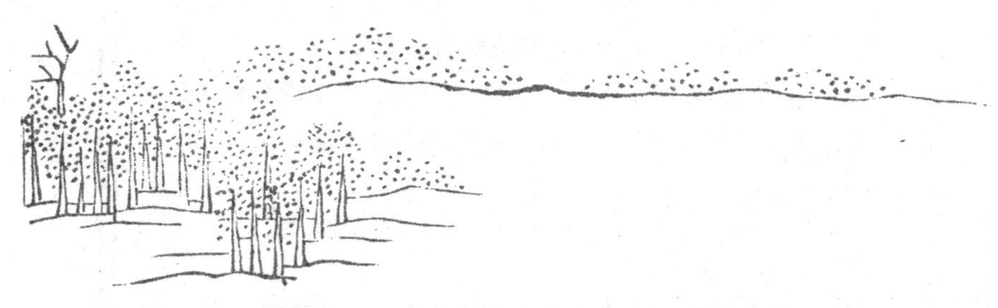

郑伯克段于鄢
隐公元年

初[①]，郑武公娶于申[②]，曰武姜[③]，生庄公及共叔段[④]。庄公寤生[⑤]，惊姜氏，故名曰寤生，遂恶之[⑥]。爱共叔段，欲立之。亟请于武公[⑦]，公弗许。

注释

①初：当初。

②郑武公：郑国国君，名掘突，桓公子，前770—前744年在位。申：国名，姜姓。其地在今河南南阳一带。

③武姜：郑武公之妻。“武”表丈夫为武公，姜是她的姓。

④庄公：前743—前701年在位。共叔段：庄公的弟弟，名段。古代常以“伯、仲、叔、季”表示兄弟排行，段比庄公小三岁，称叔。共，地名，在今河南辉县，故称“共叔段”。

⑤寤生：即逆生，指胎儿脚先出来，难产的一种。寤，通“牾wǔ”，逆，横着。

⑥恶：厌恶。

⑦亟qì：屡次，多次。

译文

当初，郑武公从申国娶了一个妻子，名叫武姜，她生下庄公和共叔段。庄公出生时脚先头后，使武姜受到惊吓，所以武姜给他取名叫“寤生”，并因此很厌恶他。武姜偏爱共叔段，想立共叔段为太子，多次向武公请求，武公都没答应。

及庄公即位，为之请制[①]。公曰："制，岩邑也[②]，虢叔死焉[③]。佗邑唯命[④]。"请京[⑤]，使居之，谓之京城大叔。

注释

①请制：请求以制邑为封地。制，郑国地名，又名虎牢。原是东虢国之地，后东虢为郑地，地入关中，在今河南荥阳市境内。

②岩邑：险要的城市。

③虢guó叔：东虢国君。郑武公灭东虢时虢叔死于制邑。

④佗：同"他"。

⑤京：郑国地名，在今河南荥阳东南。

译文

到庄公即位，武姜就替共叔段请求把制邑作为封地。庄公说："制邑是个险要的地方，从前虢叔就死在那里。若是选择其他城邑，我都可以照办。"武姜便请求封给共叔段京邑，让他住在那里，称他为京城大叔。

祭仲曰[①]："都，城过百雉[②]，国之害也。先王之制：大都，不过参国之一；中，五之一；小，九之一。今京不度[③]，非制也，君将不堪。"公曰："姜氏欲之，焉辟害[④]？"对曰："姜氏何厌之有[⑤]？不如早为之所[⑥]，无使滋蔓，蔓，难图也。蔓草犹不可除，况君之宠弟乎？"公曰："多行不义，必自毙，子姑待之。"

注释

①祭仲：郑国大夫。

②雉：古代计量城墙面积，长三丈高一丈为一雉。

③不度：不合法度。

④辟：同“避”。

⑤厌：满足。

⑥所：处所，地方。此处为处置之意。

译文

大夫祭仲说：“分封的都城如果城墙超过三百平方丈，就会对国家构成威胁。先王的制度规定，国内最大的城邑不能超过国都的三分之一，中等的不得超过它的五分之一，小的不能超过它的九分之一。如今，京邑的城墙不合规矩，不合祖制，恐怕会有损您的利益。”庄公说：“姜氏想这样，我怎么躲开这种祸害呢？”祭仲回答说：“姜氏哪里有满足的时候！不如及早处置，别让祸根进一步滋长蔓延，一经蔓延就难办了。蔓延开来的野草尚不能铲除干净，何况是您那受到宠爱的弟弟呢？”庄公说：“多做不义的事情，必定会自食恶果，你姑且等待。”

既而大叔命西鄙①、北鄙贰于己②。公子吕曰③：“国不堪贰，君将若之何？欲与大叔，臣请事之④；若弗与，则请除之，无生民心。”公曰：“无庸⑤，将自及。”大叔又收贰以为己邑，至于廪延⑥。子封曰：“可矣。厚将得众⑦。”公曰：“不义，不昵，厚将崩。”

注释

①鄙：边境。

②贰于己：使原来属于郑庄公管辖的西北边邑也同时臣属于自己。

③公子吕：郑大夫，字子封。

④事：侍奉，听其命令。

⑤无庸：不用，用不着。

⑥廪延：郑国地名，在今河南延津县北。

⑦厚：领土扩大，指其实力雄厚。

译文

过了不久，共叔段使原来属于郑国的西边和北边的边邑既听命庄公，又听命自己，成两属之地。公子吕说："国家不能出现两面听命的情况，现在您打算怎么办？您如果打算让位于大叔，那么我请求去服侍他；如果不想让位，那么就请除掉他，不要使百姓产生疑虑。"庄公说："用不着管他，他会自取其祸的。"共叔进而又把两处地方收为自己统辖的地方，已经扩展到了廪延。子封说："可以行动了！势力扩大了，他也会得到白姓的拥护。"庄公说："不义，则不能团结其众，势力再大也最终会垮台的。"

大叔完聚[①]，缮甲兵[②]，具卒乘[③]，将袭郑。夫人将启之[④]。公闻其期，曰："可矣。"命子封帅车二百乘以伐京。京叛大叔段，段入于鄢[⑤]。公伐诸鄢。五月辛丑，大叔出奔共。

注释

①完聚：指修整城墙，聚集粮食。完，修整。

②缮：制造，修理。甲兵：衣甲兵器。

③具：准备。卒：步兵。乘：战车。古代一乘有甲士三人，步卒七十二人。

④启：开启。这里指开启城门，做内应。

⑤鄢：郑国地名，在今河南鄢陵北。

译文

共叔段修整了城郭，准备好了充足的粮食，修缮盔甲兵器，备足步兵和战车，将要袭击郑国国都。武姜准备为共叔段打开城门做内应。庄公知道了共叔段偷袭郑的日期，说：“可以出击了。”于是命令子封率领二百辆战车去讨伐京邑。京邑的百姓背叛了共叔段，共叔段于是逃到鄢城。庄公又追到鄢城讨伐他。五月二十三日，共叔段逃亡到共国。

书曰①：“郑伯克段于鄢。”段不弟②，故不言弟；如二君，故曰克；称郑伯，讥失教也；谓之郑志③。不言出奔，难之也。

注释

①书：指《春秋》。“郑伯克段于鄢”为经文的记述，以下为《左传》对经文的说明。

②不弟：不像做弟弟的样子。

③郑志：郑庄公的意愿。指郑庄公有意纵容共叔段，意在将其彻底铲除。

译文

《春秋》记载道："郑伯克段于鄢。"意思是说共叔段不遵守做弟弟的本分，所以不称他为弟弟；这场兄弟之争，如同两个国君之间的战争，所以用"克"字；称庄公为"郑伯"，是讥讽他对弟弟有失教诲；事情的发展是郑伯蓄意安排的，赶走共叔段是他的本意。没有提及共叔段出奔，是史官下笔为难。

遂置姜氏于城颍[1]，而誓之曰："不及黄泉[2]，无相见也！"既而悔之。

注释

①城颍：郑国地名，在今河南临颍西北。

②黄泉：指人死后埋葬的地方；阴间。

译文

于是庄公就把武姜安置在城颍，并且发誓说："不到黄泉，绝不再见面了！"不久后又对此后悔。

颍考叔为颍谷封人[1]，闻之，有献于公。公赐之食。食舍肉。公问之。对曰："小人有母，皆尝小人之食矣，未尝君之羹，请以遗之。"公曰："尔有母遗，繄我独无[2]！"颍考叔曰："敢问何谓也？"公语之故，且告之悔。对曰："君何患焉？若阙地及泉[3]，隧而相见，其谁曰不然？"公从之。公入而赋："大隧之中，其乐也融融！"姜出而赋："大隧之外，其乐也洩洩[4]！"遂为母子如初。

注释

①颍考叔：郑国大夫。颍谷：郑国地名，在今河南登封西。封人：管理边界的官。

②繄yī：句首语气词。

③阙：通“掘”，指挖掘隧道。

④洩洩yì：舒畅的样子。

译文

有个叫颍考叔的，是颍谷管理疆界的官吏，听到这件事，就找机会献贡品给郑庄公。庄公赐给他美食。颍考叔在吃饭的时候，把肉留着。庄公问他为什么那样做。颍考叔答道：“小人的母亲健在，我吃的东西她都吃过，只是从未吃过君王的肉羹，请允许我带回去给她吃。”庄公说：“你有母亲可以孝敬，唉，唯独我没有。”颍考叔说：“请问您为什么这么说？”庄公把原因告诉了他，还告诉颍考叔他后悔的心情。颍考叔答道：“君王有什么可忧虑的？只要掘地挖出泉水，在挖的隧道里见面，那谁能说您是违背了誓言呢？”庄公听从了他的计策。庄公走进隧道去见武姜，赋诗道：“大隧之中相见，多么和睦融洽啊！”武姜走出地道，赋诗道：“大隧之外相见，多么舒畅快乐啊！”于是姜氏和庄公的关系恢复如初。

君子曰[1]："颍考叔，纯孝也，爱其母，施及庄公[2]。《诗》曰[3]：'孝子不匮[4]，永锡尔类[5]。'其是之谓乎？"

注释

①君子：《左传》中惯用的发表评论方式，指时人君子，或只是作者的假托。

②施：推广，扩展。

③《诗》：指《诗经·大雅·既醉》篇。

④匮：穷尽。

⑤锡：通"赐"，给予。

译文

当时的君子说："颍考叔是位真正的孝子，他不仅孝顺自己的母亲，而且把这种孝心推及到郑伯身上。《诗经·既醉》篇说：'孝子之心没有竭尽，永远能感化你的同类。'大概说的就是这种情况吧！"

周郑交质
隐公三年

郑武公、庄公为平王卿士[①]。王贰于虢[②]。郑伯怨王[③]。王曰："无之。"故周郑交质[④]。王子狐为质于郑[⑤]，郑公子忽为质于周[⑥]。王崩，周人将畀虢公政[⑦]。四月，郑祭足帅师取温之麦[⑧]。秋，又取成周之禾[⑨]。周郑交恶。

注释

①郑武公：郑庄公之父，春秋初期郑国君主。

卿士：执政大臣。周平王东迁，郑国发挥了重要作用，因此受封，郑国国君既是王君又是王臣。

②贰：兼用。虢：指西虢公。

③郑伯：指郑庄公。

④交质：交换人质。

⑤王子狐：周平王的儿子。

⑥郑公子忽：郑庄公之子，后即位为昭公。

⑦畀 bì：给予。

⑧祭足：即祭仲，郑大夫。

温：地名，周的一个邑，在今河南温县南。

⑨成周：周地，在今河南洛阳市东。

译文

郑武公、庄公担任周平王的卿士。周平王同时又偏爱西虢公。郑庄公因此怨恨平王，平王说："没有这回事。"所以周郑交换人质。周的王子狐在郑国做人质，郑国的公子忽在周做人质。周王死，周的人准备把政权交给虢公。四月，郑国的祭足率领士兵收了温地的麦子。秋天，又收割了周的禾。周和郑国因此结下仇怨。

君子曰："信不由中①，质无益也。明恕而行②，要之以礼③，虽无有质，谁能间之？苟有明信，涧溪沼沚之毛，蘋蘩蕰藻之菜④，筐筥锜釜之器⑤，潢污行潦之水⑥，可荐于鬼神，可羞于王公⑦，而况君子结二国之信。行之以礼，又焉用质？《风》有《采蘩》《采蘋》⑧，《雅》有《行苇》《泂酌》⑨，昭忠信也。"

注释

①中：同"衷"。

②明恕：互相体谅，坦诚宽容。

③要：约束。

④蘋：浮萍。蘩：白蒿。蕰藻：密集的小草。

⑤筥 jǔ：圆形竹器。锜 qí 釜：炊具，有足为锜，无足为釜。

⑥潢污：指低洼处的积水。行潦：道路上的积水。

⑦羞：同"荐"，进献之意。

⑧《风》：指《诗经·国风》。《采蘩》《采蘋》：《诗经》篇名，出自《国风·召南》，写妇女采集野菜以供祭祀。

⑨《雅》：指《诗经》中的《大雅》《小雅》。《行苇》《泂jiǒng酌》：《诗经》篇名，出自《大雅》。

译文

当时的君子说："诚信若不是发自衷心，即使有人质也没什么用处。彼此体谅、坦诚而后行事，再以礼数加以约束，就算没有人质，又有什么能离间他们呢？如果有诚心，即使是山涧或小池里生长的野草，蘋、蘩、薀、藻之类的植物，用一般的竹制器具或炊具盛载，用大小坑洼里或道路上的积水来浸泡，都可以献给鬼神，进献给王公，更何况是君子建立了两国的信用呢？按照礼仪行事，哪里用得着什么人质？《国风》有《采蘩》《采蘋》，《大雅》有《行苇》《泂酌》这些诗篇，就是为了昭明忠信。"

臧僖伯谏观鱼

隐公五年

五年春，公将如棠观鱼者①。臧僖伯谏曰②："凡物不足以讲大事③，其材不足以备器用④，则君不举焉⑤。君，将纳民于轨物者也⑥。故讲事以度轨量谓之'轨'，取材以章物采谓之'物'，不轨不物，谓之乱政。乱政亟行，所以败也。故春蒐、夏苗、秋狝、冬狩⑦，皆于农隙以讲事也。三年而治兵⑧，入而振旅⑨，归而饮至⑩，以数军实⑪。昭文章，明贵贱，辨等列，顺少长，习威仪也。鸟兽之肉不登于俎⑫，皮革、齿牙、骨角、毛羽不登于器，则公不射，古之制也。若夫山林川泽之实，器用之资，皂隶之事⑬，官司之守，非君所及也。"

注释

①公：指鲁隐公。如棠：前往棠地。如，到，往。棠，鲁国地名，在今山东鱼台西南。鱼者：即渔者，指捕鱼的人。

②臧僖伯：鲁公子姬彄 kōu，字子臧，鲁孝公之子。

③讲：讲习。大事：指祭祀与军事。

④器用：礼器与军用物资。

⑤举：举动，行动。

⑥轨物：法度与礼制。

⑦春蒐 sōu、夏苗、秋狝、冬狩：蒐、苗、狝、狩分别为四个季节打猎活动的称呼。蒐：搜索、猎取没有怀胎的禽兽。苗：猎取残害庄稼的禽兽。狝：秋猎，可杀伤禽兽。狩：围猎，各种兽类均可取。

⑧三年：每三年。治兵：军事演习。

⑨振旅：整顿军马。

⑩饮至：古代的一种典礼，凡国君出外，行时必告宗庙，还时也须告宗庙。还时之吉，于从者有慰劳，谓之饮至。

⑪数：清点。军实：指车马、人数、器械与所获物品。

⑫登：装入。俎：祭祀时装肉用的器具。

⑬皂隶：古代对下层服役人员的称呼。因其以黑巾包头，故称皂隶。

译文

五年春，隐公准备到棠地观看渔人捕鱼，臧僖伯劝阻说：“凡是物品，不能用到讲习祭祀与军戎大事上，它的材料不能够制作礼器和兵器，那么国君对它就不会有所举动。国君是要把百姓纳入到法度与礼制中的人。所以演习大事以端正法度为‘轨’，选取材料以制作重要器物为‘物’。君主若做事不合礼法，滥用无关大事之物，就是乱政。乱政之举若屡次发生，国家就要败亡了。所以春蒐、夏苗、秋狝、冬狩这四种打猎的仪式，都是在农闲时演习。每三年大演习一次，演习完毕后进入国都要整顿军队，回来祭祖告宗庙，宴请臣下，犒赏随员，以清点猎获的物资。车服旌旗要纹彩鲜明，明辨贵贱，分清等级，少长有序，这是为了讲习军队的威仪。鸟兽的肉上不了宗庙的祭器，它的皮革、牙齿、骨角、毛羽不用到礼器上，国君就不去射它，这是先祖定的制度。至于山林、河泽的产物，是制作一般器物所用的材料，这是下等人的事情，有关官吏的职责，不是国君所应涉及的。”

公曰[①]："吾将略地焉[②]。"遂往，陈鱼而观之[③]，僖伯称疾，不从。书曰："公矢鱼于棠[④]"。非礼也，且言远地也。

注释

①公：指鲁隐公。

②略地：巡视边境。

③陈鱼：陈设捕鱼用器。

④矢：通"施"，陈设。

译文

隐公说："我打算视察一下边境。"于是隐公就动身前往棠邑，让捕鱼者摆出捕鱼场面，供他观赏。臧僖伯推说有病，没有随同前往。《春秋》记载："隐公在棠地陈列渔具。"指出隐公的行为不合礼制，而且暗示棠地远离国都。

卷二 桓公

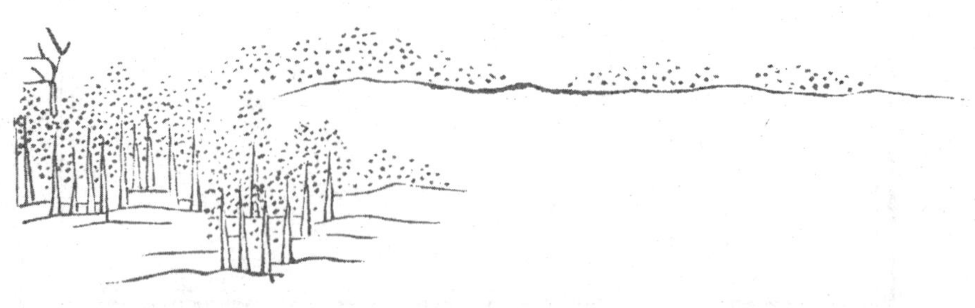

楚武王伐随

桓公六年

楚武王侵随[1]，使薳章求成焉[2]，军于瑕以待之[3]。随人使少师董成[4]。斗伯比言于楚子曰[5]："吾不得志于汉东也[6]，我则使然[7]。我张吾三军而被吾甲兵[8]，以武临之，彼则惧而协以谋我，故难间也。汉东之国，随为大。随张[9]，必弃小国。小国离，楚之利也。少师侈，请羸师以张之。"熊率且比曰[10]："季梁在[11]，何益？"斗伯比曰："以为后图，少师得其君。"王毁军而纳少师[12]。

注释

①楚武王：楚国国君，名熊通，前740—前690年在位。随：姬姓国，其地在今湖北随州。

②薳 wěi 章：楚大夫。成：和议，和谈。

③瑕：随地，在今河北随州市。

④少师：官名。董：主持。

⑤斗伯比：楚国大夫。

⑥汉东：汉水以东的地区。

⑦使然：导致这种情况。

⑧张：扩展，张大。被吾甲兵：整顿武器装备。

⑨张：张大。此处引申狂妄自大。

⑩熊率且比：楚国大夫。

⑪季梁：楚国贤臣。

⑫毁军：毁损军容，故意伪装出楚军软弱无力之相。

译文

楚武王入侵随国，先派薳章去求和，把军队驻在瑕地以等待。随国人派出少师主持和谈。斗伯比对楚武王说："我国在汉水东边一直不能达到目的，是我们自己造成的。我们扩充军队，整顿装备，用武力逼迫这些国家，他们害怕因而联合起来对付我们，所以就难于离间了。在汉水东边的国家中，随国是最大的。随国要是自高自大，就必然抛弃周边小国。小国离心，对我们楚国有利。少师这个人为人骄奢，请君王故意使军队表现出衰弱的状态，以助长他的骄傲的气焰。"熊率且比说："随国有季梁在，这样做有什么好处？"斗伯比说："这是为以后打算，因为少师可以得到他们国君的信任。"于是楚武王就用故作衰弱的军队来接待少师。

少师归，请追楚师。随侯将许之。季梁止之，曰："天方授楚①，楚之羸，其诱我也。君何急焉？臣闻小之能敌大也，小道大淫②。所谓道，忠于民而信于神也。上思利民，忠也；祝史正辞③，信也。今民馁而君逞欲④，祝史矫举以祭⑤，臣不知其可也。"公曰："吾牲牷肥腯⑥，粢盛丰备⑦，何则不信？"对曰："夫民，神之主也。是以圣王先成民而后致力于神。故奉牲以告曰'博硕肥腯'，谓民力之普存也，谓其畜之硕大蕃滋也，谓其不疾瘯蠡也⑧，谓其备腯咸有也⑨；奉盛以告曰'洁粢丰盛'，谓其三时不害而民和年丰也⑩；奉酒醴以告曰'嘉栗旨酒'⑪，谓其上下皆有嘉德而无违心也。所谓馨香，无谗慝也⑫。故务其三时，修其五教⑬，亲其九族，以致其禋祀[14]。于是乎民和而神降之福，故动则有成。今民各有心，而鬼神乏主；君虽独丰，其何福之有？君姑修政，而亲兄弟之国[15]，庶免于难。”随侯惧而修政，楚不敢伐。

注释

①授楚：降福给楚国，指楚国国力强盛。授，赋予好运。

②小道大淫：小指小国，大指大国。道，道义，与道相合。淫，无节制，淫虐乱政。

③祝史：祝管史官的合称，指主持祭祀的人。

正辞：言辞正实不虚美。

④馁：饿。

⑤矫举：诈称功德，不诚信与神明。

⑥牷 quán：毛色纯一的牲畜。腯 tú：肥壮。

⑦粢 zī：粮食。粢盛：装在祭器中的粮食。

⑧瘯蠡 cùlǐ：家畜疫病。

⑨咸：全，都。

⑩三时：指春夏秋三季。

⑪醴 lǐ：甜酒。

⑫谗慝tè：谗言恶语。慝，邪恶。

⑬五教：指父义、母慈、兄友、弟恭、子孝。

⑭禋祀：指祭祀鬼神。

⑮兄弟之国：指江东姬姓的诸侯国。

译文

少师回去，请命追击楚军。随侯将要答应，季梁劝阻说：“天意正在帮助楚国，楚国军队显出羸弱的样子，是引诱我们。君王何必急于从事？下臣听说小国之所以能够抵抗大国，是小国有道而大国无度。所谓道，就是忠于百姓而取信于神明。国君想到对百姓有利，这是忠；祝史祭祀时的言辞诚恳不欺，这是信。现在百姓饥饿而国君放纵个人享乐，祝史以诈伪之词祭祀，下臣从未听说这样能行得通。”随侯回答说：“我祭祀用的牲口都是纯色并且肥壮的，器物中盛放的黍稷也都丰盛完备，为什么不能取信于神明？”季梁回答说：“百姓，是神灵的主宰。因此圣明的君王先使百姓安居乐业，而后才致力于神明，所以在奉献牺牲的时候祝告说：‘牲口又大又肥。’这是说百姓的财力普遍富足，牲畜肥壮而繁殖众多，并没有得病瘦弱，又有各种优良品种。在奉献黍稷的时候祝告说：‘洁净的粮食盛得富足。’这是说春、夏、秋三季没有天灾，百姓和顺并且收成很好。在奉献甜酒的时候祝告说：‘又好又清的美酒。’这是说由上到下都有美好的德行而没有异心。所谓的祭品芳香，就是人心无恶意。所以使他们在农时勤于耕种，修明五教，亲睦自己的亲族，用这些行为致祭神明，因此百姓和睦神灵也降福于他们，从而做任何事情都皆有所成。现在百姓各有异心，鬼神没有主宰，君王独自祭祀丰富，又能求得什么福泽呢？君王姑且修明政治，亲近兄弟国家，也许能够免于祸难。”随侯听后害怕，从而修明政治，楚国就没有敢来攻打。

卷三 庄公

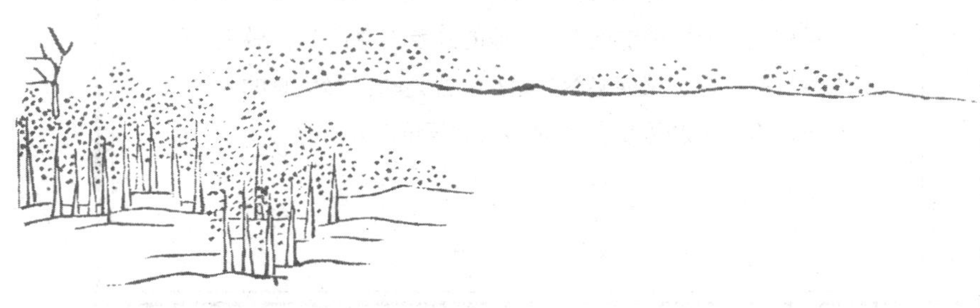

曹刿论战
庄公十年

十年春，齐师伐我[①]。公将战[②]，曹刿请见[③]。其乡人曰[④]："肉食者谋之[⑤]，又何间焉[⑥]？"刿曰："肉食者鄙[⑦]，未能远谋。"乃入见。

注释

①我：指鲁国。作者站在鲁国立场记事，所以书中"我"即指鲁国。

②公：指鲁庄公。前693—前662年在位。

③曹刿 guì：鲁国大夫。

④乡人：同乡人。

⑤肉食者：古代吃肉是位高禄厚的人才能常享的待遇。这里指国君、大夫等政治决策者。

⑥间：参与。

⑦鄙：鄙陋，指见识短浅。

译文

鲁庄公十年的春天，齐国的军队攻打鲁国。鲁庄公准备出兵应战，曹刿请求见庄公。他的同乡人说："这是做大官的人谋划的事，你又何必参与呢？"曹刿说："做大官的人见识短浅，不能深谋远虑。"于是他入朝拜见庄公。

问：“何以战？”公曰：“衣食所安，弗敢专也[①]，必以分人。”对曰：“小惠未徧，民弗从也。”公曰：“牺牲玉帛[②]，弗敢加也[③]，必以信。”对曰：“小信未孚[④]，神弗福也。”公曰：“小大之狱，虽不能察，必以情[⑤]。”对曰：“忠之属也[⑥]，可以一战。战则请从。”

注释

①专：专有，独占。

②牺牲：祭礼时用的牲畜，如牛、羊、猪。

③加：增加，夸大。

④孚：信任。

⑤情：情理，实情。

⑥属：种类。

译文

曹刿问庄公：“您凭借什么去同齐国作战？”庄公答道：“暖衣饱食之类的安身之物，我不敢独自享用，必定要分一些给别人。”曹刿说：“这种小恩小惠不能遍及每个民众，百姓不会跟从您去作战的。”庄公说：“祭祀用的牛、羊、猪、宝玉和丝绸等物，有规定数量，我不敢擅自夸大；向神和祖先祝告时，必定忠实诚信。”曹刿答道：“这种小信用不足以使神明保佑，他们不会因此降福的。”庄公说：“大大小小的官司案件，虽然不能一一明察，也一定要处理得合情合理。”曹刿说：“这是忠心为民办事的一种表现，可以凭这个同齐国打仗。打仗的时候，请让我跟随您一同前往。”

公与之乘，战于长勺[1]。公将鼓之[2]。刿曰："未可。"齐人三鼓。刿曰："可矣。"齐师败绩。公将驰之。刿曰："未可。"下视其辙，登轼而望之[3]，曰："可矣。"遂逐齐师。

注释

①长勺：鲁国地名，在今山东莱芜东北。

②鼓：动词，击鼓。古代战争以击鼓为进攻号令。

③轼：车前供乘者扶手的横木。

译文

庄公和曹刿同乘一辆战车，在长勺同齐军交战。庄公准备击鼓进兵，曹刿说："还不行。"齐军已经击了三通鼓。曹刿说："可以进军了。"齐军大败，庄公准备驱车追击。曹刿说："还不行。"他下了车，仔细察看齐军车轮的印迹，然后登上车，扶着车轼瞭望齐军，说："可以追击了。"于是追击齐军。

既克，公问其故。对曰："夫战，勇气也。一鼓作气[1]，再而衰，三而竭。彼竭我盈，故克之。夫大国，难测也，惧有伏焉。吾视其辙乱，望其旗靡[2]，故逐之。"

注释

①一鼓：第一次击鼓。作气：振奋起士气。

②靡：倒下。

译文

鲁军胜利之后，庄公问曹刿什么缘故。曹刿回答说："打仗全凭的是勇气。第一次击鼓时士兵们鼓足了勇气，第二次击鼓时勇气就衰退了，第三次击鼓时勇气便耗尽了。敌方的勇气耗尽之时，我军的勇气正充盈，所以会取胜。大国用兵作战难以琢磨，我怕他们设兵埋伏。后来我仔细察看，发现他们的车轮印很乱，远望他们的旗帜已经倒下，所以才去追击他们。"

卷四 闵公

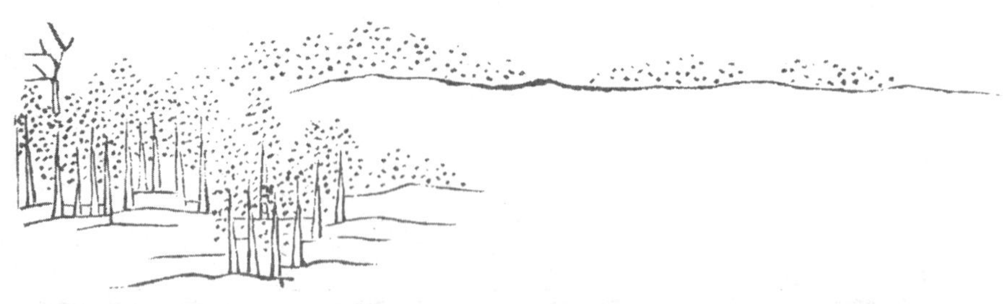

卫懿公好鹤

闵公二年

冬十二月，狄人伐卫[①]。卫懿公好鹤[②]，鹤有乘轩者[③]。将战，国人受甲者皆曰[④]："使鹤！鹤实有禄位，余焉能战？"公与石祁子玦[⑤]，与宁庄子矢[⑥]，使守，曰："以此赞国[⑦]，择利而为之。"与夫人绣衣，曰："听于二子。"渠孔御戎[⑧]，子伯为右，黄夷前驱，孔婴齐殿。及狄人战于荧泽[⑨]，卫师败绩，遂灭卫。卫侯不去其旗，是以甚败。狄人囚史华龙滑与礼孔，以逐卫人。二人曰："我，大史也，实掌其祭。不先，国不可得也。"乃先之。至，则告守曰："不可待也[⑩]。"夜与国人出。狄入卫，遂从之[⑪]，又败诸河。

注释

①狄人：古代北方少数民族之一，以游牧狩猎为主，分布在今山西河南等地。

②卫懿公：名赤，卫惠公之子，前668—前660年在位。

③轩：古代大夫以上的人乘坐的车。

④受甲：接受铠甲与兵器出战的人。当时兵器都收于国家，战事时则发于征召者，战后交还。

⑤石祁子：卫大夫。玦 jué：有缺口的环形佩玉。玦通常是随身携带，赠与别人表示完全信任之意。

⑥宁庄子：名速，卫正卿。

矢：指箭，用于作战。与矢表示赋予兵权。

⑦赞国：辅助国家。

⑧御戎：御为驾车，戎为战车。

⑨荧泽：古泽名，在今河南祁县东。

⑩待：抵御。

⑪从：追击。

译文

冬十二月，狄人进攻卫国。卫懿公喜欢鹤，王宫里的鹤有乘坐轩车的。将要作战时，接受甲胄的士兵都说："让鹤去抵抗敌人吧，鹤有俸禄和官职，我们哪里能打仗呢！"懿公把玉佩给了石祁子，把箭给了宁庄子，派他们守御，说："用这个来辅助国家行使权力，选择有利卫国去做。"把绣衣给了夫人，说："听命他们二人！"卫懿公安排渠孔驾驭战车，子伯作为车右；黄夷打冲锋，孔婴齐指挥后军。和狄人在荧泽作战，卫军大败，狄人就灭亡了卫国。卫侯不肯去掉自己的旗帜，所以输得很惨。狄人囚禁了史官华龙滑和礼孔以追赶卫国人。这两个人说："我们，是太史之官，执掌祭祀。如果不先回去，你们是不能得到国都的。"于是就让他们先回去。他们到达，就告诉守卫的人说："不能抵御了。"夜里和国都的人一起退走。狄人进入卫国国都，跟着追上去，又在黄河边上打败了卫国人。

初，惠公之即位也少①，齐人使昭伯烝于宣姜②，不可，强之。生齐子、戴公、文公、宋桓夫人、许穆夫人③。文公为卫之多患也，先适齐。及败，宋桓公逆诸河④，宵济⑤。卫之遗民男女七百有三十人，益之以共、滕之民为五千人⑥，立戴公以庐于曹⑦。许穆夫人赋《载驰》⑧。齐侯使公子无亏帅车三百乘、甲士三千人以戍曹⑨。归公乘马⑩，祭服五称，牛羊豕鸡狗皆三百与门材。归夫人鱼轩⑪，重锦三十两⑫。

注释

①惠公：名朔，卫懿公之父。前699—前697年、前686—前669年在位。

②齐人：指齐僖公，宣姜即其女儿。昭伯：卫惠公庶兄。烝：古代指与非血亲母辈发生性关系的专用词。

③齐子：宣姜与昭伯所生长子之小名。戴公：卫戴公，名申，前660年在位。文公：卫文公，名毁，前659—前635年在位。宋桓夫人、许穆夫人：皆为卫文公之妹，嫁宋桓公者称宋桓夫人，嫁许穆公者称许穆夫人，许穆夫人是我国见于记载的第一位女诗人。

④逆：迎接。

⑤宵济：夜渡。因狄人追赶，故连夜过河。

⑥共、滕：卫国的两个城邑。

⑦庐：临时搭建的住所，这里有寄居之意。

曹：卫邑，在今河南滑县西南。

⑧《载驰》：收入《诗经·墉风》，是许穆夫人悼念故国沦亡的诗句，她提出向齐国求助的主张。

⑨齐侯：指齐桓公。公子无亏：齐桓公之子，字武孟。

⑩归：通“馈”，赠送之意。乘：一车四马。

称：上衣下裳配全的一套。门材：做门户的木材。

⑪鱼轩：鱼皮做装饰的车子，专供贵族女性所用。

⑫重锦：厚实的细锦。两：即匹，长四丈。

译文

起初，卫惠公即位的时候还很年轻，齐人让昭伯和宣姜成亲，昭伯不同意，齐国人就强迫他接受，生下了齐子、戴公、文公、宋桓夫人、许穆夫人。文公由于卫国祸患太多，先到了齐国。等到卫国这次大败，宋桓公在黄河边上迎接，连夜渡河。卫国的遗民男女共计七百三十人，加上共地、滕地的百姓共五千人。立戴公为国君。暂时寄居在曹邑，许穆夫人作了《载驰》这首诗。齐桓公派遣公子无亏率领战车三百辆、披甲战士三千人守卫曹邑，赠送给戴公驾车的马匹，五套祭服，牛、羊、猪、鸡、狗数都是三百，还有做门户的木材；赠送夫人用鱼皮装饰的车子，以及上等的绸缎三十匹。

卷五 僖公

齐桓公伐楚
僖公四年

四年春，齐侯以诸侯之师侵蔡[①]。蔡溃[②]，遂伐楚。楚子使与师言曰[③]："君处北海，寡人处南海，唯是风马牛不相及也[④]，不虞君之涉吾地也[⑤]，何故？"管仲对曰[⑥]："昔召康公命我先君大公曰[⑦]：'五侯九伯[⑧]，女实征之[⑨]，以夹辅周室！'赐我先君履[⑩]，东至于海，西至于河，南至于穆陵[⑪]，北至于无棣[⑫]。尔贡包茅不入[⑬]，王祭不共[⑭]，无以缩酒[⑮]，寡人是征[⑯]。昭王南征而不复[⑰]，寡人是问。"对曰："贡之不入，寡君之罪也，敢不共给？昭王之不复，君其问诸水滨[⑱]！"师进，次于陉[⑲]。

注释

①齐侯：指齐桓公。诸侯之师：各诸侯国的军队。除了齐国是联军主力外，还有鲁、宋、陈、卫、郑、许、曹七国的军队。

②蔡：周朝诸侯国名，在今河南上蔡、新蔡一带。蔡是楚的盟国。

③楚子：楚成王熊恽。使：派人。

④唯：即使。风：放也。牝牡相诱谓之风。句意是指即使马或牛雌雄相诱，奔跑且快且远，也不能相及。比喻距离遥远，彼此没什么关系。

⑤虞：料想。

⑥管仲：齐国大夫，名夷吾，字仲，谥曰"敬仲"，史称管子。齐国著名的政治家、军事家，辅佐齐桓公成为春秋时期的第一位霸主。

⑦召 shào 康公：周文王庶子，名奭，谥号康。

大：同“太”，指齐太公吕尚，是齐国的创始者。

⑧五侯：诸侯有五种爵位：公、侯、伯、子、男。

九伯：九州之长，泛指天下诸侯。一说五、九皆虚数。

⑨女：同“汝”，你。夹辅：左右辅助。

⑩履：踩踏之意，引申为足迹所至之范围、领土。

一说践履所至指可以征伐所及的地方。

⑪穆陵：上文持“履”为领土说者认为在今山东临朐县南穆陵关。持“履”为征伐说者认为在今湖北麻城市北。

⑫无棣：齐国地名，在今山东无棣县北。

⑬贡：进贡之物。包茅：古代祭祀时用以滤酒的青茅。因以裹束青茅置匣中，故称。青茅是楚国的特产。入：进贡。

⑭共：同“供”。

⑮缩酒：古代祭祀时用青茅滤酒去渣，谓之缩酒。缩，过滤。

⑯征：质问，责问。是征，即“征是”。

⑰昭王：周昭王，名瑕，西周第四代君王。相传昭王十九年，他南巡荆楚不返，死于汉水之中。复：返回。

⑱水滨：指汉水之滨。昭王时，汉水还不属于楚国的疆域，故云。

⑲次：驻留。陉：楚国地名，在今河南郾城南。

译文

鲁僖公四年的春天，齐桓公率领鲁僖公、宋桓公、陈宣公、卫文公、郑文公、许穆公、曹昭公各诸侯的联军入侵蔡国。蔡军溃败，齐桓公就接着进攻楚国。楚成王派遣使者来到军中，说：“君王住在北方，寡人住在南方，即使是牛马发情狂奔彼此也不能到达。不曾想到君王竟不顾路远来到我国的土地上，这是什么缘故？”管仲回答说：“以前召康公命令我们的先君太公说：'五侯九伯，你都可以征伐他们，以便辅助王室。'赏赐给我们先君征伐的范围，东边到大海，西边到黄河，南边到穆陵，北边到无棣。你们应当承担的裹束的青茅没有进献，使天子的祭祀缺乏供奉，不能滤酒请神，我因此来问罪。昭王南征到楚国而没有回去，我为此也来责问。"楚国使者回答说："贡品没有送去，这确是我君的罪过，今后怎么敢不供给呢？至于昭王南巡没有回去，君王还是问水边上的人吧！"诸侯的联军继续前进，驻扎在陉地。

夏，楚子使屈完如师[①]。师退，次于召陵[②]。

注释

①屈完：楚国大夫。如：往，去。

师：指驻扎在陉的诸侯之师。

②召陵：楚国地名，在今河南郾城东。

译文

夏季，楚成王派遣屈完到诸侯军驻地。诸侯军队撤退，驻扎在召陵。

齐侯陈诸侯之师[①]，与屈完乘而观之。齐侯曰："岂不穀是为[②]？先君之好是继，与不穀同好，如何？"对曰："君惠徼福于敝邑之社稷[③]，辱收寡君[④]，寡君之愿也。"齐侯曰："以此众战，谁能御之？以此攻城，何城不克？"对曰："君若以德绥诸侯[⑤]，谁敢不服？君若以力，楚国方城以为城[⑥]，汉水以为池，虽众，无所用之。"

屈完及诸侯盟。

注释

①陈：摆开，排列。

②不榖：不善，古代君王、诸侯自称的谦辞。

③惠：敬辞，无实意。缴：通“邀”，求取。

鄙邑：谦称自己的国家。

④辱：谦辞，无实意。收：接纳。

⑤绥：安抚。

⑥方城：楚国境内山名，在今河南叶县南。

译文

齐桓公把诸侯的军队列成战阵，和屈完同坐一辆战车检阅队伍。齐桓公说：“这次出兵，难道是为了我一个人吗？为的是继续先君建立的友好关系。贵国也同鄙国建立友好关系怎么样？”屈完回答说：“君王惠临敝国求福，承蒙君王收容我君为同好，这正是我君的愿望！”齐桓公说：“以这样的军队来作战，谁能够抵御他们？用这样的军队来攻城，哪个城攻不破？”屈完回答说：“君王如果用德行安抚诸侯，谁敢不服？君王如果用武力，我们楚国有方城山作为城墙，汉水作为护城河，即使您的兵马众多，对我们也没有什么用处。”

屈完与各诸侯订立了盟约。

晋骊姬之乱
僖公四年

初，晋献公欲以骊姬为夫人[①]，卜之[②]，不吉；筮之[③]，吉。公曰："从筮。"卜人曰："筮短龟长[④]，不如从长。且其繇曰[⑤]：'专之渝[⑥]，攘公之羭[⑦]。一薰一莸[⑧]，十年尚犹有臭[⑨]。'必不可！"弗听，立之。生奚齐，其娣生卓子[⑩]。

注释

①骊姬：晋献公的宠妃。②卜：用龟甲占卜。

③筮 shì：用蓍草占卜。④短：指不灵验。长：指灵验。

⑤繇 zhòu：记录占卜结果的兆辞。

⑥专之：指专宠骊姬。渝：变。

⑦攘：夺去。羭 yú：羊之肥美者。言专宠过分会变出坏心，夺取主人所好之羊。这里暗指太子申生。

⑧薰：香草。莸 yóu：臭草。⑨十年尚犹有臭：意谓臭草混杂在香草里，把香草都弄臭了。⑩娣 dì：妹妹。

译文

当初，晋献公想要立骊姬为夫人，用龟甲来占卜，结果不吉利；用蓍草占卜，结果吉利。献公说："依从蓍草所占卜的结果。"占卜的人说："蓍草没有龟卜灵验，不如按照龟卜。而且它的繇辞说：'专宠过分会使人心生不良，将要夺取您的公羊。香草和臭草混杂在一起，十年以后还会有臭气。'一定不可以。"晋献公不听，立了骊姬为夫人。骊姬生了奚齐，她的妹妹生了卓子。

及将立奚齐，既与中大夫成谋[①]，姬谓大子曰[②]：“君梦齐姜[③]，必速祭之。”大子祭于曲沃[④]，归胙于公[⑤]。公田[⑥]，姬置诸宫六日。公至，毒而献之[⑦]。公祭之地[⑧]，地坟[⑨]。与犬，犬毙。与小臣[⑩]，小臣亦毙。姬泣曰：“贼由大子[⑪]。”大子奔新城[⑫]。公杀其傅杜原款[⑬]。

注释

①中大夫：晋国官名，指里克。成谋：定好计策，有预谋。

②大子：太子，指申生。

③齐姜：太子申生的亡母。

④曲沃：晋国的旧都，在山西闻喜县东。

⑤胙 zuò：祭祀时用的酒肉。

⑥田：同“畋”，打猎。

⑦毒：投毒，放毒药。

⑧祭之地：用酒祭地。

⑨坟：土堆。这里指地面凸起。

⑩小臣：在宫中执役的宦官。

⑪贼：阴谋。

⑫新城：即曲沃。

⑬傅：保傅，古代保育、教导太子等贵族子弟及未成年帝王、诸侯的官员。

译文

等到打算立奚齐做太子的时候，骊姬已经和中大夫谋定了计策。骊姬对太子说：“国君梦见你母亲齐姜，你一定要赶快祭祀她。”太子到曲沃祭祀，把祭祀的酒肉带回来给献公吃。

献公刚好出外打猎，骊姬把祭酒祭肉在宫里放了六天。献公回来，骊姬在酒肉里下毒后献给献公。献公以酒祭地，地上的土突起像坟堆。把肉给狗吃，狗就死了；给宫里宦官吃，宦官也死了。骊姬哭着说："这是太子的阴谋。"太子逃亡到新城，献公杀了太子的保傅杜原款。

或谓大子①："子辞②，君必辩焉③。"大子曰："君非姬氏④，居不安，食不饱。我辞，姬必有罪。君老矣，吾又不乐⑤。"曰："子其行乎？"大子曰："君实不察其罪，被此名也以出⑥，人谁纳我⑦？"

注释

①或：有人。

②辞：辩解，解说。

③辩：通"辨"，分辨，辨别。

④非：没有。

⑤吾又不乐：我又不能使他欢乐。

⑥被：蒙受，遭受。此名：指杀父的罪名。

⑦人谁：谁人。纳：接纳，收容。

译文

有人对太子说："您如果申辩，国君是必定能弄清楚的。"太子说："国君没有骊姬，睡不好，吃不好。我如果申辩，骊姬必定有罪。国君年纪老了，骊姬有罪会使国君不高兴，我又不能让他开心。"这个人就说："那么您逃走吧！"太子说："国君还没有查清我的罪过，带着这个名声出去，别国谁会接纳我？"

十二月戊申，缢于新城[①]。姬遂谮二公子曰[②]：“皆知之[③]。”重耳奔蒲[④]。夷吾奔屈[⑤]。

注释

①缢：吊死。②谮 zèn：诬陷。二公子：指重耳与夷吾。

③皆知之：言都参与了下毒的事。

④重耳：晋献公庶子，申生的异母弟，后继位为晋文公。蒲为其采邑，在今山西隰 xí 县。

⑤夷吾：晋献公庶子，申生的异母弟，后继位为晋惠公。屈为其采邑，在今山西吉县。

译文

十二月戊申日，太子在新城吊死了。骊姬就诬陷两位公子说：“他们都参与了太子的阴谋。”于是重耳逃亡到蒲城，夷吾逃亡到屈地。

僖公五年

初，晋侯使士蔿为二公子筑蒲与屈[①]，不慎[②]，置薪焉。夷吾诉之。公使让之。士蔿稽首而对曰[③]：“臣闻之：‘无丧而戚[④]，忧必仇焉[⑤]；无戎而城[⑥]，仇必保焉[⑦]。’寇仇之保，又何慎焉？守官废命[⑧]，不敬；固仇之保，不忠。失忠与敬，何以事君？《诗》云[⑨]：‘怀德惟宁[⑩]，宗子惟城[⑪]。’君其修德而固宗子，何城如之？三年将寻师焉[⑫]，焉用慎？”退而赋曰：“狐裘尨茸[⑬]，一国三公[⑭]，吾谁适从[⑮]？”

注释

①晋侯：指晋献公。士芀 wěi：晋国大夫。

②不慎：不慎重，言工作不认真。古筑墙，中实泥土，今在其中掺杂柴草，不结实，故称不慎。

③稽 qǐ 首：叩头至地，古代九拜中最敬重的礼。

④戚：悲伤，忧伤。⑤仇：言相应而生。

⑥戎：战事。城：动词，筑城。

⑦仇：仇敌，敌人。保：保卫，守卫。

⑧废命：废弃君命。

⑨《诗》：指《诗经·大雅·板》。

⑩怀德：心怀德行。

⑪宗子：宗室子弟。言心怀德行以安，则宗子坚固为城。

⑫寻师：用兵。

⑬狐裘：狐皮制的外衣，大夫的服饰。

尨méng 茸：蓬松杂乱的样子。

⑭三公：或以为指献公、重耳、夷吾。

⑮适：跟从。

译文

当初，晋献公派大夫士芀为重耳和夷吾在蒲地和屈地筑城,不小心在城墙里掺杂了木柴。夷吾向晋献公报告了这件事。晋献公派人责备士芀。士芀叩头回答说：“臣听说：‘没有丧事而悲伤，忧愁必然随之而来；没有战事而筑城，国内的敌人必然据作守卫之用。’既然仇敌可以占据，哪里用得着谨慎？担任官职而废弃军令，这是不敬；巩固敌人可以占据的地方，这是不忠。失去了忠和敬，又拿什么来侍奉国君？《诗经》说：‘心存德行就是安宁，宗室子弟就是坚固成城。’君王只要修养德行而巩固同宗子弟的地位，哪个城池能比得上？三年以后就要用兵，哪里用得着谨慎？”士芳退出去而赋诗说：“狐皮袍子蓬松杂乱，一个国家有了三个主公，我究竟该跟从哪一个？”

及难，公使寺人披伐蒲[①]。重耳曰：“君父之命不校[②]。”乃徇曰[③]：“校者，吾仇也。”逾垣而走[④]，披斩其祛[⑤]。遂出奔翟[⑥]。

注释

①寺人：宫中近侍小臣，阉人。披：人名。

②校：抵抗。

③徇：宣告，遍告。

④逾：越过。垣：墙。

⑤祛 qū：衣袖。

⑥翟：通“狄”，古时中国北方的少数民族部落。

译文

等到祸难发生，晋献公派遣寺人披攻打蒲城。重耳说：“国君和父亲的命令不能违抗。”于是通告众人说：“抵抗的就是我的敌人。”重耳越墙逃走时，寺人披只斩掉了他的袖口。重耳于是逃亡到狄国。

僖公六年

六年春，晋侯使贾华伐屈[①]。夷吾不能守，盟而行[②]。将奔狄，郤芮曰[③]：“后出同走[④]，罪也[⑤]。不如之梁[⑥]。梁近秦而幸焉[⑦]。”乃之梁。

注释

①贾华：晋国大夫。

②盟而行：与屈人订立盟约，而后出逃。

③郤芮 xìruì：晋国大夫。

④后出同走：谓在重耳之后出走，却奔逃到同一个地方。

⑤罪也：言如此等于承认是同谋，更有罪了。

⑥之：到……去。梁：诸侯国名，嬴姓，在今陕西韩县南。

⑦秦：诸侯国名，嬴姓，在今陕西凤翔县。幸：帮助。

译文

僖六年春季，晋献公派遣贾华率军进攻屈地。夷吾守不住，和屈人订立盟约而后出逃。他准备逃亡到狄，郤芮说："在重耳之后出走，却同样奔逃到狄，这等于承认你有同谋的罪过。不如去梁国。梁国接近秦国，能得到秦国的帮助。"于是夷吾就去了梁国。

宫之奇谏假道
僖公五年

晋侯复假道于虞以伐虢[①]。

宫之奇谏曰[②]：“虢，虞之表也[③]。虢亡，虞必从之。晋不可启，寇不可玩[④]，一之谓甚，其可再乎？谚所谓‘辅车相依[⑤]，唇亡齿寒’者，其虞、虢之谓也。”公曰：“晋，吾宗也[⑥]，岂害我哉？”对曰：“大伯、虞仲，大王之昭也[⑦]。大伯不从[⑧]，是以不嗣。虢仲、虢叔[⑨]，王季之穆也，为文王卿士，勋在王室，藏于盟府[⑩]。将虢是灭，何爱于虞！且虞能亲于桓、庄乎[⑪]？其爱之也。桓、庄之族何罪，而以为戮，不唯偪乎[⑫]？亲以宠偪，犹尚害之，况以国乎？”

注释

①晋侯：晋献公。假：借。虞：姬姓古国，在今山西省平陆县北。虢：有东虢、西虢、北虢之分，此处指北虢，在今山西省平陆县东北。

②宫之奇：虞国大夫。

③表：外层，屏障之意。

④玩：忽视，掉以轻心。指不可忽略纵容晋国的侵略扩张之心。

⑤辅：车轮两旁的外板，大车载物必须用辅，故与车相依。一说辅为面颊，车为牙床骨，亦通。

⑥宗：同族，晋、虞皆属姬姓。

⑦大伯：周太王长子，吴始祖。大，同“太”，泰。虞仲：周太王次子，虞始祖，与泰伯一同逃往江南。大王：周太王，即古公亶父，周朝先王，周文王之祖父。昭：古代宗庙次序，始祖的神位居中，二始祖居左，三始祖居右，其后相递左右。数偶居左者称昭，数奇居右者称穆。父子异列，祖孙同列。周以太伯为始祖，所以其三子泰伯、虞仲、王季皆称为“昭”。

⑧不从：不跟从在大王左右。指太伯知道周太王有意立王季为帝，与虞仲出走到江南。

⑨虢仲、虢叔：王季的次子和三子，文王之弟，为西虢、东虢的始君。

⑩盟府：掌管盟约、册典的官署。当时君主凡有赏赐必有誓词，周王和诸侯都有官署，专门记录收藏于档案。

⑪桓：曲沃桓叔，晋献公曾祖父。庄：曲沃庄伯，晋献公祖父。但晋献公杀了桓 叔、庄伯的其他后代。

⑫偪 bī：逼迫，威胁之意。

译文

晋献公再次向虞国借路去攻打虢国。宫之奇劝谏说：“虢国是虞国的外围，虢国灭亡，虞国必定会跟着灭亡。不能纵容晋国开启野心，这支入侵虢国的军队不能忽视。借道给晋国一次已经过分了，难道还可以来第二次吗？俗话说：‘大车的护板和车子互相依存；嘴唇缺了，牙齿便无所遮蔽。’这话说的正是虞国和虢国的关系。”虞公说：“晋国与我是同宗，难道会害我吗？”宫之奇回答说：“泰伯、虞仲，是太王的儿子。泰伯没有随侍在侧，所以没有继位。虢仲、虢叔，是王季的儿子，在周文王那里做过卿士，有功于王室，受勋的记录还藏在盟府。晋国都已经准备灭掉虢国，对虞国又有什么可爱惜的？况且虞国于晋献公能比晋国的桓叔、庄伯更加亲近吗？如果晋献公爱惜桓叔、庄伯，这两个家族的后人有什么罪过，惨遭杀戮，难道不是因为他们使晋献公感到了威胁吗？亲近的人由于受宠威胁到王室，尚且被无辜杀害，何况是一个国家的威胁呢？”

公曰："吾享祀丰洁，神必据我[①]。”对曰：“臣闻之，鬼神非人实亲，惟德是依。故《周书》曰[②]：‘皇天无亲，惟德是辅。’又曰：‘黍稷非馨，明德惟馨。’又曰：‘民不易物[③]，惟德繄物。’如是，则非德，民不和，神不享矣。神所冯依[④]，将在德矣。若晋取虞，而明德以荐馨香，神其吐之乎[⑤]？”

弗听，许晋使。

宫之奇以其族行[⑥]，曰：“虞不腊矣[⑦]。在此行也，晋不更举矣[⑧]。”

注释

①据：保佑。

②《周书》：记载周历史的书，已轶。

③易物：易为改变，物指祭品。意为不同的人祭祀时，祭品相似，但有德之人的祭品神才享用。

④冯依：凭借，依靠。冯，同“凭”。

⑤其：难道。

⑥以其族行：指宫之奇率领同族离开虞国以避祸。

⑦腊：古代年终时的大祭，始于周朝。

⑧更举：再次发动军队。

译文

虞公说："我所祭献的物品丰盛又清洁，神明必定保佑我。"宫之奇回答说："下臣听说，鬼神并不是亲近哪一个人，而只是佑护有德行的人，所以《周书》说：'上天对人不分亲疏，只对有德行的才加以辅助。'又说：'祭祀的黍稷不芳香，光明的德行才芳香远闻。'又说：'百姓不用变更祭祀的物品，只有有德之人的祭品神才愿意享用。'如此看来，如果没有德行，百姓就不会和睦，神明也就不来享用祭物了。神明所凭依的，就在于人的德行。如果晋国占取了虞国，发扬美德作为芳香的祭品奉献于神明，神明难道会吐出来而不享用吗？"虞公不听，答应了晋国使者借路的要求。宫之奇带领着他的族人出走，说："虞国过不了今年的腊祭了。这次虞国就会灭亡，晋国不必再次出兵了。"

冬，十二月丙子朔[①]，晋灭虢，虢公丑奔京师[②]。师还，馆于虞[③]，遂袭虞，灭之。执虞公及其大夫井伯[④]，以媵秦穆姬[⑤]。而修虞祀[⑥]，且归其职贡于王[⑦]。

故书曰："晋人执虞公。"罪虞，且言易也。

注释

①冬十二月丙子朔：周历十月初一。鲁历十二月即周历十月。朔，阴历每月初一。

②虢公丑：虢国国君，名丑。京师：周王城，在今河南洛阳。

③馆：客舍。此处做动词，意为暂住。

④执：逮捕。井伯：虞国大夫。

⑤媵 yìng：陪嫁的人或物。

秦穆姬：晋献公之女，嫁与秦穆公。

⑥虞祀：虞国举行祭祀之地。

⑦职贡：贡品，税物。

译文

冬季，十二月初一日，晋国灭掉了虢国。虢公丑逃亡到京城。晋军返回途中，住在虞国，乘机袭击虞国，使其灭亡。晋国人抓住了虞公和他的大夫井伯，并作为秦穆姬的随嫁奴隶。晋献公继续祭祀虞国的祖先，虞国该献给周王的贡物也继续进献。

所以《春秋》记载说："晋人执虞公。"这是归罪于虞公，认为他把借道之事处理得太过轻率了。

葵丘之盟

僖公九年

夏，会于葵丘[①]，寻盟[②]，且修好，礼也。

王使宰孔赐齐侯胙[③]，曰："天子有事于文武[④]，使孔赐伯舅胙[⑤]。"齐侯将下拜。孔曰："且有后命[⑥]。天子使孔曰：'以伯舅耋老[⑦]，加劳[⑧]，赐一级[⑨]，无下拜！'"对曰："天威不违颜咫尺[⑩]，小白[⑪]，余敢贪天子之命，无下拜？恐陨越于下[⑫]，以遗天子羞。敢不下拜？"下，拜；登，受。

注释

①葵丘：宋国地名，在今河南民权东北。

②寻盟：延续先前的同盟。寻，持续。

③王：周襄王，名郑。宰孔：又称周公宰，周襄王时任王室太宰，名孔。齐侯：齐桓公。

胙 zuò：祭祀用的肉，祭后分送给参与祭祀的人。

④事：祭祀。祭祀和战争在春秋时期是统治者的大事。

文武：周文王，周武王。这里指祭祀文王武王。

⑤伯舅：周王称异姓诸侯为伯舅。

⑥且：尚且。后命：追加的命令。

⑦耋 dié 老：耋，有释为七十，有释为八十。此处泛指年高。

⑧加劳：增加慰劳。

⑨赐一级：级指台阶，天子赏赐诸侯，诸侯须降一级下拜，方可受赐。赐一级指不用下台阶。

⑩天威：天子的威严。违：离开。颜：面。

咫尺：八寸为咫，喻极近。

⑪小白：齐桓公之名。

⑫陨越：跌倒，坠倒。

译文

夏季，鲁僖公和宰周公、齐桓公、宋桓公、卫文公、郑文公、许僖公、曹共公在葵丘会见，再续过去的盟约，同时修缮关系，这是符合礼法的。

周襄王派使臣宰孔把祭肉赐给齐桓公，说：“周天子祭祀文王、武王，派遣我把祭肉赐给伯舅。”齐桓公准备下阶拜谢。宰孔说：“还有以后的旨意，天子派我说：‘因为伯舅年事已高，加上您对周王室的功劳，奖赐一级，无须下阶拜谢。’”齐桓公回答说：“天子的威严就好像在微臣面前，小白我岂敢受天子的命令而不下阶拜谢？不下拜，我唯恐在诸侯位上摔下来，给天子留下羞辱。岂敢不下阶拜谢？”于是齐桓公下阶拜谢，登上台阶接受祭肉。

秋，齐侯盟诸侯于葵丘，曰：“凡我同盟之人，既盟之后[①]，言归于好。”宰孔先归，遇晋侯[②]，曰：“可无会也。齐侯不务德而勤远略[③]，故北伐山戎[④]，南伐楚[⑤]，西为此会也。东略之不知，西则否矣。其在乱乎[⑥]！君务靖乱[⑦]，无勤于行。”晋侯乃还。

注释

①既：既经。

②晋侯：晋献公，献公后到，途中与宰孔相遇。

③略：征战，讨伐。

④北伐山戎：《史记·齐世家》载："二十三年，山戎伐燕，燕告急于齐，齐桓公救燕，遂伐山戎。"

⑤南伐楚：见上文《齐桓公伐楚》。

⑥其在乱乎：暗指晋国要担心的是内乱。

⑦靖：安定，平定。

译文

秋季，齐桓公和各路诸侯在葵丘会盟，说："凡是我们一起结盟的人，既然已经订立盟约，就要恢复到过去那样友好。"宰孔先行回国，遇到晋献公，说："您可以不去参加会盟了。齐桓公不致力于修习德行，而忙于远征，所以向北边攻打山戎，向南边攻打楚国，在西边就举行了这次会盟，向东边是否要有所举动，还不知道，攻打西边是不可能的。晋国的忧患是在内乱吧！君王应该致力于安定国内的祸乱，不用急于前去赴会。"晋献公听了这话，于是就回国了。

泓之战

僖公二十二年

楚人伐宋以救郑。宋公将战[①]，大司马固谏曰[②]："天之弃商久矣[③]，君将兴之，弗可赦也已。"弗听。

注释

①宋公：宋襄公，名兹甫。

②大司马：宋国官名，简称司马。固：指公孙固，宋庄公之孙。

③商：宋是商的后代。其地为商旧都周围地区。

译文

楚人进军攻打宋国以救援郑国。宋襄公准备应战，大司马公孙固劝阻说："上天抛弃我们商朝后代已经很久了，君王想要复兴它，这是违背上天而不能被赦免的。"宋襄公不听。

冬十一月己巳朔，宋公及楚人战于泓[①]。宋人既成列，楚人未既济[②]。司马曰："彼众我寡，及其未既济也[③]，请击之。"公曰："不可。"既济而未成列，又以告。公曰："未可。"既陈而后击之[④]，宋师败绩。公伤股[⑤]，门官歼焉[⑥]。

注释

①泓：古水名，古今河南柘城西北。

②既济：渡完河。

③及：趁着。

④陈：同"阵"，摆阵势。

⑤股：大腿。

⑥门官：国君的亲军侍卫，出征则在军左右。

译文

冬季，十一月初一日，宋襄公与楚国人在泓水边上交战。宋军已经排列成战队，楚军还没有全部渡过河。司马说："宋军兵多而我军兵少，趁他们没有全部渡过河的时候，恳请君王下令攻击他们。"宋襄公说："不行。"楚军渡过河以后还没有排成战队，司马又把刚才的提议报告宋襄公。宋襄公说："还不行。"等楚军摆开阵势然后才开始发动攻击，宋军被打得大败，宋襄公大腿后受伤，跟随宋襄公的亲士护卫队全被歼灭。

国人皆咎公[①]。公曰："君子不重伤[②]，不禽二毛[③]。古之为军也，不以阻隘也[④]。寡人虽亡国之余，不鼓不成列[⑤]。"子鱼曰[⑥]："君未知战。勍敌之人[⑦]，隘而不列，天赞我也；阻而鼓之，不亦可乎？犹有惧焉。且今之勍者，皆吾敌也。虽及胡耇[⑧]，获则取之，何有于二毛？明耻教战[⑨]，求杀敌也。伤未及死，如何勿重？若受重伤，则如勿伤；爱其二毛，则如服焉[⑩]。三军以利用也[⑪]，金鼓以声气也[⑫]。利而用之，阻隘可也；声盛致志，鼓儳可也[⑬]。"

注释

①咎：责怪，归罪。

②重 chóng 伤：伤害已经受伤的人。重，重复。

③禽：通"擒"。二毛：头发有黑有白两种颜色，斑白。代指老人。

④阻：阻击。隘：险要的地势。

⑤鼓：击鼓，号令发起进攻。

⑥子鱼：宋桓公的庶长子，宋襄公的庶兄，字目夷。

⑦勍 qíng：强劲。

⑧胡耇 gǒu：二字均为高寿之意，指老年人。

⑨明耻：宣明吃败仗是国家耻辱的教育。教战：教习战术战法。

⑩服：服侍。

⑪三军：其时诸侯大国设三军，如上、中、下三军。

⑫金鼓：古代用以做行军进退的号令，以声鼓舞士气。金指钲等金属乐器。

⑬儳 chán：未列阵的军队。

译文

宋国人的人都责怪宋襄公。宋襄公说："君子不去伤害已经受伤的人，不擒捉头发花白的敌人。自古以来统帅军队，不靠关塞险阻取胜。寡人虽然是殷商亡国的后裔，也不会去击鼓攻击没有摆开阵势的敌人。"子鱼说："国君不懂战争。强大的敌人，居于狭隘之地而没有摆开阵势，这是上天在帮助我们，把他们拦截而攻击，不也是可以的吗？就这样还害怕不能取胜呢。现在这些强国，都是我们的敌人，就算是老头子，能捉就俘虏回来，管他是不是头发花白呢。要让士兵明白吃败仗是国家的耻辱，以此教导士兵作战，目的就是为了多杀敌人。敌人受伤而没有死，为什么不可以再杀一次？如果是可怜敌人伤员而不再打击，还不如一开始就不伤害他；爱惜那些头发斑白的人，还不如向他们投降。军队，由于有利才加以使用；鸣金击鼓，是用声音来激励兵将斗志。抓住有利的时机而使用，在险要之地攻击是可以的；鼓声大作鼓舞了士气，攻击没有摆开阵势的敌人也是可以的。"

晋公子重耳之亡
僖公二十三年

晋公子重耳之及于难也①，晋人伐诸蒲城②。蒲城人欲战。重耳不可，曰："保君父之命而享其生禄③，于是乎得人。有人而校④，罪莫大焉。吾其奔也。"遂奔狄。从者狐偃、赵衰、颠颉、魏武子、司空季子⑤。狄人伐廧咎如⑥，获其二女：叔隗、季隗，纳诸公子。公子取季隗，生伯儵、叔刘；以叔隗妻赵衰，生盾。将适齐⑦，谓季隗曰："待我二十五年，不来而后嫁。"对曰："我二十五年矣，又如是而嫁，则就木焉⑧。请待子。"处狄十二年而行。

注释

①重耳：即晋文公，晋献公之子，春秋五霸之一。
难：指被骊姬谗言加害。

②蒲城：重耳封地。

③保：依靠。生禄：禄邑，从采邑中得到赋税收入以供给生活。

④校：通"较"，较量，抗争。

⑤狐偃：晋大夫，晋文公重耳之舅，又称子犯、舅犯。
赵衰 cuī：即赵成子，字子余，亦称成季，孟子余，晋国之卿。颠颉：晋国大夫。魏武子：名犨 chōu，谥武，晋国大夫。司空季子：名胥臣，晋国大夫。

⑥廧咎 qiáng gāo 如：狄族的一支，隗 wěi 姓。在今河南安阳市西南。

⑦适：前往。

⑧就木：行将就木之意，进棺材。

译文

晋公子重耳遭到祸难的时候，晋献公的军队到蒲城攻打他。蒲城人想迎战，重耳不肯，说："仰仗着国君父亲的恩宠而享有奉养自己的俸禄，因此才得到百姓的拥护。拥有了百姓的拥护而反抗国君，没有比这更大的罪过了。我还是逃走吧。"于是就逃亡到狄人那里，跟随他的人有狐偃、赵衰、颠颉、魏武子、司空季子。狄人攻打廧咎如，俘获了那里的两个女子叔隗、季隗，送给重耳。重耳娶了季隗，生了伯儵、叔刘；又把叔隗嫁给赵衰，生下赵盾。公子要到齐国去，对季隗说："等我二十五年，我不回来，你再改嫁。"季隗回答说："我已经二十五岁了，又再过二十五年改嫁，就已经要进棺材了。请让我等您吧。"公子在狄住了十二年后离开。

过卫，卫文公不礼焉。出于五鹿[①]，乞食于野人[②]，野人与之块[③]。公子怒，欲鞭之。子犯曰："天赐也[④]。"稽首[⑤]，受而载之。

注释

①五鹿：卫国地名，在今河南濮阳县南。

②野人：乡野之人，指农夫，乡下人。

③块：土块。

④天赐：上天的恩赐。土块象征土地，得土块意味着得到国家，故狐偃认为是天赐。

⑤稽首：古时的一种跪拜礼，叩头至地，是九拜中最恭敬的。

译文

经过卫国，卫文公对他并不以礼相待。经过五鹿时，向乡下的农人要饭。那个乡下人给了他一块泥土。公子发怒，要鞭打他。子犯说：“这是上天的恩赐啊！”公子叩头接受，把泥土装上车子带走。

及齐，齐桓公妻之[①]，有马二十乘[②]，公子安之。从者以为不可。将行，谋于桑下。蚕妾在其上[③]，以告姜氏[④]。姜氏杀之，而谓公子曰：“子有四方之志，其闻之者吾杀之矣。”公子曰：“无之。”姜曰：“行也。怀与安,实败名[⑤]。”公子不可。姜与子犯谋,醉而遣之。醒，以戈逐子犯[⑥]。

注释

①妻之：“妻”前或“之”后省略“以女”二字，指齐桓公把女儿嫁给重耳为妻。

②乘 shèng：古代一车四马为一乘。

③蚕妾：养蚕的女奴隶。

④姜氏：即齐桓公为重耳所娶之人。

⑤怀：怀念，眷恋。安：贪图安乐。败名：败坏功名。

⑥逐：追打。

译文

重耳到达齐国时，齐桓公将女儿嫁给他，并送给他二十乘。公子安于齐国的生活。随从的人认为这样不行，准备离去，在桑树下谋划。养蚕的侍妾正好在桑树上，听到此事，告诉了姜氏。姜氏杀了这个侍妾，告诉公子说：“您有远大的志向，那个偷听到的人，我已经杀了。”公子说：“没有这回事。”姜氏说：“走吧！贪恋妻子和耽于安逸，实在是败坏前途的事。”公子不肯。姜氏和子犯商量，灌醉了公子，然后将他送出齐国。公子酒醒，拿起长戈追打子犯。

及曹[①]，曹共公闻其骈胁[②]，欲观其裸。浴，薄而观之[③]。僖负羁之妻曰[④]：“吾观晋公子之从者，皆足以相国[⑤]。若以相，夫子必反其国。反其国，必得志于诸侯。得志于诸侯而诛无礼，曹其首也。子盍蚤自贰焉[⑥]。”乃馈盘飧[⑦]，置璧焉。公子受飧反璧。

及宋，宋襄公赠之以马二十乘。

注释

①曹：诸侯国名，姬姓，在今山东定陶西北。

②曹共公：名襄，曹昭公之子，前653—前618年在位。

骈pián：并排，相连。

胁：身躯两侧，自腋下到肋骨两侧。

骈胁意为肋骨并列连成一片。

③薄：同“迫”，逼近。

④僖负羁：曹国大夫。

⑤相国：辅佐国政。

⑥盍 hé：何不。蚤：通“早”。贰：表示不同。

⑦飧 sūn：熟食。

译文

重耳到达曹国，曹共公听说他的肋骨排在一起，似乎并成一整块，想看他的裸体以证实一下。趁着重耳洗澡，他就逼近跟前去观看。僖负羁的妻子对他说："我看晋公子的随从人员，个个都足以担当辅佐国家的大任。如果用他们做国家大臣，晋公子必定能回晋国做国君。回到晋国，肯定会称霸于诸侯。在诸侯中称霸后会惩罚对他无礼的国家，曹国恐怕就是第一个。您何不早一点向他表示友好呢！"僖负羁于是就向晋公子馈送一盘熟食，里边藏着璧玉。公子接受了食品，退回璧玉。

重耳到达宋国，宋襄公把二十乘送给他。

及郑，郑文公亦不礼焉①。叔詹谏曰②："臣闻天之所启③，人弗及也。晋公子有三焉，天其或者将建诸，君其礼焉。男女同姓，其生不蕃④。晋公子，姬出也，而至于今，一也。离外之患，而天不靖晋国，殆将启之，二也⑤。有三士足以上人而从之⑥，三也。晋、郑同侪⑦，其过子弟，固将礼焉，况天之所启乎？"弗听。

注释

①郑文公：姬踕，谥号郑文公。

他的父亲是郑国第四任王郑厉公。

②叔詹：郑国大夫。③启：开。④蕃：繁衍，兴盛。

⑤离：遭受。靖：安定，平定。殆：大概，恐怕。

⑥上人：人上之人，指才智超出常人之人。

⑦同侪：同等地位。侪：等，辈。

译文

到达郑国后，郑文公对重耳也不加礼遇。叔詹劝谏说：“臣听说上天所扶助的人，别人是赶不上的。晋公子具有三条非凡的条件，上天或许准备立他为国君吧，您最好还是以礼相待。同姓的男女如果结合，按理说子孙不能昌盛。晋公子父母皆为姬姓，却能活到今天，这是第一件不同寻常之事。遭受着逃亡在外的忧患，而上天却使晋国安定不下来，大概是将要扶助他了，这是第二件不同寻常之事。有三个人有足以居于别人之上的才德，却始终愿意跟随着他，这是第三件不同寻常之事。晋国和郑国地位相当，他们的子弟路过，本就应当以礼相待，何况是上天所扶助的呢？”郑文公没有听叔詹的劝谏。

及楚，楚子飨之[①]，曰：“公子若反晋国，则何以报不穀[②]？”对曰：“子女玉帛[③]，则君有之；羽毛齿革[④]，则君地生焉。其波及晋国者[⑤]，君之余也。其何以报君？”曰：“虽然，何以报我？”对曰：“若以君之灵，得反晋国，晋、楚治兵，遇于中原，其辟君三舍[⑥]。若不获命[⑦]，其左执鞭弭、右属櫜鞬[⑧]，以与君周旋。”子玉请杀之[⑨]。楚子曰：“晋公子广而俭，文而有礼；其从者肃而宽，忠而能力。晋侯无亲[⑩]，外内恶之。吾闻姬姓，唐叔之后[⑪]，其后衰者也。其将由晋公子乎！天将兴之，谁能废之[⑫]？违天必有大咎[⑬]。”乃送诸秦。

注释

①楚子：指楚成王。飨 xiǎng：用酒食款待。

②不穀 gǔ：诸侯对自己的谦称。穀，意为善。

③子女：男女奴隶。

④羽毛齿革：指鸟羽、兽毛、象牙、犀皮等珍贵物品。

⑤波：通“播”，散播。

⑥辟：同“避”，退避之意。舍：三十里为一舍。古代行军，日行三十里。

⑦命：停止攻打之命。

⑧弭 mǐ：弓。属 zhǔ：著，佩。櫜 gāo：箭袋。鞬 jiàn：弓套。⑨子玉：楚国令尹。

⑩晋侯：晋惠公，名夷吾，晋献公之子。

无亲：无亲近之臣，不得人心之意。

⑪唐叔：唐叔虞，周成王的弟弟，晋始封之国君。

⑫废：衰败。⑬咎：灾祸，灾难。

译文

重耳到达楚国，楚成王设宴会款待他，说：“公子如果回到晋国，用什么报答我？”公子回答说：“子、女、玉、帛都是君王所拥有的，鸟羽、皮毛、象牙、犀革都是君王土地上的特产。那些流散到晋国的，已经是君王剩下的了，那么我能用什么来报答君王呢？”楚成王说：“尽管这样，究竟用什么报答我？”公子回答说：“如果托君王的福，我能够回到晋国，一旦晋、楚两国交战，在中原相遇的话，我就让晋军后退九十里。如果还得不到君王的罢军命令，那就左手执鞭和弓，右边挂弓袋、箭袋，跟君王较量一下。”楚令尹子玉请求楚王杀掉重耳。

楚成王说："晋公子志向远大而生活节俭，文辞雅致而合乎礼仪。他的随从性情严肃而又宽厚，忠诚又能干。晋惠公没有亲近的人，国内国外都不得人心。我听说姬姓是唐叔后代，将会是最后衰亡的一支，这恐怕是靠晋公子为之振兴吧！上天将要使他兴盛，谁又能够废除他呢？违背上天的旨意，必然会有灾祸。"于是楚成王就把晋公子重耳送到秦国。

秦伯纳女五人①，怀嬴与焉②。奉匜沃盥③，既而挥之④。怒曰："秦、晋匹也⑤，何以卑我！"公子惧，降服而囚⑥。他日，公享之⑦。子犯曰："吾不如衰之文也⑧，请使衰从。"公子赋《河水》⑨，公赋《六月》。赵衰曰："重耳拜赐。"公子降，拜，稽首，公降一级而辞焉⑩。衰曰："君称所以佐天子者命重耳，重耳敢不拜？"

注释

①秦伯：秦穆公，嬴姓，名任好。

②怀嬴：秦穆公之女，曾嫁于晋国的太子圉。

③奉：捧着，拿着。匜 yí：古代洗手时盛水用的器具。沃：浇，灌。盥 guàn：洗手。

④挥之：面对怀嬴，挥去手上的水，有驱逐对方之意，为不敬之态。

⑤匹：相等，同等。

⑥降服：脱下表示身份的上服。囚：自我拘禁，做囚犯的样子。

⑦享：宴请。

⑧文：有文采，善辞令。

⑨《河水》：古代注家以为是《诗经》中的《沔水》。韦昭注："河当作沔，字相似误也。其诗曰：'沔彼流水，朝

宗于海。'言已反国，当朝事秦。"其头两句是"沔彼流水，朝宗于海"，说满满的流水，归向大海，有晋国人士归向秦国的意义。《六月》：《诗经·小雅》中的一篇。是歌颂尹吉甫辅佐周宣王北伐得胜的诗。头两句是"六月栖栖，戎车既饬"，意思是六月急急遑遑，兵车已经准备好了。秦穆公以此表示可用军队支持重耳返回晋国。

⑩辞：辞谢。指秦穆公表示不敢受礼。

译文

秦穆公送给重耳五个女子做姬妾，秦穆公的女儿怀嬴也在内。有一次，怀嬴捧着盛水的器皿伺候重耳洗手，他洗完后挥手让怀嬴走开。怀嬴很生气，说："秦、晋两国地位平等，你凭什么轻视我？"公子害怕，脱去上衣做出囚犯的样子表示谢罪。又有一天，秦穆公设宴席招待重耳，子犯说："我不如赵衰那样有文采，请您让赵衰跟随赴宴。"公子重耳在宴会上赋《河水》这首诗，秦穆公赋《六月》这首诗。赵衰说："重耳拜谢君王的恩赐！"公子退到阶下叩头，秦穆公走下一级台阶辞谢，表示不敢接受大礼。赵衰说："君王以辅助周天子的事迹来命令重耳，重耳岂敢不拜？"

二十四年春，王正月，秦伯纳之①，不书，不告入也②。

注释

①纳：使进入。其时晋惠公死，子怀公立。秦穆公派人护送重耳回国，有与怀公争国之意。

②不书：指《春秋》经文未记载重耳回国一事。

不告：晋国未通告鲁国此事。

译文

僖公二十四年春季，周朝历法的正月，秦穆公把公子重耳送回晋国。《春秋》没有记载重耳回国这件事，是因为晋国没有向鲁国通告此事。

及河①，子犯以璧授公子，曰：“臣负羁绁从君巡于天下②，臣之罪甚多矣。臣犹知之，而况君乎？请由此亡③。”公子曰：“所不与舅氏同心者④，有如白水⑤！”投其璧于河。

注释

①河：黄河。

②羁绁：羁为马络头，绁为缰绳。

③亡：走开。

④所：如果。舅氏：子犯是重耳舅父，故称。

⑤有如白水：即“有如河”，意谓河神鉴之。当时发誓的套语。

译文

到达黄河岸边，子犯把玉璧还给公子，说：“下臣牵马执缰服侍您走遍了天下各国，下臣的罪过很多，下臣自己尚且知道，何况是君王呢？请您让我从这里走开吧。”公子说：“如果不和舅父同一条心，有河神作证。”说完把他的玉璧扔到了黄河里。

济河，围令狐[1]，入桑泉[2]，取臼衰[3]。二月甲午[4]，晋师军于庐柳[5]。秦伯使公子絷如晋师[6]。师退，军于郇[7]。辛丑，狐偃及秦、晋之大夫盟于郇。壬寅，公子入于晋师。丙午，入于曲沃[8]。丁未，朝于武宫[9]。戊申，使杀怀公于高梁[10]。不书，亦不告也。

注释

①令狐：晋国地名，在今山西临猗县一带。

②桑泉：晋国地名，在今山西临猗县临晋镇东北。

③臼衰：晋国地名，在今山西运城市。

④二月甲午：二月四日。下文的“辛丑”为二月十一日，“壬寅”为二月十二日，“丙午”为二月十六日，“丁未”为二月十七日，“戊申”为二月十八日。

⑤晋师：晋怀公派来抵抗重耳的军队。庐柳：晋国地名，在今山西临猗县一带。⑥公子絷 zhí：秦大夫。

⑦郇 xún：晋国地名，在今山西省临猗县西南。

⑧曲沃：晋国地名，在今山西省闻喜县东。

⑨武宫：重耳祖父晋武公的庙。

⑩高梁：晋国地名，在今山西临汾东北。

译文

重耳等一行渡过黄河，围攻了令狐，进入桑泉，占取了臼衰。二月四日，晋国的军队驻扎到了庐柳。秦穆公派遣公子絷到晋国军队里去交涉。晋军退走，驻扎在郇地。二月十一日，狐偃和秦国、晋国的大夫在郇地订立盟约。二月十二日，公子重耳到达晋国军队里。十六日，重耳进入曲沃。

十七日，重耳在晋武公的庙宇中朝见群臣。十八日，重耳派人在高梁杀死了晋怀公。《春秋》没有记载这件事，也是由于晋国没有来鲁国通告的缘故。

吕、郤畏偪[①]，将焚公宫而弑晋侯[②]。寺人披请见[③]，公使让之[④]，且辞焉，曰："蒲城之役，君命一宿，女即至[⑤]。其后余从狄君以田渭滨[⑥]，女为惠公来求杀余，命女三宿，女中宿至[⑦]。虽有君命，何其速也？夫袪犹在[⑧]，女其行乎！"对曰："臣谓君之入也，其知之矣。若犹未也，又将及难。君命无二[⑨]，古之制也。除君之恶，唯力是视。蒲人、狄人，余何有焉？今君即位，其无蒲、狄乎！齐桓公置射钩而使管仲相[⑩]。君若易之[⑪]，何辱命焉？行者甚众，岂唯刑臣[⑫]？"公见之，以难告。三月，晋侯潜会秦伯于王城[⑬]。己丑晦[⑭]，公宫火，瑕甥、郤芮不获公[⑮]，乃如河上，秦伯诱而杀之。晋侯逆夫人嬴氏以归[⑯]。秦伯送卫于晋三千人，实纪纲之仆[⑰]。

注释

①吕、郤：晋国大夫吕甥、郤芮。此二人均为晋惠公旧臣。畏偪：害怕受到迫害。

②公宫：国君居住的宫廷。

③寺人：阉人。披为其名。

④让：责备，怪罪。

⑤女：即"汝"。

⑥田：同"畋"，打猎。

⑦中宿：第二宿。

⑧袪：衣袖。

⑨无二：没有二心。

⑩射钩：指管仲射齐桓公事。齐襄公死后，齐桓公小白与公子纠争位，管仲辅佐公子纠，曾用箭射中小白其衣带钩。小白佯死，得先入为君，是为桓公。桓公即位后不记旧仇，任管仲为相。

⑪易之：之指齐桓公不念旧恶的做法。易之即改变齐桓公的做法。

⑫刑臣：寺人披是阉人，曾受宫刑，故称。

⑬潜会：秘密会见。王城：秦国地名，在今陕西大荔东。

⑭己丑晦：三月三十日。晦，阴历每月的最后一天。

⑮瑕甥：即吕甥，其封地在瑕，故称。

⑯逆：迎接。嬴氏：秦穆公之女怀嬴。

⑰纪纲：管理门户。

译文

吕、郤两家害怕祸难逼近，准备焚烧宫室而杀死晋文公。寺人披请求进见。晋文公派人责备他，而且拒绝接见，说："蒲城那一次战役，国君命令你第二天到达，你马上就来了。后来我跟随狄君在渭水边上打猎，你为惠公来杀我，惠公命令你过三个晚上再来，你过两个晚上就来了。虽然有国君的命令，可你为什么那么快呢？蒲城之役时那只被你割断的袖子还在，你还是走开吧！"寺人披回答说："小臣原来认为国君回国以后，已经了解为君之道了。如果还没有，就会又一次遇到祸难。执行国君的命令不能有二心，这是自古以来的制度。除去国君所厌恶的人，要尽自己最大的力量。蒲人、狄人，对我来说有什么相干呢？现在您即位做国君，也会同我心目中一样没有蒲、狄吧！齐桓公把射钩之仇放在一边，而让管仲辅助他。君王如果反桓公之道，不忘前仇，我会自己走的，哪里需要君王的命令呢？离开的人很多，岂独是我这个受过宫刑的小臣？”晋文公接见了寺人披，寺人披就把吕甥、郤芮要焚烧宫殿的阴谋告诉了他。三月，晋文公秘密地和秦穆公在王城会见。三十日，文公的宫殿被烧。瑕甥、郤芮找不到晋文公，于是就到黄河边上去找，秦穆公把他们骗去都杀了。晋文公迎接夫人嬴氏回国。秦穆公赠送给晋国卫士三千人，都是一些主管门户的得力臣仆。

初，晋侯之竖头须①，守藏者也②。其出也③，窃藏以逃，尽用以求纳之④。及入，求见。公辞焉以沐。谓仆人曰：“沐则心覆⑤，心覆则图反⑥，宜吾不得见也。居者为社稷之守⑦，行者为羁绁之仆⑧，其亦可也，何必罪居者？国君而仇匹夫，惧者甚众矣。”仆人以告，公遽见之⑨。

注释

①竖：童仆。头须：童仆之名。

②守藏：保管库藏。

③其出：指重耳出亡的时候。

④求纳：设法接纳重耳回国。

⑤沐则心覆：洗头时弯腰，心也随之向下。

⑥图反：所谋划之事也有所反常。

⑦居者：留守国内之人。

⑧行者：随同出行之人。

⑨遽 jù：立即，马上。

译文

当初，晋文公有个侍臣名叫头须，是专门看守仓库，管理财物的。当晋文公出逃的时候，头须偷盗了所管财物潜逃，把这些财物都用来设法让晋文公回国。等到晋文公回来，头须请求进见。晋文公以洗头为由，推辞不相见。头须对仆人说："洗头的时候弯着腰，心也就随之倒过来，心倒了意图就反过来，无怪我不能被接见了。留在国内的人是守护国家社稷的人，跟随在外的是背着马笼头马缰绳的奔波服役的人，这也都是可以的，何必要怪罪留在国内的人？身为国君而仇视普通人，害怕的人就多了。"仆人把这些话告诉晋文公，晋文公立即接见了他。

狄人归季隗于晋而请其二子①。文公妻赵衰②，生原同、屏括、楼婴③。赵姬请逆盾与其母④，子余辞。姬曰："得宠而忘旧，何以使人？必逆之！"固请，许之。来，以盾为才，固请于公，以为嫡子⑤，而使其三子下之，以叔隗为内子⑥，而己下之。

注释

①请其二子：请求留下季隗所生的两个儿子伯鯈和叔刘。一说请示晋文公如何处理季隗的两个儿子。

②妻：以女嫁。即下文的赵姬。

③原同、屏括、楼婴：同、括、婴都是人名，封于原、屏及楼，故称原同、屏括、楼婴。

④逆：迎，迎接。

⑤嫡子：正妻所生之子，多指嫡长子。

⑥内子：古代称卿大夫的嫡妻。

译文

狄人把季隗送回到晋国，请求留下她的两个儿子伯儵和叔刘。晋文公把女儿嫁给赵衰，生了原同、屏括、楼婴。赵姬请求迎接赵盾和他的母亲回国。赵衰辞谢不肯。赵姬说：“得到新宠而忘记旧好，以后还怎样使用别人？一定要把他们接回来。”一再坚持，赵衰同意了。叔隗和赵盾回来以后，赵姬认为赵盾有才干，坚决向赵衰请求把赵盾作为嫡子，而让她自己生的三个儿子居于赵盾之下，让叔隗作为正妻，而自己居于叔隗之下。

晋侯赏从亡者，介之推不言禄[①]，禄亦弗及。推曰：“献公之子九人，唯君在矣。惠、怀无亲，外内弃之。天未绝晋，必将有主。主晋祀者[②]，非君而谁？天实置之，而二三子以为己力，不亦诬乎[③]？窃人之财，犹谓之盗，况贪天之功以为己力乎？下义其罪，上赏其奸，上下相蒙[④]，难与处矣。”其母曰：“盍亦求之？以死，谁怼[⑤]？”对曰：“尤而效之[⑥]，罪又甚焉。且出怨言，不食其食。”其母曰：“亦使知之，若何？”对曰：“言，身之文也[⑦]。身将隐，焉用文之？是求显也。”其母曰：“能如是乎？与女偕隐。”遂隐而死。晋侯求之，不获，以绵上为之田[⑧]，曰：“以志吾过，且旌善人[⑨]。”

注释

①介之推：又名介子推，随重耳出逃。

②主晋祀者：主持晋国祭祀的人，即晋国国君。

③二三子：指随从逃亡之臣。诬：荒谬。

④蒙：蒙骗，欺骗。

⑤怼 duì：怨恨。

⑥尤：怨，埋怨。效：模仿，效法。

⑦文：文饰。

⑧绵上：晋国地名，在今山西省介休县东南四十里介山之下。为之田：作为介之推的祭田。

⑨志：标志。旌：表彰。

译文

晋文公赏赐跟随他出逃的人，介之推没有提及禄位，禄位也没有赐到他身上。介之推说："献公的儿子有九个，只有晋文公一个在世了。惠公、怀公没有亲近的人，国内国外都抛弃了他们。上天不使晋国绝后，必定要立君主。主持晋国祭祀的人，不是公子又会是谁？这实在是上天立他为君，而他们这些跟随的人却以为是自己的力量，这不是欺骗吗？偷别人的财物，尚且叫做盗，何况贪上天的功劳以为自己的力量呢？在下位的人把贪功的罪过当成合理，在上位的人对欺骗加以赏赐，上下相互欺骗，这就难和他们相处了。"介之推的母亲说："你何不也去求赏？这样苦死又能怨谁呢？"介之推回答说："埋怨这种错误还去效法它，罪就更大了。而且我口出怨言，不应当再吃他的俸禄。"他母亲说："也让他知道这些，如何？"介之推回答说："说话，是自身行为的文饰。身体将要隐藏，哪里用得着文饰？这只不过是去求显露罢了。"他母亲说："你能够这样吗？我和你一起隐居起来。"于是就隐居而死。晋文公派人到处寻找介之推，找不到，就把绵上的田封给他做祭田，说："以此来记住我的过失，并表扬好人。"

展喜犒师
僖公二十六年

夏，齐孝公伐我北鄙，卫人伐齐，洮之盟故也[1]。

注释

①洮 táo 之盟故：是为了履行前一年在洮地盟约的缘故。洮之盟：鲁僖公二十五年，鲁、卫、莒结盟。

译文

夏季，齐孝公进攻鲁国北部边境，卫军便攻打齐国，这是卫国履行洮地盟约之故。

公使展喜犒师[1]，使受命于展禽[2]。齐侯未入竟，展喜从之，曰："寡君闻君亲举玉趾[3]，将辱于敝邑，使下臣犒执事[4]。"齐侯曰："鲁人恐乎？"对曰："小人恐矣，君子则否。"齐侯曰："室如县罄[5]，野无青草，何恃而不恐？"对曰："恃先王之命。昔周公、大公股肱周室[6]，夹辅成王。成王劳之而赐之盟，曰：'世世子孙无相害也。'载在盟府，大师职之[7]。桓公是以纠合诸侯而谋其不协[8]，弥缝其阙而匡救其灾[9]，昭旧职也[10]。及君即位，诸侯之望曰：'其率桓之功[11]！'我敝邑用不敢保聚[12]，曰：'岂其嗣世九年而弃命废职？其若先君何？君必不然。'恃此以不恐。"齐侯乃还。

注释

①公：指鲁僖公。展喜：鲁国大夫。犒师：犒劳齐军。

②受命：接受辞令。展禽：名获，又名柳下惠，春秋时贤人。展喜是他的弟弟。

③玉趾：表示礼节的套话，意思是贵足、亲劳大驾。

④执事：指侍从左右之人。为表示对国君之敬重，不直接称呼，而以执事代指齐孝公。

⑤县 xuán 罄：悬挂的磬，喻空无所有，贫困之极。县，同“悬”。

⑥股：大腿。肱：胳膊。这里的意思是辅佐。

⑦大师：指太史。职：职掌。

⑧不协：互相侵犯，不团结。

⑨弥：补全。阙：缺口。匡：匡正。

⑩旧职：即周王赋予齐国领导保护东方诸侯国的职责。

⑪率：遵循。

⑫保聚：保指守护城池，聚为聚合兵众。

译文

僖公派遣展喜犒劳齐国军队，派他前去向展禽请教如何措辞。齐孝公尚未进入鲁国国境，展喜跟从拜见了他，说：“我的君主听说君王您亲自出动大驾，将要光临敝邑，所以派遣下臣来慰劳您。”齐孝公说：“鲁国人害怕吗？”展喜回答说：“小人害怕了，君子则不怕。”齐孝公说：“鲁国房屋中像挂起的磬一样的空，四野里光秃秃的连青草都没有，你们凭什么不害怕？”展喜回答说：“凭借着先王的命令。从前周公、太公辅佐周王朝，在左右协助成王。成王慰劳他们，赐给他们盟约，说：‘世世代代的子孙不要互相侵犯。’这个盟约保存在盟府之中，由太史职掌它。齐桓公因此联合诸侯，而商讨解决他们之间的纠纷，弥补他们的过失，而救援他们的灾难，这都是昭显过去的职责。等君王即位，各国诸侯盼望说：‘他会继续桓公的功业吧！’我敝邑因此不敢守护城池纠聚合兵众，说：‘难道他即位九年，就背弃王命、废弃职责吗？他怎么向先君交代呢？他一定不会这样做的。’靠着这个，所以不害怕。”齐孝公就收兵回国了。

晋楚城濮之战
僖公二十八年

二十八年春，晋侯将伐曹[①]，假道于卫[②]。卫人弗许。还[③]，自南河济[④]，侵曹伐卫。正月戊申，取五鹿[⑤]。二月，晋郤縠卒[⑥]。原轸将中军[⑦]，胥臣佐下军[⑧]，上德也[⑨]。晋侯、齐侯盟于敛盂[⑩]。

注释

①晋侯：指晋文公重耳。曹：诸侯国，其地在今山东定陶。

②卫：诸侯国，在今河北南部和河南北部的一带。

③还：往回走。

④南河：在河南淇县之南，延津县之北，今河道已不存。

⑤五鹿：卫国地名，在今河南濮阳南。

⑥郤縠：晋国大夫。

⑦原轸：即先轸，晋国大夫。

⑧胥臣：即臼季，又名司空季子。

⑨上德：尚德。

⑩敛盂：卫国地名，其地在今河南濮阳县东南。

译文

鲁僖公二十八年的春季，晋文公准备攻打曹国，向卫国借路。卫国没有答应。于是回来，从南河渡过黄河，入侵曹国，攻打卫国。正月戊申日，占取了五鹿。二月，郤縠死。原轸率领中军，胥臣辅助下军，把原轸提升，是为了崇尚德行。晋文公和齐昭公在敛盂结盟。

卫侯请盟[①]，晋人弗许。卫侯欲与楚，国人不欲，故出其君，以说于晋[②]。卫侯出居于襄牛[③]。

注释

①卫侯：卫成公。

②说：同“悦”，取悦

③襄牛：卫国地名，其地在今河南睢县。

译文

卫成公请求也参加盟约，晋国人不答应。卫成公想亲附楚国，楚国的人民不愿意，所以赶走了他们的国君，来讨好晋国。卫成公离开国都住在襄牛。

公子买戍卫[①]，楚人救卫，不克。公惧于晋，杀子丛以说焉。谓楚人曰：“不卒戍也[②]。”

注释

①公子买：即子丛，鲁国大夫。

②不卒戍．没有完成戍卫任务。鲁采取两面主义，杀子丛以示不助卫，讨好于晋；对楚则说是子丛未完成任务，故杀之。

译文

公子买驻守在卫国，楚国人救援卫国，没有得胜。鲁僖公害怕晋国，就杀了公子买来讨好晋国。并骗楚国人说：“公子买驻守没到期就想回来，所以杀了他。”

晋侯围曹，门焉[1]，多死。曹人尸诸城上[2]，晋侯患之[3]。听舆人之谋，称“舍于墓[4]”。师迁焉。曹人凶惧，为其所得者，棺而出之。因其凶也而攻之。三月丙午[5]，入曹，数之以其不用僖负羁[6]，而乘轩者三百人也[7]，且曰：“献状[8]。”令无入僖负羁之宫而免其族，报施也。魏犨、颠颉怒曰：“劳之不图[9]，报于何有！”爇僖负羁氏[10]。魏犨伤于胸，公欲杀之，而爱其材，使问[11]，且视之。病，将杀之。魏犨束胸见使者，曰：“以君之灵，不有宁也！”距跃三百，曲踊三百[12]。乃舍之。杀颠颉以徇于师，立舟之侨以为戎右[13]。

注释

①门：攻打城门。②尸诸城上：把晋军的尸体陈列在城墙上。

③患：忧虑，担心。

④舆人：群众。称：声称。舍于墓：驻军在曹的墓地，有威胁挖祖坟之意。

⑤丙午：十日。⑥数之：数列其罪状。

⑦乘轩者：大夫之上方可乘轩。

⑧献状：供认情况。

⑨劳：功劳。指二人随从重耳出亡之功。

⑩爇 ruò：焚烧。⑪问：慰问。

⑫距跃：向上跳。曲踊：向前跳。三百：形容多次。

⑬舟之侨：虢国人，后奔晋。戎右：周代陪乘之官。出军或田猎时，坐君主之右，执武器，担任保卫工作。魏犨曾为戎右，今被取代。

译文

晋文公发兵包围曹国，攻打城门，战死的人很多。曹军把晋军的尸体陈列在城上,晋文公很为此担心。听了士众主意，声称“在曹国人的墓地宿营”，然后转移军队。曹国人因此而恐惧，把他们得到的晋军的尸体装进棺材运出来，晋军趁曹军恐惧之时攻城。三月十日，进入曹国国都，数列曹王罪状，责备曹国不任用僖负羁，做官坐车的反倒有三百人，并且说：“供认情况吧。”晋文公下令兵士不许进入僖负羁的家里，同时赦免他的族人，这是为了报答从前的恩惠。魏犨、颠颉发怒说：“对有功劳的人却不加封赏，还报答什么恩惠？”于是放火烧了僖负羁的家。魏犨胸部受伤，晋文公想杀死他，但又爱惜他的才能，派人前去慰问，同时观察病情。如果伤势很重，就准备杀了他。魏犨捆紧胸膛出见使者，说：“托君王之福,难道我敢借口生病图安逸吗！”说着就向上跳了很多次，又向前跳了很多次。晋文公于是饶恕了他，而杀死颠颉通报全军，立舟之侨为车右。

宋人使门尹般如晋师告急[①]。公曰：“宋人告急，舍之则绝，告楚不许[②]。我欲战矣，齐、秦未可[③]，若之何？”先轸曰：“使宋舍我而赂齐、秦，藉之告楚[④]。我执曹君，而分曹、卫之田以赐宋人。楚爱曹、卫，必不许也。喜赂怒顽[⑤]，能无战乎？”公说，执曹伯，分曹、卫之田以畀宋人。

注释

①门尹般：宋国大夫。

②告楚不许：请楚国解除宋人之围而不见许。

③未可：没有答应助战。

④藉 jiè：凭借，依靠。

⑤喜赂怒顽：齐、秦必定喜欢宋的贿赂，恼恨楚的顽固。

译文

宋国派大夫门尹般到晋军中报告危急情况。晋文公说："宋国来报告危急情况，不去救他就断绝了交往，请求楚国解围，他们又不答应。我们想作战，齐国和秦国又不答应助战。怎么办？"先轸说："让宋国丢开我国而去给齐国、秦国赠送财礼，假借他们两国去请求楚国停止攻宋。我们逮住曹国国君，把曹国、卫国的一部分田地分给宋国。楚国舍不得放弃曹国、卫国，一定不答应齐国和秦国的请求。齐国和秦国必定喜欢宋国的贿赂，而对楚国的固执很恼怒，到时能不打仗吗？"晋文公很高兴，拘捕了曹共公，把曹国和卫国的田地分给了宋国人。

楚子入居于申①，使申叔去穀②，使子玉去宋③，曰："无从晋师④。晋侯在外，十九年矣，而果得晋国⑤。险阻艰难，备尝之矣；民之情伪，尽知之矣。天假之年⑥，而除其害⑦。天之所置，其可废乎？《军志》曰⑧：'允当则归⑨。'又曰：'知难而退。'又曰：'有德不可敌。'此三志者⑩，晋之谓矣。"子玉使伯棼请战⑪，曰："非敢必有功也，愿以间执谗慝之口⑫。"王怒，少与之师，唯西广、东宫与若敖之六卒实从之⑬。

注释

①楚子：指楚成王。入：从国外回国叫入。

申：国名，姜姓，后为楚所灭，其地在今河南南阳。

②申叔：即申公叔侯，戍守穀邑的楚军将领。去：撤离。

③子玉：名得臣，芈姓，成氏，斗伯比之子，时任楚令尹。

④无：通“毋”，不要。从：追赶，追随。

⑤果：最终。

⑥假：给予。年：指在外流亡的十九年时间。

⑦害：敌人，指晋惠公、怀公、吕甥、郤芮等人。

⑧《军志》：古代军事著作，已失传。

⑨允当则归：适可而止。

⑩志：记载。

⑪伯棼：名椒，字子越，芈姓，成氏，斗伯比之孙。

⑫间执：堵塞。

⑬西广：当时楚军分左右广，西广即右广。东宫：军队名。

若敖：楚之先主，楚武王的祖父，军队以此为名。

卒：兵车，每卒三十乘。或谓一卒百人。

译文

楚成王进入申城并住下来，让申叔撤离穀地，让子玉离开宋国，说：“不要去追逐晋国军队！晋文公流亡在外边十九年了，而最终得到了晋国。险阻艰难，都尝过了；民情真假，也都知道了。上天给予他年寿，同时除去了他的祸害，上天所安排的，难道可以废除吗？《军志》说：‘适可而止。’又说：‘知难而退。’又说：‘有德的人不能抵挡。’这三条记载，说的就是晋国吧。”子玉派遣伯棼向成王请战，说：“不敢说一定能建立功勋，愿意借此堵塞奸邪小人的口。”楚成王发怒，给他很少的军队，只有西广、东宫和若敖的六卒兵力跟去。

子玉使宛春告于晋师曰①：“请复卫侯而封曹②，臣亦释宋之围。”子犯曰：“子玉无礼哉！君取一③，臣取二④，不可失矣。”先轸曰：“子与之⑤。定人之谓礼⑥，楚一言而定三国，我一言而亡之。我则无礼，何以战乎？不许楚言，是弃宋也。救而弃之，谓诸侯何？楚有三施⑦，我有三怨⑧，怨仇已多，将何以战？不如私许复曹、卫以携之⑨，执宛春以怒楚，既战而后图之。”公说。乃拘宛春于卫，且私许复曹、卫。曹、卫告绝于楚⑩。

注释

①宛春：楚国大夫。

②复卫侯：让卫成公回到卫国国都。

封曹：让曹复国，其时曹为晋占领。

③君：指晋文公。取一：得到一个好处，即解宋之围。

④臣：指楚臣子玉。取二：得到两个好处，复卫侯而封曹。

⑤与：答应。

⑥定人：使人安定。

⑦三施：宋、曹、卫都能得到利益。

⑧三怨：宋、曹、卫都不满意。

⑨携：离间。

⑩告绝：宣布断绝关系。

译文

子玉派宛春到晋军中报告说："请恢复卫侯的君位，同时把土地退还给曹国，我也解除对宋国的包围。"子犯说："子玉无礼啊！给君王的，只是解除对宋国的包围一项，而要求君王给出的，却是复卫侯、封曹两项。这次不可失掉进攻的机会了。"先轸说："君王应该答应他的请求。使人安定叫做礼，楚国人一句话安定三个国家，我们一句话而使它们灭亡。我们如果这样就是无礼，还能拿什么来作战呢？不答应楚国的请求，这是抛弃宋国；救援了又抛弃他，还怎么给诸侯交代？楚国有对宋、曹、卫三国有利的恩惠，我们有使此三国不满的怨仇，怨仇已经太多了，准备拿什么作战？不如先私下答应恢复曹国和卫国，再来离间他们，逮了宛春来激怒楚国，等打起仗再做计划。"晋文公听了很高兴。于是把宛春囚禁在卫国，同时私下里允诺恢复曹、卫。曹、卫就与楚国断绝邦交。

子玉怒，从晋师[①]。晋师退。军吏曰："以君辟臣，辱也。且楚师老矣[②]，何故退？"子犯曰："师直为壮[③]，曲为老[④]，岂在久乎？微楚之惠不及此[⑤]，退三舍辟之，所以报也。背惠食言，以亢其仇，我曲楚直，其众素饱[⑥]，不可谓老。我退而楚还，我将何求？若其不还，君退臣犯，曲在彼矣。"退三舍。楚众欲止，子玉不可。

注释

①从：主动出击。

②老：指楚军长期转战，士气已衰竭。

③直：理直。壮：气壮。

④曲：理不直，指师出无名。

⑤微：没有。楚之惠：指当年重耳流亡时楚成王对他的礼遇。

⑥素：素来，向来。饱：精神饱满。

译文

子玉发怒，追击晋军。晋军撤退。军吏说："作为国君而躲避臣下，这是耻辱；而且楚军已经疲劳不堪，为什么退走？"子犯说："出兵作战，理直就气壮，无理就气衰，哪里在于在外边作战的时间长短呢？如果当初没有楚国的恩惠，我们也到不了这里。退三舍之距躲避他们，就是作为报答。背弃恩惠、言而无信，要是以此来抗敌，就是我们理亏而楚国有理，加上他们的士气一向饱满，不能认为是衰疲。我们退走而楚军回去，我们还要求什么？如果他们不回去，国君退走，而臣下进犯，他们就理亏了。"于是晋军退后三舍。楚国军士要停下来，子玉不同意。

夏四月戊辰，晋侯、宋公、齐国归父、崔夭、秦小子慭次于城濮[①]。楚师背酅而舍[②]，晋侯患之。听舆人之诵，曰："原田每每[③]，舍其旧而新是谋[④]。"公疑焉。子犯曰："战也！战而捷，必得诸侯。若其不捷，表里山河[⑤]，必无害也。"公曰："若楚惠何？"栾贞子曰[⑥]："汉阳诸姬[⑦]，楚实尽之[⑧]。思小惠而忘大耻，不如战也。"晋侯梦与楚子搏，楚子伏己而盬其脑[⑨]，是以惧。子犯曰："吉。我得天[⑩]，楚伏其罪[⑪]，吾且柔之矣[⑫]。"

注释

①宋公：宋成公，名王臣。国归父：齐国的卿，谥庄，也称国庄子。崔夭：齐国大夫。小子慭 yìn：秦穆公之子。城濮：卫国地名，在今山西。

②酅 xī：城濮附近一险阻之地。

③原田：平原上的田地。每每：肥美。

④舍其旧而新是谋：古代原始农业，耕种数年后地力衰竭当辟新田。隐喻晋国也应谋取新功。

⑤表里山河：指晋国内有太行山为据守险，外有黄河为天险，地理位置优越。

⑥栾贞子：即栾枝，晋之卿士。

⑦汉阳：汉水以北。

⑧尽之：消灭掉。

⑨盬 gǔ：吸饮。

⑩得天：子犯把晋文公被按倒在地上仰面朝天美言为得天。

⑪伏其罪：子犯把楚王面向地解释为服罪。

⑫柔之：脑浆乃阴柔之物，吸之意为以柔克刚。

译文

夏季，四月初一日，晋文公、宋成公、齐国的国归父、崔夭、秦国的小子慭驻扎在城傕。楚军背靠着险要的地方扎营，晋文公很为之担忧。听到士兵的歌词说："原野田里的庄稼肥美，抛开旧土而对新的加以犁锄。"晋文公依然犹豫不决。子犯说："出战吧！战而得胜，一定得到诸侯拥戴；如果不胜，我国外有黄河阻挡，内有太行山设险，也一定没有什么害处。"晋文公说："对楚国的恩惠怎么办？"栾枝说："汉水以北的姬姓诸国，楚国都把它们吞并完了。想着过去的小恩惠，而忘记大耻大辱，不如出战。”晋文公夜里梦见和楚王搏斗，楚王伏在自己身上吸食自己的脑浆，因而害怕。子犯说：“此乃吉兆。我国得到天助，楚国服罪，而且我们将以柔力驯服它。”

子玉使斗勃请战①，曰：“请与君之士戏②，君冯轼而观之③，得臣与寓目焉④。”晋侯使栾枝对曰：“寡君闻命矣。楚君之惠，未之敢忘，是以在此。为大夫退，其敢当君乎？既不获命矣，敢烦大夫谓二三子⑤：‘戒尔车乘⑥，敬尔君事，诘朝将见⑦。’”

注释

①斗勃：字子上，楚国大夫。

②戏：角力，比赛体力之强弱。

③冯：同“凭”，依靠。轼：车前横木。

④得臣：子玉自称其名。寓：寄。

⑤二三子：诸位。

⑥戒：备。

⑦诘朝：明天早晨。

译文

子玉派遣斗勃向晋国挑战，说：“请和君王的斗士较量一番，君王靠在车前的横板上观看，得臣可以陪同君王一起观看了。”晋文公派遣栾枝回答说：“我们国君知道您的意思了。楚君的恩惠，没有敢忘记过，所以我们退避三舍待在这里。对大夫子玉我们都要退让，又怎么敢抵挡楚君呢？既然得不到贵国退兵的命令，那就劳您费心转告贵国将领：‘准备好你们的战车，忠于你们的国事，明天早晨将再见面。’”

晋车七百乘，韅、靷、鞅、靽[①]。晋侯登有莘之虚以观师[②]，曰：“少长有礼，其可用也。”遂伐其木，以益其兵。己巳，晋师陈于莘北，胥臣以下军之佐当陈、蔡[③]。子玉以若敖之六卒将中军，曰：“今日必无晋矣。”子西将左，子上将右[④]。胥臣蒙马以虎皮，先犯陈、蔡。陈、蔡奔，楚右师溃。狐毛设二旆而退之[⑤]。栾枝使舆曳柴而伪遁[⑥]，楚师驰之。原轸、郤溱以中军公族横击之[⑦]。狐毛、狐偃以上军夹攻子西，楚左师溃。楚师败绩。子玉收其卒而止，故不败。

注释

①韅 xiǎn：套在牲口腹部（一说背部）的皮带。

靷 yǐn：引车前进的皮带，一端套在车上，一端套在牲口胸前。鞅 yāng：马拉车时套在马颈上的皮套子。

靽 bàn：驾车时套在牲口后部的皮带。

②莘 shen 之虚：古莘国的废墟，其地在今曹县西北。

③胥臣：晋国的卿，胥氏，名臣，字季。

陈、蔡：指陈国、蔡国支持楚王排出的军队，从属于楚右军。

④子西：楚国司马，斗氏，名宜申，字子西。子上：即斗勃。

⑤狐毛：狐偃之兄。旆 pèi：饰有飘带的军旗。

⑥曳：拖，拉。伪遁：假装逃跑。

⑦公族：晋国公族子弟组成的队伍。

译文

晋国军队有战车七百辆，装备齐全。晋文公登上莘的废城检阅军容，说："年少的和年长的，排列有序，合乎礼仪，可以使用了。"就命令砍伐山上的树木，以增加作战的器械。初二日，晋军在莘北摆开军阵，下军副将胥臣领兵抵挡陈、蔡军队。子玉用若敖的一百八十乘率领中军，说："今天一定灭掉晋国了！"子西率领左军，子上率领右军。胥臣把马蒙上老虎皮，先攻陈、蔡两军。陈、蔡两军奔逃，楚军的右翼部队溃散。狐毛竖起两面大旗向后退去。栾枝让车子拖着树枝扬起尘土假装逃走，楚军追击，原轸、郤溱率领中军的公族拦腰袭击。狐毛、狐偃率领上军夹攻子西，楚国的左翼部队溃散。楚军大败。子玉及早下令收兵，所以他所率领的中军没有溃败。

晋师三日馆谷[①]，及癸酉而还。甲午，至于衡雍[②]，作王宫于践土[③]。

注释

①馆：驻扎。谷：吃楚军留下的军粮。

②衡雍：郑国地名，其地在今河南原阳县西。

③王宫：行宫，因周襄公闻晋获胜前来慰劳而为他临时修建的行宫。践土：郑国地名，在衡雍西南。

译文

晋军在楚军营地休整三天，吃楚军留下的粮食，到四月初六才班师回国。四月二十七，到达衡雍，为周襄公在践土建造了一座王宫。

乡役之三月[①]，郑伯如楚致其师[②]，为楚师既败而惧,使子人九行成于晋[③]。晋栾枝入盟郑伯。五月丙午，晋侯及郑伯盟于衡雍。

注释

①乡役之三月：指过去战前的三个月。

乡，往时，过去的。役，指城濮之战。

②郑伯如：指郑文公。

致其师：郑伯率郑师，致与楚，交楚指挥。

③子人九：郑国大夫。

译文

在城濮战役之前的三个月，郑文公派军队到楚国接受楚的指挥。因为楚军已经失败而害怕了,派遣子人九去晋国讲和。晋国的栾枝进入郑国和郑文公订立盟约。五月初九日，晋文公和郑文公在衡雍结盟。

丁未，献楚俘于王[①]：驷介百乘[②]，徒兵千。郑伯傅王，用平礼也[③]。己酉，王享醴，命晋侯宥。王命尹氏及王子虎[④]、内史叔兴父策命晋侯为侯伯[⑤]，赐之大辂之服、戎辂之服[⑥]，彤弓一、彤矢百[⑦]，玈弓矢千[⑧]，秬鬯一卣[⑨]，虎贲三百人[⑩]，曰:“王谓叔父:‘敬服王命,以绥四国,纠逖王慝[⑪]。’”晋侯三辞,从命,曰:“重耳敢再拜稽首,奉扬天子之丕显休命[⑫]。”受策以出,出入三觐[⑬]。

注释

①王：周襄王。

②驷介：由四匹披甲马挽引的战车。介：披上铠甲。

③平礼：指用当年周平王接待晋文侯时的礼节接待晋文公。

④尹氏：周国卿士。王子虎：周王卿士，谥文，又称太宰文公。

⑤内史：官名，西周始置，常奉王命策命臣下。

策命：书写简册以命令。侯伯：诸侯之长。

⑥大辂 lù 之服：与大辂相配的服饰仪仗。

大辂，天子规格的大型车。戎辂：战车。

⑦彤弓、彤矢：用朱砂涂抹过的弓、箭。彤，红色。

⑧玈 lú 弓矢千：黑色的弓十把，箭千支。玈，黑色。

⑨秬鬯 jùchàng：古代以黑黍和郁金香草酿造的酒，用于祭祀降神及赏赐有功的诸侯；

卣 yǒu：古代一种酒器，椭圆形，肚大口小，有盖和提梁。

⑩虎贲：又称虎士，西周精锐的武士称谓。

⑪纠逖 tì：亦作“纠剔”，督察惩治之意。

一说纠使之远离，逖谓之远，也通。

⑫奉扬：奉收并发扬。丕：大。显：明。休：美。

⑬觐：诸侯朝见帝王。

译文

五月初十，晋文公把楚国的战俘献给周襄王：驷马披甲的战车一百辆，步兵一千人。郑文公作为襄礼，用的是当年周平王接待晋文侯时的礼节。十二日，周襄王设宴用甜酒招待晋文公，并劝晋文公进酒。周襄王命令尹氏和王子虎、内史叔兴父用策书任命晋文公为诸侯之王，赐给他大辂车、戎辂车以及相应的服装仪仗，红色的弓一把、红色的箭一百枝，黑色的弓十把和箭一千枝，黑黍加香草酿造的酒一卣，勇士三百人，说：“周天子对叔父说：‘恭敬地服从天子的命令，以安抚四方诸侯，纠察惩治王朝的邪恶。’”晋文公辞谢了三次，然后接受册封，说：“重耳谨再拜叩头，接受并宣扬天子光大、美好的命令。”接受了策书就离开成周。从进入成周到离开，三次朝见周王。

卫侯闻楚师败，惧，出奔楚，遂适陈，使元咺奉叔武以受盟[①]。癸亥，王子虎盟诸侯于王庭，要言曰[②]：“皆奖王室[③]，无相害也。有渝此盟[④]，明神殛之[⑤]，俾队其师[⑥]，无克祚国[⑦]，及而玄孙，无有老幼。”君子谓是盟也信，谓晋于是役也，能以德攻。

注释

①元咺 xuān：卫国大夫。叔武：卫成公的弟弟。

②要：约。

③奖：辅助。

④渝：违背。

⑤殛 jí：惩罚。

⑥俾队其师：使他的军队败灭。队，通“坠”，灭亡。

⑦祚：享有。

译文

卫成公听说楚军战败，感到害怕，出逃到楚国，又到了陈国，派遣元咺侍奉叔武去接受盟约。二十六日，王子虎和诸侯在周天子的王庭里盟誓，约定说："所有诸侯都要辅助王室，不要互相伤害！谁要违背盟约，圣明的神灵就会惩罚他，使他的军队颠覆，不能享有国家，直到他的子孙后代，不论老小都将如此。"时人君子认为这次结盟是守信用的，认为晋国在这次战役中能够用德行来攻击敌人。

初，楚子玉自为琼弁玉缨[①]，未之服也。先战，梦河神谓己曰："畀余[②]，余赐女孟诸之麋[③]。"弗致也。大心与子西使荣黄谏[④]，弗听。荣季曰："死而利国。犹或为之，况琼玉乎？是粪土也。而可以济师，将何爱焉？"弗听。出，告二子曰："非神败令尹，令尹其不勤民[⑤]，实自败也。"既败，王使谓之曰："大夫若入，其若申、息之老何[⑥]？"子西、孙伯曰："得臣将死。二臣止之曰：'君其将以为戮。'"及连谷而死[⑦]。

注释

①琼弁 biàn：饰以琼玉的帽子。

②畀 bì：送给。

③孟诸：宋国地名，在今河南商丘东北。

麋：通"湄"，河岸水草相接处。

④大心：子玉之子，即宋伯。荣黄：指荣季，楚国大夫。

⑤不勤民：不以民事为重。

⑥其若申、息之老何：子玉率申、息之子弟出征，死伤众多，言以何面目见申、息父老。

⑦连谷：楚国地名。子玉到连谷仍未闻赦令，故自杀。

译文

当初，楚国的子玉自己制作了以美玉镶饰的帽子，还没有使用。作战之前，梦见黄河河神对他说："把帽子送给我，我赐给你孟诸的水草地。"子玉没有赠送。子玉的儿子大心和子西派荣黄去劝谏，子玉仍不肯赠送。荣黄说："死如果能有利于国家，尚且还要去做，何况是美玉呢？和国家比起来这不过是粪土罢了。如果可以使军队成功，有什么可吝惜的？"子玉还是不听。荣黄出来告诉两人说："不是神明让令尹打败仗，而是令尹不以百姓的事情为重，实在是自取失败啊！"到子玉失败之后，楚成王派使臣对子玉说："申、息的子弟大多伤亡了，大夫如果回来，怎么向申、息两地的父老交代呢？"子西、大心对使臣说："子玉本来要自杀的，我们两个阻拦他说：'不要自杀，国君还准备杀你呢。'"到达连谷，子玉就自杀了。

晋侯闻之而后喜可知也，曰："莫余毒也已①！𫇭吕臣实为令尹②，奉己而已③，不在民矣。"

注释

①莫余毒也已：没有谁能害我了。

②𫇭吕臣：楚国大夫，在子玉之后担任楚国令尹。

③奉己：奉养自己，即为自己打算。

译文

晋文公听说子玉自杀的消息以后，喜形于色，说："没有人再来为害于我了。𫇭吕臣做令尹，不过是为自己打算罢了，并不是为了百姓。"

烛之武退秦师
僖公三十年

九月甲午，晋侯、秦伯围郑[①]，以其无礼于晋[②]，且贰于楚也[③]。晋军函陵，秦军氾南[④]。佚之狐言于郑伯曰[⑤]："国危矣，若使烛之武见秦君，师必退。"公从之。辞曰："臣之壮也，犹不如人，今老矣，无能为也已。"公曰："吾不能早用子，今急而求子，是寡人之过也。然郑亡，子亦有不利焉。"许之，夜缒而出[⑥]。见秦伯，曰："秦、晋围郑，郑既知亡矣。若亡郑而有益于君，敢以烦执事[⑦]。越国以鄙远[⑧]，君知其难也，焉用亡郑以陪邻[⑨]。邻之厚，君之薄也。若舍郑以为东道主[⑩]，行李之往来[⑪]，共其乏困[⑫]，君亦无所害。且君尝为晋君赐矣，许君焦、瑕[⑬]，朝济而夕设版焉[⑭]，君之所知也。夫晋何厌之有？既东封郑[⑮]，又欲肆其西封[⑯]，若不阙秦[⑰]，将焉取之？阙秦以利晋，唯君图之。"秦伯说，与郑人盟，使杞子、逢孙、扬孙戍之[⑱]，乃还。

注释

①晋侯：晋文公。秦伯：秦穆公。

②无礼于晋：指晋文公重耳流亡之时，经过郑国，郑文公未以礼相待。见《晋公子重耳之亡》。

③贰于楚：与晋同盟又结好与楚。指城濮之战前，郑文公曾把军队交付楚军指挥以助战。见《晋楚城濮之战》。

④函陵：郑国地名，其地在今河南新郑北。氾 fán 南：郑国地名，氾水之南，其地在今河南中牟县南。

⑤佚之狐：郑国大夫。郑伯：郑文公。烛之武：郑国大夫。

⑥缒 zhuì：用绳子拴着人、物从高处往下送。

⑦执事：负责之人。

⑧鄙远：以远方的国家为边邑，即占领远方国家。鄙，边邑，这里做动词。

⑨陪：增益。

⑩东道主：东方道路上的接待者。此三字后来成为固定用语，指称接待或宴客的主人，或指请客的人。

⑪行李：通“行理”，古代对使者之称。

⑫共：同“供”，供给。

⑬焦、瑕：晋国地名，其地在今河南陕县附近。晋惠公曾答应割给秦国。

⑭设版：即建筑防御工事，古代修城以版为夹，中实土。这里是指晋惠公回国后随即筑城守备，无信于秦。

⑮封：边疆。东封郑指晋在东边以郑为边境，吞并郑国。

⑯肆：伸展，拓展。

⑰阙：同“缺”，亏缺。

⑱杞子、逢孙、扬孙：皆为秦国大夫。

译文

九月甲午，晋文公、秦穆公包围郑国，因为郑文公曾对晋文公无礼，而且此前怀有二心向着楚国。晋军驻扎在函陵，秦军驻扎在氾南。佚之狐对郑文公说：“国家处在危急之中了。假若派遣烛之武去进见秦伯，秦军必然退走。”郑文公听从了他的献策，便请烛之武去进见秦君，烛之武推辞说：“下臣年壮的时候，尚且不如别人；现在老了，已经无能为力了。”郑文公说：“我没有能及早任用您，现在形势危急而来求您，这是我的过错。然而郑国若被灭亡，对您也不好啊！”烛之武答应了。夜里从城墙上悬绳而下，面见秦穆公，说："秦、晋两国包围郑国，郑国已经知道自己要灭亡了。如果灭亡郑国而对君王有好处，那是值得劳驾君王左右随从的。如果要越过别国而以远方的土地作为边邑，君王知道这是不容易的，哪里用得着灭亡郑国来增加邻国的土地？邻国的实力加强了，就是君王您的实力被削弱了。如果赦免郑国，让它做东路上的主人，贵国使者的往来，郑国可以供应他所缺少的一切东西，对君王也没有害处。而且君王曾经施恩于晋国国君了，他答应给君王焦、瑕两地作为报答，但是他们早晨过河回国，晚上就设版筑城做守备，这是君王所知道的。晋国哪有满足的时候，已经在东边向郑国开拓土地，又要肆意扩张它西边的土地。如果不损害秦国，还能到哪里去取得土地呢？以损秦国来有利于晋国的事，还请君王好好考虑吧。"秦穆公听后很高兴，就同郑国人结盟，派遣杞子、逢孙、杨孙在郑国戍守，而后秦国就撤退了。

子犯请击之，公曰："不可。微夫人力不及此①。因人之力而敝之②，不仁；失其所与③；不知。以乱易整④，不武。吾其还也⑤。"亦去之。

注释

①微：没有。夫人：那个人，指秦穆公。

②因人之力：借助别人的力量。因，借助。敝：损害，破坏。

③与：结盟，结合。知：同"智"。

④乱：动乱，指关系破裂，矛盾冲突。整：整合，团结一致。

⑤其：将。

译文

子犯请求追击秦军。晋文公说："不行。如果没有他们的力量，我们不会有今天这个地位。依靠过别人的力量，反而又去损害他，这是不讲仁德；失掉了同盟国家，这是不明智；用矛盾冲突代替联合，这是不武。我们还是回去吧。"晋文公也就撤军回国。

卷六　文公

狼瞫之死

文公二年

二年春，秦孟明视帅师伐晋[①]，以报殽之役。二月，晋侯御之[②]，先且居将中军[③]，赵衰佐之。王官无地御戎[④]，狐鞫居为右[⑤]。甲子，及秦师战于彭衙[⑥]，秦师败绩。晋人谓秦“拜赐之师”。

注释

①秦孟明：姓百里，字孟明，名视，秦国名相百里奚之子。

②晋侯：晋襄公。御：抵御。

③先且居：晋国卿大夫。先轸之子。

④王官无地：晋国大夫。

⑤狐鞫 jū 居：晋国大夫，狐毛之子。

⑥彭衙：秦国地名。其地在今陕西澄城县西北。

译文

二年春季，秦国的孟明视领兵攻打晋国，以报复殽地那次战役。二月，晋襄公率军抵抗秦军，先且居率领中军，赵衰辅助他。王官无地为先且居驾驭战车，狐鞫居担任车右。二月七日，晋军和秦军在彭衙作战，秦军大败。晋国人说这是秦国“拜谢恩赐的战役”。

战于殽也，晋梁弘御戎，莱驹为右。战之明日，晋襄公缚秦囚，使莱驹以戈斩之。囚呼，莱驹失戈，狼瞫取戈以斩囚[①]，禽之以从公乘。遂以为右。箕之役[②]，先轸黜之,而立续简伯。狼瞫怒。其友曰:“盍死之?”瞫曰:“吾未获死所。”其友曰:“吾与女为难[3]。”瞫曰:“《周志》有之[4]:‘勇则害上,不登于明堂[5]。’死而不义,非勇也。共用之谓勇[6]。吾以勇求右,无勇而黜,亦其所也[7]。谓上不我知,黜而宜,乃知我矣。子姑待之。”及彭衙,既陈,以其属驰秦师[8],死焉。晋师从之,大败秦师。君子谓:“狼瞫于是乎君子。《诗》曰:‘君子如怒,乱庶遄沮。’[9]又曰:‘王赫斯怒,爰整其旅。’[10]怒不作乱,而以从师,可谓君子矣。”

注释

①狼瞫 shěn:晋人,勇士。

②箕之役:指僖公三十三年,即公元前627年,晋与狄之战。箕,晋国地名,在今蒲县东北。

③为难:发难,指杀死主帅先轸。

④《周志》:周书。此语出自《逸周书·大匡》。

⑤则:如果。明堂:祖庙。

⑥共用:死为国用,为国捐躯。

⑦所:应得之事。

⑧其属:狼瞫的部属。驰:驱赶车马进击,追击。

⑨《诗》:指《诗经·小雅·巧言》。
遄 chuán:迅速。沮:停止。

⑩此句出自《诗经·大雅·皇矣》。王:周文王。
赫:发怒的样子。爰 yuán:于是。旅:队伍。

译文

在殽地作战的时候，晋国的梁弘为晋襄公驾驭战车，莱驹作为车右。作战的第二天，晋襄公捆绑了秦国的俘虏，派莱驹用戈去杀他们，俘虏大声喊叫，莱驹受惊把戈掉在地上，狼瞫拿起戈砍下俘虏的头，抓起莱驹追上了晋襄公的战车，晋襄公就让他作为车右。箕地这一战役，先轸废掉了狼瞫，而换任续简伯作为车右。狼瞫发怒。他的朋友说："为什么不去死？"狼瞫说："我没有找到赴死的意义。"他的朋友说："我跟你一起发难杀死先轸。"狼瞫说："《周志》有这样的话：'勇士如果杀害位在其上的人，死后不能进入明堂。'死而不合于道义，这不是勇敢。为国家所用叫做勇敢，我凭借勇敢得到了车右，缺乏勇敢而被废黜，这也是应得的。如果说上面的人不了解我，废黜得得当，那也就算是了解我了。您姑且等着吧！"晋军到达彭衙，摆开军阵以后，狼瞫率领部下冲进秦军的队伍进击，战死在阵地上。晋军跟着上去，把秦军打得大败。时人君子认为："狼瞫这样也可以算得上君子了。《诗经》说：'君子如果发怒，动乱就可以很快阻止。'又说：'文王勃然大怒，于是就整顿军队。'发怒不去作乱，反而是去随军打仗，可以称得上是君子了。"

宋公子鲍礼于国人
文公十六年

宋公子鲍礼于国人①，宋饥，竭其粟而贷之②。年自七十以上，无不馈诒也③，时加羞珍异④。无日不数于六卿之门⑤，国之材人，无不事也⑥；亲自桓以下⑦，无不恤也。公子鲍美而艳，襄夫人欲通之⑧，而不可，乃助之施。昭公无道⑨，国人奉公子鲍以因夫人。

注释

①公子鲍：昭公庶弟，后即位为文公，在位二十二年。

②贷：施与或借贷。

③诒：通“贻”，给。

④时：四时，春夏秋冬。羞：美味的食品。

⑤数 shuò：屡次，多次。六卿：春秋时宋国以右师、左师、司马、司徒、司城、司寇为六卿，右师为六卿之长。

⑥事：侍奉。

⑦亲：亲族。桓：宋桓公。桓以下，指桓公、襄公、成公祖孙三代的子孙。

⑧襄夫人：宋襄公续娶之妻，公子鲍的祖母。

⑨无道：没有德政。

译文

宋国的公子鲍对国人加以礼遇，宋国发生饥荒，他把粮食全部拿出来施舍。对七十岁以上老人，没有不送东西的，还按时令加送珍贵的食品。国内的六卿家他是常客，没有一天不进出六卿的大门。对国内有才能的人，没有不加侍奉的；

对亲属中宋桓公的后代这些没落的贵族子孙，没有不加周济的。公子鲍漂亮而且艳丽，宋襄公夫人想和他私通，公子鲍不肯，襄公夫人就帮助他做施舍之事。宋昭公无道，国内的人们都由于襄公夫人的关系而拥护公子鲍。

于是华元为右师，公孙友为左师，华耦为司马①，鳞鱹为司徒②，荡意诸为司城③，公子朝为司寇④。初，司城荡卒，公孙寿辞司城⑤，请使意诸为之⑥。既而告人曰："君无道，吾官近，惧及焉。弃官，则族无所庇。子，身之贰也⑦，姑纾死焉⑧。虽亡子，犹不亡族。"

注释

①司马：官名。西周始置，与司徒、司工并称"三有司"。掌军政与军赋，为朝廷大臣，常统率六师或八师出征。

②司徒：官名。西周始置。西周前期金文都作"司土"，后期"司土"与"司徒"并用，与司马、司工（即司空）合称"三有司"。司徒主管征发徒役，兼管田地耕作与其他劳役。

③司城：官名，西周始置。春秋时宋以避武公之名，改司空为司城。

④司寇：官名。西周始置。掌刑狱。

⑤公孙寿：公子荡之子，荡意诸之父。

⑥意诸：子姓，荡氏，宋桓公之曾孙，昭公六卿之一。

⑦身：本身，自己。

⑧纾：延缓。

译文

当时，华元做右师，公子友做左师，华耦做司马，鳞鱹做司徒，荡意诸做司城，公子朝做司寇。起初，司城荡死了，公子寿辞掉司城的官职，请求让儿子荡意诸担任。后来他告诉别人说："国君无道，我的官位接近国君，很怕祸患引到身上。如果丢掉官职不干，家族就无所庇护。儿子，是我的代表，姑且让他代位，使我晚点死去。这样，即使丧失儿子，还不至于灭族。"

既①，夫人将使公田孟诸而杀之②。公知之，尽以宝行。荡意诸曰："盍适诸侯？"公曰："不能其大夫至于君祖母以及国人③，诸侯谁纳我？且既为人君，而又为人臣④，不如死。"尽以其宝赐左右而使行。夫人使谓司城去公⑤。对曰："臣之而逃其难，若后君何⑥？"

注释

①既：不久以后。

②田：同"畋"，打猎。孟诸：宋国境内大泽名。在今河南商丘东北、虞城西北。

③不能：不和睦，不相容。

④为人臣：指逃亡到别的诸侯国后身份将不再是国君，而是他国的人臣。

⑤去：离去，离开。去公指离开宋昭公。

⑥若后君何：如何面对下一任国君。

译文

不久以后，襄公夫人准备让宋昭公在孟诸打猎，并想趁机杀死他。宋昭公知道以后，带上了全部珍宝出行。荡意诸说："何不到诸侯那里去？"宋昭公说："连大夫、君祖母以及国人的信任得不到，诸侯谁肯接纳我呢？而且已经做了一国的君主，如果再跑去做别人的臣下，还不如死了好。"于是昭公把他的珍宝全部赐给左右随行人员，让他们离去。襄公夫人派人告诉司城荡意诸离开宋昭公，荡意诸回答说："我作为他的臣下，若逃避而不与昭公共患难，怎么能侍奉以后的国君呢？"

冬十一月甲寅，宋昭公将田孟诸，未至，夫人王姬使帅甸攻而杀之①。荡意诸死之②。书曰："宋人弑其君杵臼。"君无道也。

注释

①帅甸：公邑的大夫。

②死之：从之而死。

译文

冬季，十一月二十二日，宋昭公准备去孟诸打猎，还没有到达，襄公夫人王姬派遣帅甸进攻并杀死了他，荡意诸为此死了。《春秋》记载说"宋人弑其君杵臼"，这是由于国君无道。

文公即位，使母弟须为司城[①]。华耦卒，而使荡虺为司马[②]。

注释

①母弟：同母之弟。

②荡虺 huī：荡意诸之弟。

译文

宋文公即位，派同母之弟须做了司城。华耦死后，派荡虺担任司马。

十八年春，齐侯戒师期[①]，而有疾。医曰："不及秋，将死。"公闻之，卜，曰："尚无及期[②]！"惠伯令龟[③]。卜楚丘占之，曰："齐侯不及期，非疾也；君亦不闻[④]。令龟有咎[⑤]。"二月丁丑，公薨。

注释

①戒：敕令，下令。师期：出兵日期，指出兵攻打楚国。

②尚：希望。无及期：没有到出兵日期。

③惠伯：鲁国大夫，叔仲。令龟：通"命龟"，古人占凶吉，必将所卜之事告卜人以龟占之。

④君亦不闻：鲁文公也听不到这件事了。指文公将先于齐侯去世。

⑤有咎：有灾祸。

译文

鲁文公十八年的春天，齐懿公下达了出兵攻打鲁国的日期，不久就得了病。医生说："过不了秋天就会死去。"鲁文公听说以后，占了个卜，说："希望他不到发兵日期就死！"惠伯在占卜前把所要占卜的事情致告龟甲，卜楚丘占卜后说："齐懿公不到期而死，但不是由于生病；国君也听不到这件事了。致告龟甲的人有灾祸。"二月二十三日，鲁文公逝世。

齐懿公之为公子也①，与邴蜀之父争田②，弗胜。及即位，乃掘而刖之③，而使蜀仆④。纳阎职之妻，而使职骖乘⑤。

注释

①齐懿公：原名姜商人，齐桓公之子，在位四年。

②邴蜀：邴氏，名蜀，因掌御戎车，又号邴戎。

③掘：掘坟把尸体挖出来。刖 yuè：斩断脚。

④仆：驾车。

⑤骖 cān 乘：陪乘。古代一车乘三人，御者居中，尊者居左，骖乘者居右。

译文

齐懿公还是公子的时候，曾和邴蜀的父亲争夺土地，没有得胜。等到他即位以后，就掘出邴蜀父亲的尸体并砍去他的双脚，又让邴蜀为他驾车。夺取了阎职的妻子而又让阎职做他的骖乘。

夏五月，公游于申池[①]。二人浴于池。蜀以扑抶职[②]。职怒。蜀曰："人夺女妻而不怒，一抶女，庸何伤[③]？"职曰："与刖其父而弗能病者何如[④]？"乃谋弑懿公，纳诸竹中[⑤]。归，舍爵而行[⑥]。齐人立公子元[⑦]。

注释

①申池：齐国都南城西门名申门，附近有池称申池。

②扑：马鞭，驾车者所用。抶 chì：鞭打。

③庸：难道，岂。

④病：羞辱，耻辱。

⑤竹：竹林。

⑥舍爵：告祭于祖庙。

⑦公子元：即齐惠公，名元。

译文

夏季，五月，齐懿公在申池游玩。邴蜀、阎职两个人在池子里洗澡，邴蜀用马鞭打阎职。阎职发怒。邴蜀说："别人夺了你的妻子你不生气，打你一下，有什么妨碍？"阎职说："跟砍了他父亲的脚而不敢怨恨的人比怎么样？"于是二人就一起策划，杀死了齐懿公，把尸体放在竹林里。回去后，在宗庙里祭祀，摆好酒杯然后公然出走。齐国人立了公子元为国君。

卷七 宣公

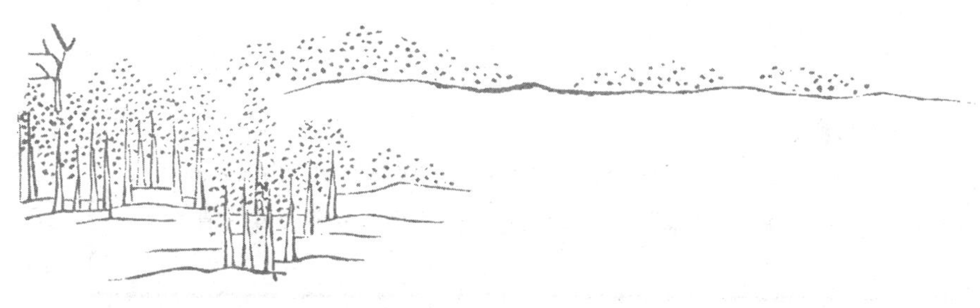

晋灵公不君
宣公二年

晋灵公不君[①]：厚敛以雕墙[②]；从台上弹人[③]，而观其辟丸也；宰夫胹熊蹯不熟[④]，杀之，置诸畚[⑤]，使妇人载以过朝[⑥]。赵盾、士季见其手[⑦]，问其故，而患之[⑧]。

注释

①不君：不合为君之道。

②厚敛：重赋，搜刮民财。敛，聚敛。

雕墙：雕饰宫室。雕，彩画，装饰。

③台：土筑的高台，供观察瞭望用。弹：用弹弓发射弹丸。

④宰夫：此指专掌君王膳食的厨师。

胹 ér：煮。熊蹯：熊掌。

⑤畚 běn：用蒲草编制的盛物工具。

⑥过朝：经过朝堂。

⑦赵盾：嬴姓，赵氏，名盾，谥号宣，时人尊称其赵孟，史料中多称之赵宣子、宣孟，晋国卿大夫，赵衰之子。士季：随氏、讳会，谥武，其名随会（采邑于随）或范会（采邑于范），又因随氏出于士氏，故史料中多称其士会，史称范武子、随武子，士蔿之孙，士缺幼子，晋国卿大夫。

⑧患：忧虑，担心。

译文

晋灵公做事不合为君之道：征收过重的赋税用来彩画宫室的墙壁，从高台上用弹弓打人而看他们躲避弹丸的情形。

有一次，厨子烧煮熊掌没有煮熟，灵公就杀死他，放在畚箕里，让女人带着经过朝堂。大夫赵盾和士会看到露出的死人手，问起杀人的缘故，知道后为晋灵公的无道感到很担心。

将谏，士季曰："谏而不入，则莫之继也。会请先①，不入，则子继之。"三进②，及溜③，而后视之，曰："吾知所过矣，将改之。"稽首而对曰："人谁无过，过而能改，善莫大焉。《诗》曰：'靡不有初，鲜克有终。'④夫如是，则能补过者鲜矣。君能有终，则社稷之固也，岂唯群臣赖之。又曰：'衮职有阙，惟仲山甫补之。'⑤能补过也。君能补过，衮不废矣⑥。"

注释

①会：士季自称其名。

②三进：从外朝入见，一进为进门，二进为入庭，三进为上阶。

③溜：通"霤"，屋檐下滴水处。

④出自《诗经·大雅·荡》，意谓事情开始容易，很少有好的结果。靡：没有。鲜 xiǎn：少。克：能。

⑤出自《诗经·大雅·烝民》，意谓周宣王有了过失，只有仲山甫来弥补。衮职：天子之职。衮 gǔn，古代帝王穿的礼服。阙：过失。仲山甫：周宣王卿士，名山甫。

⑥不废：不会失去君位。

译文

士会和赵盾准备进谏。士会对赵盾说："如果您去劝谏而国君听不进去，就没有人继续劝谏了。请让我士会先去，他要是不接受，你再接着劝谏。”士季往前走了三次，伏地行礼三次，灵公假装没看见。到了屋檐下，晋灵公才转眼看他，说：“我已经知道错了，打算改正。”士会叩头回答说：“谁能不犯错误呢，有了过错能够改正，就没有比这再好的事情了。《诗经》说：‘事情不难有个好开始，但很少能有个好的结束。’如果像这样，能够弥补过错的人就很少了。君王如果能够坚持有个好的结束，那就是国家的保障了，而不止是臣下们有了依靠。《诗经》又说：‘周宣王有了失职之处，只有仲山甫来弥补。’这说的是周宣王能够弥补错误。君王能够弥补错误，君位就不会失去了。”

犹不改。宣子骤谏①，公患之②，使鉏麑贼之③。晨往，寝门辟矣④，盛服将朝⑤，尚早，坐而假寐。麑退，叹而言曰：“不忘恭敬，民之主也。贼民之主，不忠。弃君之命，不信。有一于此⑥，不如死也。”触槐而死。

注释

①骤：屡次，多次。

②患：此处指憎恶。

③鉏麑 ní：晋灵公所养武士。贼：杀害。

④辟：打开。

⑤盛服：穿戴好上朝的礼服。

⑥一：指不忠、不信，二者之一。

译文

晋灵公尽管口头上说要改错，行动上还是没有改正。赵盾屡次进谏，晋灵公很厌烦，便派遣鉏麑去刺杀他。鉏麑清早赶去，只见寝室的门已经打开了，赵盾将礼服穿得整整齐齐，准备入朝。由于时间还早，赵盾正和衣端坐在那里打瞌睡。钼麑退出来，叹气说："时刻不忘记恭敬，真是百姓的主人。刺杀百姓的主人，就是不忠；背弃国君的使命，就是不信。不忠不信中占有一样，还不如死了好。"于是撞在槐树上死了。

秋九月，晋侯饮赵盾酒①，伏甲②，将攻之。其右提弥明知之③，趋登④，曰："臣侍君宴，过三爵⑤，非礼也。"遂扶以下，公嗾夫獒焉⑥，明搏而杀之。盾曰："弃人用犬，虽猛何为！"斗且出。提弥明死之。

注释

①饮 yìn：让……喝酒。

②伏甲：埋伏好甲士。

③右：车右。

④趋：快步。登：升阶上堂。

⑤三爵：三杯酒。古代君主赐臣小宴，大臣受酒三爵，然后退席而坐。爵，古代的一种酒器。

⑥嗾 sǒu：唤狗的声音。獒 áo：猛犬。

译文

秋季，九月，晋灵公请赵盾喝酒，事先埋伏了甲士，准备击杀赵盾。赵盾的车右提弥明察觉到晋灵公的阴谋，快步登上殿堂，说："臣下侍奉国君饮酒，受酒三爵还不退席，就不合礼了。"就扶了赵盾下殿堂。晋灵公嗾使恶狗扑过去，提弥明上前搏斗，把狗杀了。赵盾说："不用人而用狗，虽然凶猛，又有什么用！"两人一边与埋伏的武士搏斗一边退了出去。提弥明为赵盾战死。

初，宣子田于首山[①]，舍于翳桑[②]，见灵辄饿[③]，问其病。曰："不食三日矣[④]。"食之，舍其半。问之。曰："宦三年矣[⑤]，未知母之存否，今近焉，请以遗之。"使尽之，而为之箪食与肉[⑥]，置诸橐以与之[⑦]。既而与为公介，倒戟以御公徒而免之[⑧]。问何故。对曰："翳桑之饿人也。"问其名居[⑨]，不告而退，遂自亡也。

注释

①首山：首阳山，在今山西永济南。

②舍：住宿，休息。翳 yì 桑：古地名，首山附近。一说为有浓阴的桑树下。

③灵辄：人民。饿：指严重的饥饿。"饥"指一般的肚子饿；"饿"指没有饭吃而受到死亡的威胁。

④食 sì：拿东西给人吃。

⑤宦：为贵族做奴仆。

⑥箪：古代盛饭用的圆形竹器。

⑦橐：口袋。与 yù：参与，参加。介：披上铠甲。公介指晋灵公的甲士。

⑧倒戟：倒转戟头，意谓攻击己方。御：抵御。公徒：晋灵公甲士。免之：使赵盾脱险。

⑨名居：姓名和住处。

译文

当初，赵盾在首阳山打猎，住在翳桑，看见有个人饿倒在地上，便去问他的情况。灵辄说："已经好多天没吃东西了。"

赵盾给他食物吃，他留下一半。赵盾问他为什么，他说：“我在外给贵族做奴仆已经三年了，不知道母亲是否还健在，现在快到家了，请让我把这个留着给她。”赵盾让他吃完，又另外给他准备了一筐饭和一些肉，装在袋子里给了他。后来灵辄做了晋灵公的卫兵，在这次搏杀中，倒过戟来抵御晋灵公的其他卫兵，使赵盾免于祸难。赵盾问他为什么这样做，他回答说：“我就是翳桑那个饿倒的人。”问他的姓名住处，他没有回答便退了出去，赵盾就独自逃亡了。

乙丑，赵穿杀灵公于桃园①。宣子未出山而复②。大史书曰③：“赵盾弑其君。”以示于朝。宣子曰：“不然。”对曰：“子为正卿④，亡不越竟⑤，反不讨贼，非子而谁？”宣子曰：“呜呼！《诗》曰：‘我之怀矣，自诒伊戚⑥。’其我之谓矣。”孔子曰：“董狐，古之良史也，书法不隐⑦。赵宣子，古之良大夫也，为法受恶⑧。惜也，越竟乃免⑨。”

注释

①赵穿：赵盾的弟弟。

②山：晋国边境的山。或说此山为河南温山。

③大史：太史，记载史事之官，这里指晋太史董狐。

④正卿：众卿士之首，执掌国政。

⑤竟：同“境”，国境。

⑥我之怀矣，自诒伊戚：杜预说这两句是逸诗。可能是引自《诗经·邶风·雄雉》，意谓因为我心里多有怀念，反而给自己招来忧患。怀：眷恋。诒：通“贻”，给。戚：忧伤。

⑦不隐：没有隐瞒。

⑧恶：指弑君的恶名。

⑨免：免于恶名。越境即表示不在国内，不必为此负责。

译文

九月二十六日，赵穿在桃园杀死了晋灵公。赵盾没有走出晋国国境，听到消息就回来了。晋国太史董狐记载说“赵盾杀了他的国君”，在朝廷上公布。赵盾说：“不是这样的。”太史回答说：“您身为正卿，逃亡而没有走出国境，又不声讨叛贼，弑君的不是您又是谁？”赵盾说：“唉！《诗经》说：‘由于我对祖国过于怀恋，反而自己招来了忧患。’这大概说的就是我吧。”孔子说：“董狐，是古代的好史官，据事直书而不加隐讳。赵宣子，是古代的好大夫，因为史官记事的原则而蒙受恶名。可惜啊，要是他走出了国境，就可以避免背上弑君的罪名了！”

王孙满对楚子
宣公三年

楚子伐陆浑之戎[①]，遂至于洛[②]，观兵于周疆[③]。

注释

①楚子：楚庄王，名旅，在位二十三年。

陆浑之戎：西北戎族的一支，故城在今河南省嵩县东北。

②洛：指洛水的中上游地区。

③观兵：阅兵。周疆：东周的边疆。

译文

楚庄王发兵攻打陆浑的戎人，到达洛水，在周朝的疆域里阅兵示威。

定王使王孙满劳楚子[①]。楚子问鼎之大小轻重焉[②]。对曰："在德不在鼎[③]。昔夏之方有德也，远方图物[④]，贡金九牧[⑤]，铸鼎象物，百物而为之备[⑥]，使民知神、奸。故民入川泽山林，不逢不若[⑦]。螭魅罔两[⑧]，莫能逢之。用能协于上下，以承天休[⑨]。桀有昏德，鼎迁于商，载祀六百[⑩]。商纣暴虐，鼎迁于周。德之休明[⑪]，虽小，重也。其奸回昏乱[⑫]，虽大，轻也。天祚明德[⑬]，有所厎止[⑭]。成王定鼎于郏鄏[⑮]，卜世三十[⑯]，卜年七百[⑰]，天所命也。周德虽衰，天命未改。鼎之轻重，未可问也。"

注释

①定王：周定王，名瑜，在位二十一年。王孙满：周大夫。劳 lào：慰劳。

②鼎：九鼎。夏商周曾把鼎作为传国之宝，于是用它代表宝器。喻指王位、帝位等。

③在德不在鼎：意为鼎之轻重不在大小，而在于君王是否有德。

④远方图物：图远方之物。图，图画，描绘。

⑤贡金九牧：九州的长官进贡铜器。贡金，贡铜。九牧，九州之牧。牧，一州的长官。

⑥备：齐全，完备。

⑦不若：不顺。

⑧螭魅罔两：亦作“螭魅魍魉”。传说中川泽山林的妖怪。

⑨天休：天赐的福佑。

⑩载祀：载和祀都是年的意思。这里指商享国年数。

⑪休明：美好光明。

⑫回：邪僻。

⑬祚 zuò：保佑，赐福。

⑭底 dǐ 止：同义词连用，终、限之意。

⑮郏鄏 jiárǔ：周王城地名，在今河南洛阳西。

⑯卜世：占卜周朝的世代数。

⑰卜年：占卜周朝的享国年数。

译文

周定王派遣王孙满慰劳楚庄王。楚庄王问起九鼎的大小轻重如何。王孙满回答说：“鼎的大小轻重在于德而不在于鼎本身。以前夏代刚刚拥立有德之君的时候，描绘远方各种奇异事物的图像，以九州进贡的金属铸成九鼎，将所画的事物铸在鼎上反映出来。鼎上各种事物都已具备，使百姓了解哪些是神，哪些是邪恶的事物。所以百姓进入川泽山林，就不会碰上不利于自己的东西。螭魅魍魉这些鬼怪都不会遇上，因而能够使上下和谐，以承受上天的福佑。夏桀昏乱无德，把九鼎迁到了商朝,前后六百年。商纣暴虐,鼎又迁到了周朝，德行如果美善光明,鼎虽然小,也是有分量的。如果奸邪昏乱，鼎虽然大,分量却轻。上天赐福给明德的人,是有一定期限的。成王把九鼎固定安放在郏鄏，占卜的结果是传三十世，享国七百年，这是上天所规定的。周朝的德行虽然衰微，但是天命并没有改变。鼎的轻重，是不能询问的。”

若敖氏之兴灭
宣公四年

初，楚司马子良生子越椒[①]。子文曰："必杀之！是子也，熊虎之状而豺狼之声，弗杀，必灭若敖氏矣[②]。谚曰：'狼子野心。'是乃狼也[③]，其可畜乎[④]？"子良不可。子文以为大慼[⑤]。及将死，聚其族，曰："椒也知政[⑥]，乃速行矣，无及于难。"且泣曰："鬼犹求食，若敖氏之鬼不其馁而[⑦]！"及令尹子文卒，斗般为令尹[⑧]，子越为司马。蒍贾为工正，譖子扬而杀之[⑨]，子越为令尹，己为司马。子越又恶之，乃以若敖氏之族，圄伯嬴于轑阳而杀之[⑩]，遂处烝野[⑪]，将攻王。王以三王之子为质焉[⑫]，弗受。师于漳澨[⑬]。

注释

①子良：斗伯比之子，令尹子文之弟。

子越椒：即都椒，字子越。

②若敖氏：楚国国君熊仪死后，谥号为"若敖"。

故其后人称为若敖氏。

③是：指子越椒。

④畜：养。

⑤大慼 qī：极大的忧虑。

⑥知政：执政。

⑦若敖氏之鬼：指若敖氏祖先。

其：将要。馁：饥饿。而：语气词。

⑧斗般：子文之子，字子扬。

⑨譖：诬陷。

⑩圄 yǔ：囚禁。伯嬴：即苏 wěi 贾。

辘 lǎo 阳：楚国邑名，在今湖北荆州。

⑪烝野：在今湖北荆州境内。

⑫三王：指楚文王、楚成王、楚穆王。子：泛指子孙后代。

⑬漳澨 shì：漳水边。

译文

当初，楚国的司马子良生了子越椒。子文说："一定要杀了他！这个孩子，有熊虎的形状、豺狼的声音，不杀，必然会灭亡若敖氏。俗话说：'狼子野心。'这孩子是一条狼，难道能够养着吗？"子良不同意，子文为这件事感到极大的忧虑，到他临死的时候，聚集了他的族人，说："如果越椒一旦执政，就快点走吧，不要等到灾难来临。"同时哭着说："鬼尚且要求吃东西，若敖氏的祖先不是将要挨饿了吗！"等到令尹子文死去，斗般担任令尹，子越担任司马。苏贾出任工正，诬陷子扬并且杀了他，子越就做了令尹，他自己做了司马。子越又厌恶他，就带领了若敖氏的族人把伯嬴囚禁在辘阳并且杀死了他，于是就住在烝野，准备进攻楚庄王。楚庄王用楚文王、楚成王、楚穆王三代国王的子孙作为人质，子越不接受。楚庄工在漳澨用兵。

秋七月戊戌，楚子与若敖氏战于皋浒[①]。伯棼射王[②]，汰辀[③]，及鼓跗[④]，著于丁宁[⑤]。又射，汰辀，以贯笠毂[⑥]。师惧，退。王使巡师曰："吾先君文王克息，获三矢焉[⑦]，伯棼窃其二，尽于是矣。"鼓而进之，遂灭若敖氏。

注释

①皋 gāo 浒：楚地名，在今湖南襄阳西。

②伯棼：即子越椒。

③汰：过。辀：车辕。

④鼓跗 fū：鼓架的四足。借指鼓架。

⑤著：射中。丁宁：即钲，古代行军的乐器。

⑥贯：穿过。笠毂 gǔ：古代撑在兵车上的笠帽。

⑦矢：箭。

译文

秋季，七月戊戌日，楚庄王和若敖氏在皋浒交战。子越椒用箭射楚庄王，箭飞过楚王的车辕，穿过鼓架，射在铜钲上。又射一箭，飞过车辕，透过车盖。楚军害怕，开始退却。楚庄王派人在军队里到处宣示说："我们的先君文王攻克息国，得到三枝箭，子越椒偷去两枝，已经全用完了。"于是楚王下令击鼓进军，就消灭了若敖氏。

初，若敖娶于䢵[①]，生斗伯比。若敖卒，从其母畜于䢵，淫于䢵子之女，生子文焉。䢵夫人使弃诸梦中[②]。虎乳之[③]。䢵子田，见之，惧而归。夫人以告，遂使收之。楚人谓乳谷，谓虎於菟[④]，故命之曰斗谷於菟。以其女妻伯比，实为令尹子文。其孙箴尹克黄使于齐，还及宋，闻乱。其人曰，"不可以入矣。"箴尹曰[⑤]："弃君之命，独谁受之？尹，天也，天可逃乎？"遂归，复命，而自拘于司败[⑥]。王思子文之治楚国也，曰："子文无后，何以劝善？"使复其所[⑦]，改命曰生[⑧]。

注释

①若敖：即子文祖父。

郧 yún：古国名，在今湖北安陆一带。

②梦：云梦泽。

③乳：哺乳。

④於菟：古时楚国人对虎的称呼。

⑤箴尹：楚国官名，属谏官。克黄：子文之孙。

⑥司败：主管司法的官。

⑦所：官职。

⑧改命：改名。

译文

当初，若敖在郧国娶妻，生了斗伯比。若敖死后，斗伯比跟着他的母亲养在郧国，和郧子的女儿私通，生了子文。郧夫人派人把子文丢在云梦泽里，有老虎给他喂奶，郧子打猎，看到这场面，害怕而回来。夫人把女儿私生子的情况告诉郧子，郧子就让人收养了子文。楚国人称奶为“谷”，称老虎为“於菟”，所以就把这个孩子叫做斗谷於菟。郧子把他的女儿嫁给斗伯比做妻子。斗谷於菟就是令尹子文。子文的孙子箴尹克黄出使齐国，回来时经过宋国，听到叛乱消息。有人说：“不能回去了。”箴尹说：“丢弃国君的命令，还有谁来接纳我？君王，就是上天，上天难道可以逃避吗？”就回到楚国，汇报执行命令的情况并且自动到法官那里请求囚禁。楚庄王想起子文治理楚国的功绩，说：“子文如果没有后代，如何劝人为善？”就让克黄官复原职，把他的名字改为“生”。

申叔时说楚王复封城
宣公十一年

冬，楚子为陈夏氏乱故[①]，伐陈。谓陈人“无动[②]，将讨于少西氏[③]”。遂入陈，杀夏征舒，轘诸栗门[④]。因县陈[⑤]。陈侯在晋[⑥]。

注释

①楚子：指楚庄王。陈夏氏乱：指宣公十年夏徵舒杀陈灵公所引发的国家混乱。

②动：惊动，害怕。

③少西：指夏征舒，为夏征舒祖父。少西氏即指夏征舒家族。

④轘 huán：古代用车马分裂人的肢体的酷刑，也称车裂。栗门：陈国城门之名。

⑤县陈：把陈国设为楚国的一个县。县在这里用作动词。

⑥陈侯：即陈成公，名午。当时以公子身份在晋国避难。

译文

宣公十一年的冬季，楚庄王由于陈国夏氏作乱的缘故，攻打陈国。并对陈国人说：“不要惊惧，我将要讨伐少西氏。”就进入陈国，杀了夏征舒，把他在栗门五马分尸。因而就把陈国设置为楚国的一个县。当时陈成公正在晋国。

申叔时使于齐[①]，反，复命而退[②]。王使让之[③]，曰：“夏征舒为不道，弑其君，寡人以诸侯讨而戮之，诸侯、县公皆庆寡人[④]，女独不庆寡人[⑤]，何故？”对曰：“犹可辞乎[⑥]？”王曰：“可哉！”曰：“夏征舒弑其君，其罪大矣，讨而戮之，君之义也。抑人亦有言曰[⑦]：‘牵牛以蹊人之田[⑧]，而夺之牛。’牵牛以蹊者，信有罪矣[⑨]；而夺之牛，罚已重矣。诸侯之从也，曰讨有罪也。今县陈，贪其富也。以讨召诸侯，而以贪归之[⑩]，无乃不可乎[⑪]？”

注释

①申叔时：楚国大夫。

②复命：汇报使命完成情况。

③让：责备。

④县公：春秋时楚国对县长官的尊称。

⑤庆：庆贺。

⑥犹可辞乎：还可以解释几句吗。犹：还。辞：辩解。

⑦抑：然而，可是。

⑧蹊：踩踏。

⑨信：确实。

⑩归：结局，归宿。

⑪无乃不可乎：岂不是不合适吗。

译文

申叔时出使于齐国，回国，向楚庄王复了命以后就退下去。楚庄王派人责备他说：“夏征舒无道，杀死了他的国君。寡人带领诸侯去讨伐杀了他，诸侯、县公都庆贺我，唯独你没有庆贺我，这是什么缘故？”申叔时回答说：“还可以解释几句吗？”楚庄王说：“可以呀！”申叔时说：“夏征舒杀死他的国君，他的罪恶是很大了；讨伐而杀了他，这也是君王所应当做的事。

不过人们也有话说：'牵牛践踏别人的田地，就把他的牛夺过来。'牵牛践踏田地的人，肯定是有过错的了；但夺走他的牛，惩罚就太重了。诸侯跟从君王行动，说是讨伐有罪的人。现在楚国把陈国设置为县，这就是贪图一国的富有。用伐罪的名义号召诸侯，而最终以贪婪来结束，这恐怕不合适吧？"

王曰："善哉！吾未之闻也。反之[①]，可乎？"对曰："可哉！吾侪小人所谓'取诸其怀而与之'也[②]。"乃复封陈。乡取一人焉以归，谓之夏州[③]。

故书曰："楚子入陈。纳公孙宁、仪行父于陈。"书有礼也。

注释

①反：同"返"，归还。

②侪：辈。取诸其怀而与之：从别人怀里取物，再归还给他，于己没有损坏而于人则有恩。

③夏州：其地在今湖北汉阳北。

译文

楚庄王说："好啊！我没有听说过这些话。把土地归还给陈国，可以吗？"申叔时回答说："当然可以！这就是我辈小人所说的'从他怀里取物再归还给他'呀。"楚庄王就重新封立陈国，从陈国的每个乡带一个人回楚国，让这批人集中住在一地，取名为夏州。所以《春秋》记载说："楚子入陈，纳公孙宁、仪行父于陈。"就是表扬这一举动合于礼法。

楚子围郑
宣公十二年

十二年春，楚子围郑[①]，旬有七日[②]。郑人卜行成[③]，不吉；卜临于大宫[④]，且巷出车[⑤]，吉。国人大临[⑥]，守陴者皆哭[⑦]。楚子退师[⑧]。郑人修城。进复围之，三月[⑨]，克之。入自皇门[⑩]，至于逵路[⑪]。郑伯肉袒牵羊以逆[⑫]，曰："孤不天[⑬]，不能事君，使君怀怒以及敝邑，孤之罪也，敢不唯命是听？其俘诸江南[⑭]，以实海滨，亦唯命；其翦以赐诸侯[⑮]，使臣妾之[⑯]，亦唯命。若惠顾前好[⑰]，徼福于厉、宣、桓、武[⑱]，不泯其社稷，使改事君，夷于九县[⑲]，君之惠也，孤之愿之，非所敢望也。敢布腹心[⑳]，君实图之[㉑]。"左右曰："不可许也，得国无赦[㉒]。"王曰："其君能下人[㉓]，必能信用其民矣，庸可几乎[㉔]？"退三十里而许之平[㉕]。潘尫入盟[㉖]，子良出质[㉗]。

注释

①楚子：指楚庄王。

②旬：古以天干计日，以十天为一旬。有：通"又"。

③行成：商议求和。

④临：哭。大宫：诸侯太祖之庙。大，通"太"。

⑤巷出车：把兵车陈列于街巷，表示拼死抵抗保卫国家。

⑥大临：聚哭告哀。

⑦守陴 pí 者：即守城的将士。
陴，城上的矮墙，亦称"女墙"。

⑧楚子退师：春秋以不伐丧为礼，楚王见郑守城者皆哭，以为有国丧，故撤军。

⑨三月：历时三个月。

⑩皇门：郑都城门名。

⑪逵路：四通八达的大道。

⑫郑伯：郑襄公。肉袒：脱去上衣，裸露肢体。古人在祭祀或谢罪时以此表示恭敬或惶恐。

⑬孤：郑襄公自我谦称。不天：不能顺承上天意志。

⑭俘诸江南：俘获并置于长江之南。

⑮翦 jiǎn：翦除，灭亡。

⑯臣妾：做奴仆。

⑰惠：赐，表示别人对自己的行为是施加恩惠。顾：顾念，顾惜。前好：指郑、楚以前的友好关系。

⑱徼福：求福。厉：周厉王，为郑国始封君主桓公之父。宣：周宣王，为郑国始封君主桓公之兄。桓：郑桓公。武：郑武公。

⑲夷：等同。九县：指很多县，九是虚数，言其多矣。

⑳布：披露，称述。腹心：指心里话。

㉑图：考虑。

㉒得国无赦：已得到的国家没有再赦免的。

㉓下人：屈居人下。

㉔庸：难道，岂。几：通“冀”，冀望。

㉕退三十里：以表示对郑国的尊重，城下之盟为国家的奇耻大辱，故退兵再盟之。许：允许，许诺。平：讲和。

㉖潘尫 wāng：楚国大夫，字师叔。

㉗子良：即公子去疾，郑襄公庶弟。出质：到楚国作为人质。

译文

鲁宣公十二年春季，楚庄王包围郑国，持续了十七天。郑国人占卜以求和，不吉利；把兵车陈列于街巷，又在太庙号哭着占卜，结果是吉利。城里的人们在太庙聚哭告哀，守城的将士在城上大哭。楚庄王退兵。郑国人修筑城墙，楚国又进军，再次包围郑国，历经三个月，攻克了郑国。楚军从皇门进入，到达京城的大路上。郑襄公脱去上衣，露出肌肤，牵着羊迎接楚庄王，说："我不能顺承上天的意志，不能侍奉君王，使君王带着怒气驾临到敝邑，这是我的罪过，岂敢不唯命是从？要把我俘虏到长江之南，流放到海边，也听君王吩咐；要灭亡郑国，把郑地赐给诸侯，让郑国人作为奴仆，也听君王吩咐。如果承蒙君王顾念从前的友好，向周厉王、周宣王、郑桓公、郑武公求福，而不灭绝我国，让我国重新侍奉君王，等同于楚国的诸县，这是君王的恩惠，是我的心愿，但又不是我所敢奢望的了。谨允许我表达心里的话，请君王考虑。"左右随从说："不能答应他，得到了一个国家，没有再赦免的。"楚庄王说："郑国的国君能够屈己尊人，必然能够用民以信，恐怕还是很有希望的吧！"楚军退兵三十里而允许郑国讲和。潘尪入郑国参加结盟，子良到楚国去做人质。

楚师围宋

宣公十五年

宋人使乐婴齐告急于晋。晋侯欲救之[①]。伯宗曰[②]：“不可。古人有言曰：‘虽鞭之长，不及马腹。’天方授楚[③]，未可与争。虽晋之强，能违天乎？谚曰：‘高下在心[④]。’川泽纳污，山薮藏疾[⑤]，瑾瑜匿瑕[⑥]，国君含垢[⑦]，天之道也。君其待之！”乃止。

注释

①晋侯：指晋景公。②伯宗：晋国大夫。

③天方授楚：上天正在庇佑楚国。

④高下在心：对事情的高下裁决，都在于心中有数。言应全面考虑忍耐慎重。

⑤川泽：泛指江河湖泊。污：污垢。

薮 sǒu：水少而草木茂盛的湖泽。疾：即毒害人的虫蛇。一说藏疾为隐藏疾病，古人认为山林多瘴疠。亦通。

⑥瑾瑜：美玉。匿瑕：掩藏瑕疵。⑦含垢：容忍耻辱。

译文

宋国人派乐婴齐到晋国紧急告难，晋景公想要救援宋国。伯宗说：“不行。古人有话说：‘鞭子虽然长，达不到马肚子。’上天正在庇佑楚国，不能和他争斗。虽然晋国国力强盛，能够违背上天吗？俗话说：‘高下裁决，心里有数。’河流湖泊里容纳污泥浊水，山林草野里暗藏毒虫猛兽，美玉也藏匿着瑕疵，国君也得容忍耻辱，这是上天的常道。君王还是暂且等待吧！”于是，晋景公就停止发兵救宋。

使解扬如宋[①]，使无降楚，曰："晋师悉起[②]，将至矣。"郑人囚而献诸楚。楚子厚赂之[③]，使反其言。不许。三而许之[④]。登诸楼车[⑤]，使呼宋人而告之。遂致其君命[⑥]。楚子将杀之，使与之言曰[⑦]："尔既许不穀，而反之[⑧]，何故？非我无信，女则弃之[⑨]。速即尔刑！"对曰："臣闻之，君能制命为义[⑩]，臣能承命为信，信载义而行之为利[⑪]。谋不失利，以卫社稷，民之主也。义无二信[⑫]，信无二命[⑬]。君之赂臣，不知命也。受命以出，有死无贾[⑭]，又可赂乎？臣之许君，以成命也[⑮]。死而成命，臣之禄也[⑯]。寡君有信臣，下臣获考死[⑰]，又何求？"楚子舍之以归。

注释

①解扬：晋国大夫，字子虎。

②悉：全部。起：起兵。

③楚子：指楚庄王。厚赂：以厚礼贿赂收买。

④三而许之：再三要求才答应了。

⑤楼车：古代战车。上设望楼，用以瞭望敌人。

⑥致其君命：传达了晋国国君要宋坚守待援的命令。

⑦使：使者。与之言：与解扬对话。

⑧反之：反过来说，即食言。

⑨女：同"汝"，你。弃：背弃。

⑩制命：拟定命令。承命：受命。

⑪信载义：以信用去遵守道义。利：利益。

⑫二信：对两方都诚信。

⑬二命：执行两方相反的命令。

⑭霣 yǔn：同“陨”，陨落，废弃。

⑮成命：达成君主的命令。

⑯禄：福。

⑰考死：完成使命而死。考，完成。意谓死得其所。

译文

晋国派遣解扬到宋国去，让宋国不要投降楚国，说：“晋国的军队都已经出发，即将到达了。”解扬路过郑国时，郑国人把他囚禁起来并献给楚国。楚庄王用重礼贿赂他，让他说晋国不来救宋，和本来的意思相反。解扬不答应。再三劝说以后才答应了。楚国人让解扬登上楼车，向宋国人喊话，将楚国人要说的话告诉他们。解扬就乘机传达晋君要宋坚守待援的命令。楚庄王准备杀死他，派使者对他说：“你既已答应了我，现在又食言，是什么缘故？并不是我没有信用，而是你自己就丢失了它。你赶快去受刑罚吧！”解扬回答说：“臣听说，国君能制订命令就是道义，臣下能接受命令就是信用，以信用去遵循道义然后去做就是利益。谋划不失去利益，以保卫国家，才是百姓的主人。遵守道义不能对两方都诚信，要诚信不能执行两方相反的命令。君王贿赂下臣，就是不懂得信无二命的道理。接受了国君的命令而出行，宁可一死而不能废弃命令，这难道是可以贿赂的吗？下臣之所以答应您，那是为了借机会完成国君的使命。死而能完成使命，这是下臣的福气。寡君有守信的下臣，下臣死得其所，还有什么可求？”楚庄王于是赦免了解扬放他回去。

夏五月，楚师将去宋，申犀稽首于王之马前曰[①]：“毋畏知死而不敢废王命[②]，王弃言焉[③]。”王不能答。申叔时仆[④]，曰：“筑室，反耕者[⑤]，宋必听命。”从之。宋人惧，使华元夜入楚师，登子反之床[⑥]，起之[⑦]，曰：“寡君使元以病告[⑧]，曰：‘敝邑易子而食[⑨]，析骸以爨[⑩]。虽然，城下之盟[⑪]，有以国毙[⑫]，不能从也。去我三十里，唯命是听。’”子反惧，与之盟，而告王。退三十里，宋及楚平。华元为质。盟曰：“我无尔诈，尔无我虞[⑬]。”

注释

①申犀：楚国大夫。

②毋畏：申毋畏，即申舟，申犀之父。

前一年申毋畏出使途中被杀于宋国。

③弃言：背弃诺言。

楚王曾说如果申舟被宋人所杀，他将兴兵报仇。

④申叔：楚国大夫。仆：驾车。

⑤筑室：修建屋舍。反耕者：叫耕者回来。反同“返”。

表示楚将长久困围。

⑥子反：公子侧，楚国主将。

⑦起之：叫他起床。

⑧病：困境。

⑨易子而食：交换子女杀了吃掉。

⑩析骸：把尸骨劈开。爨 cuàn：烧火做饭。

⑪城下之盟：指在敌方兵临城下时被迫签订的屈服的和约。

⑫有以国毙：宁可让国家灭亡。

⑬虞：欺骗。

译文

夏季，五月，楚军准备离开宋国，申犀在楚庄王马前叩头说：“申舟知道死而不敢废弃君王的命令，君王背弃自己的誓言了。”楚庄王不能回答。申叔这时正为楚庄王驾车，说：“修建屋舍，让种田的人回来，宋国必然听从命令。”楚庄王听从了此言。宋国人害怕，派华元在夜里潜入楚军营，登上子反的床，叫他起来，说：“寡君派华元把宋国的困境告诉你，说：‘敝国的人交换子女杀了吃，把尸骨劈开烧火做饭。尽管如此，兵临城下而被迫签约，宁可让国家灭亡，也是不能这样做的。你们退兵三十里，宋国将唯命是听。’”子反害怕，就和华元订立盟誓然后报告楚庄王。楚军退兵三十里，宋国和楚国讲和。华元作为人质。盟誓说：“我不骗你，你不欺我。”

卷八 成公

晋鞌之战

成公二年

孙桓子还于新筑①，不入，遂如晋乞师②。臧宣叔亦如晋乞师③。皆主郤献子④。晋侯许之七百乘⑤。郤子曰："此城濮之赋也⑥。有先君之明与先大夫之肃⑦，故捷。克于先大夫，无能为役⑧。请八百乘，"许之。郤克将中军，士燮佐上军⑨，栾书将下军，韩厥为司马，以救鲁、卫。臧宣叔逆晋师，且道之⑩。季文子帅师会之⑪。及卫地，韩献子将斩人，郤献子驰，将救之。至，则既斩之矣。郤子使速以徇⑫，告其仆曰："吾以分谤也⑬。"

注释

①孙桓子：孙良夫，卫执政，时率军伐齐败归。

新筑：卫国地名，其地在今河北大名县。

②如：往，去。乞师：请兵。③臧宣叔：鲁国大夫。

④主郤 xì 献子：以郤献子为主，即皆由郤献子引见。

郤献子：郤氏，讳克，其名郤克，晋国卿大夫。

⑤晋侯：即晋文公。

⑥赋：兵员的数目。

⑦先君：指晋文公。先大夫：指先轸等。肃：敏捷。

⑧无能为役：不足以为其仆役，自谦才能远逊于先大夫。

⑨士燮 xiè：范文子，名燮，晋国大臣士会之子。栾书：又称栾傀，即栾武子，晋大夫，名将。韩厥：即韩献子，晋国上卿。

⑩道：同"导"，向导。

⑪季文子：即季孙行父，鲁国正卿，谥曰文子。

⑫徇：示众。⑬分谤：分担责任。

译文

孙桓子回到新筑，不进入城内，就到晋国请求出兵。臧宣叔也到晋国请求出兵。两人通过郤克引荐晋景公。晋景公答应派出七百辆战车的兵力。郤克说："这是当年城濮之战的战车数。当时有先君的明察和先大夫的敏捷，所以得胜。郤克我和先大夫们相比，还不足以做他们的仆人。请求发八百乘战车。"晋景公答应了。郤克率领中军，士燮辅佐上军，栾书率领下军，韩厥做司马，以救援鲁国和卫国，臧宣叔迎接晋军，同时作为向导开路。季文子率领军队和他们会合。到达卫国境内，韩厥要杀人，郤克驾车疾驰赶去，想要救下那个人。等赶到，已经杀了。郤克派人把尸体在军中示众，并告诉他的御者说："我用这样的做法来为韩厥分担责任。"

师从齐师于莘①。六月壬申，师至于靡笄之下②。齐侯使请战，曰："子以君师辱于敝邑，不腆敝赋③，诘朝请见④。"对曰："晋与鲁、卫，兄弟也。来告曰：'大国朝夕释憾于敝邑之地⑤。'寡君不忍，使群臣请于大国，无令舆师淹于君地⑥。能进不能退，君无所辱命⑦。"齐侯曰："大夫之许，寡人之愿也；若其不许，亦将见也。"齐高固入晋师，桀石以投人⑧，禽之而乘其车，系桑本焉⑨，以徇齐垒⑩，曰："欲勇者贾余馀勇⑪！"

注释

①从：追上。莘：齐国地名，在今山东莘县。

②靡笄 jī：山名，今山东济南市东北。

③不腆敝赋：外交谦辞，指不强大的军队。腆，丰厚。

④诘：明天早晨。

⑤大国：尊称齐。释憾：泄愤。

⑥舆师：众军。淹：停留。

⑦无所辱命：不劳君命。

⑧桀：通“揭”，举。

⑨桑本：桑树跟。

⑩以徇齐垒：以遍告齐营将士。徇，巡行示众。

⑪贾 gǔ：买。

译文

晋、鲁、卫联军在莘地追上齐军。六月十六日，军队到达靡笄山下。齐顷公派人请战，说：“您带领国君的军队光临敝邑，敝国的兵力不强盛，但也请在明天早晨相见决战。”郤克回答说：“晋国和鲁、卫两国是兄弟国家，他们前来告诉我们说：‘齐国不分早晚都在敝邑的土地上发泄气愤。’寡君不忍，派下臣们前来向齐国请求，同时又不让我军长留在贵国的土地上。我们只能前进不能后退，您的命令是不会不照办的。”齐顷公说：“大夫的允许，正是齐国的愿望；如果不允许，也要兵戎相见的。”齐国的高固冲进晋军之中，拿起石头扔向晋军，抓住晋军做战俘，然后坐上他的战车，把桑树根子系在车上，在齐营里巡行示众，并说：“想要勇气的人尽管来买我多余的勇气！”

师陈于鞌[①]。邴夏御齐侯[②]，逢丑父为右[③]。晋解张御郤克，郑丘缓为右。齐侯曰：“余姑翦灭此而朝食[④]。”不介马而驰之[⑤]。郤克伤于矢，流血及屦[⑥]，未绝鼓音[⑦]，曰：“余病矣[⑧]！”张侯曰：“自始合，而矢贯余手及肘，余折以御。左轮朱殷[⑨]，岂敢言病？吾子忍之！”缓曰[⑩]：

“自始合，苟有险，余必下推车，子岂识之[11]？然子病矣！”张侯曰：“师之耳目，在吾旗鼓，进退从之。此车一人殿之[12]，可以集事[13]。若之何其以病败君之大事也？擐甲执兵[14]，固即死也[15]，病未及死，吾子勉之！”左并辔[16]，右援枹而鼓[17]，马逸不能止[18]，师从之。齐师败绩。逐之，三周华不注[19]。

注释

①鞌 ān：齐国地名，在今山东济南西北。

②邴 bǐng 夏：齐国夫。③逢丑父：齐国大夫。

④姑：姑且。翦灭：消灭。朝食：吃早餐。

⑤不介马：没有给马披甲。介，披上铠甲。⑥屦：鞋。

⑦未绝鼓音：鼓音不停。古代车战时，主帅居车中亲自执掌旗鼓，指挥军队。击鼓是进军的号令，所以郤克忍痛击鼓指挥作战。⑧病：伤。

⑨殷 yān：黑红色。左轮朱殷指流血过多，左边的车轮被染成了赤黑色。⑩缓：指郑丘缓。

⑪子岂识之：你难道知道这些吗。识，知道。

⑫殿：镇守。⑬集事：成事。

⑭擐 huàn：穿上。⑮即：就。

⑯并辔 pèi：驾者本两手挽缰控制四马，将两手之缰并于一手谓之并辔。辔，御马的缰绳。

⑰援：取过来。枹 fú：鼓槌。因郤克伤重，故解张将缰绳并于左手，腾出右手代替郤克击鼓。

⑱逸：奔跑，狂奔。马逸不能止，因解张左手原已负伤，故马狂奔而不能控制。

⑲三周：绕山三圈。华不注：山名，在今山东济南城东北。

译文

六月十七日，齐、晋两军在鞌地摆开阵势。邴夏为齐顷公驾车，逢丑父担任车右。晋国的解张为郤克驾车，郑丘缓担任车右。齐顷公说："我暂且消灭了这些人再吃早饭。"马不披甲，就驱车驰向晋军。郤克受了箭伤，血一直流到鞋子上，但是鼓声一直没有停歇，说："我受伤了！"解张说："从刚开始交战，就有箭射穿了我的手和肘，我折断了箭杆仍继续驾车，左边的车轮都染成黑红色，哪里敢说受伤？您还是忍着点吧！"郑丘缓说："从一开始交战，如果遇到险峻难走的路，我必定下车推车，您难道了解这些吗？不过您真是伤得很厉害！"解张说："全军将士都在听着我们的鼓声，注视着我们的旗帜，前进后退都要听从它的指挥。这辆车子只要有一个人镇守，战事就可以完成。怎么能因为一点痛苦而败坏国君的大事呢？身披盔甲，手执武器，本来就抱定必死的决心，受伤还没有到死的程度，您还是尽力而战吧！"于是就左手一把握着马缰，右手取过鼓槌代替郤克击鼓。战马狂奔不能停止，全军就跟着上前冲锋。齐军大败，晋国追赶齐军，绕着华不注山追了三圈。

韩厥梦子舆谓己曰[①]："旦辟左右[②]。"故中御而从齐侯[③]。邴夏曰："射其御者，君子也。"公曰："谓之君子而射之，非礼也。"射其左[④]，越于车下[⑤]。射其右[⑥]，毙于车中，綦毋张丧车[⑦]，从韩厥曰："请寓乘[⑧]。"从左右，皆肘之[⑨]，使立于后。韩厥俛[⑩]，定其右[⑪]。

注释

①子舆：韩厥之父。

②旦：明天早晨。左右：车左或车右。

③中御：韩厥本应在左，因梦而代御者居于中坐。

④左：即车左，古时车战，站在御者左边执弓和矢的武士。

⑤越：坠落。

⑥右：即车右，古时车乘在御者右边的武士。

⑦綦 qí 毋张：晋国大夫。

⑧寓乘：搭车。

⑨肘之：同肘推开他。因左右两人皆死，故韩厥推他示意不可居此。

⑩俛 fǔ ：通“俯”，弯下身子。

⑪定其右：指安置好车右的尸体。

译文

（前一天夜里）韩厥梦见他父亲子舆对他说：“明天不要站在战车左右两侧。”因此韩厥就在中间驾战车而追赶齐顷公。邴夏说：“射那位驾车的人，他是君子。”齐顷公说：“认为他是君子而射他，这不合于礼。”射韩厥的车左，车左坠落在车下。射韩厥车右，车右死在车中。綦毋张的战车毁坏了，跟上韩厥说：“请允许我搭乘您的战车。”上车后，准备站在左边或右边，韩厥用肘推他，使他站在身后。韩厥弯下身子，放稳车右的尸体。

逢丑父与公易位[①]。将及华泉[②]，骖絓于木而止[③]。丑父寝于辗中[④]，蛇出于其下，以肱击之[⑤]，伤而匿之[⑥]，故不能推车而及。韩厥执絷马前[⑦]，再拜稽首，奉觞加璧以进[⑧]，曰："寡君使群臣为鲁、卫请，曰：'无令舆师陷入君地。'下臣不幸，属当戎行[⑨]，无所逃隐。且惧奔辟而忝两君[⑩]。臣辱戎士[⑪]，敢告不敏[⑫]，摄官承乏[⑬]。"丑父使公下，如华泉取饮。郑周父御佐车[⑭]，宛茷为右，载齐侯以免。

注释

①公：指齐侯。易位：换座位。此时齐侯被追，情势紧迫，故逢丑父趁韩厥俯身"定其右"之时，与齐侯调换了位置，以便危急时刻蒙混敌人。

②华泉：泉名，在华不注山下。

③骖 cān：古时驾在车前两侧的马。絓 guà：绊住。

④辗 zhàn：栈车，一种木车。

⑤肱 gōng：上臂，手臂由肘到肩的部分。

此处为追叙前夜之事。

⑥伤而匿之：把伤情隐藏起来。匿，隐藏。

⑦絷 zhí：拴马用的绳索。

⑧奉觞加璧：敬酒，献礼，表示敬意。

奉，捧。加，加上，放上。

觞 shāng，古代的酒具，酒杯。璧，圆形扁平中央有孔的玉。

⑨属：恰巧。戎行：从军。

⑩奔辟：奔走逃避。忝 tiǎn：羞辱。

⑪辱：使之受辱。谦词。

⑫不敏：不聪慧，古人的谦称。

⑬摄官：担任官职。承乏：当人才缺乏之际。承齐君驭者空缺，代驭者为齐侯驾车。意谓将俘齐侯而归之。

⑭郑周父、宛茷：皆为齐臣。佐车：副车。

译文

逢丑父和齐顷公趁韩厥俯身之机互换位置。将要到达华泉时，骖马却被树木绊住跑不了了。此前一天，逢丑父睡在栈车里，有一条蛇爬到他身子下面，他用胳膊去打蛇，胳膊受伤，他隐瞒了伤情，但此时不能用臂推车前进，这样才被韩厥追上。韩厥拿着马缰走到齐侯的马前，跪下叩头两次（这是臣下对君主所行的礼节。春秋时代讲究等级尊卑，韩厥对敌国君主也行臣仆之礼）。捧着酒杯放上玉璧献上，说："我们国君派我们这些臣下替鲁、卫两国请求，说：'不要让军队进入齐国的土地。'下臣不幸，恰巧遇上你们兵车的行列，没有逃避隐藏的地方。而且也害怕奔走逃避成为两国国君的耻辱。下臣身为一名战士，谨向君王报告我的无能，但由于人手缺乏，只好承当这个官职（外交辞令：我是不得已参加战斗，不能不履行职责，来俘获齐侯您）。"假装是齐侯的逢丑父要齐侯下车，到华泉去取水。郑周父驾驭着齐君的副车，宛茷作为车右，带着齐顷公逃走使他免于被俘。

韩厥献丑父，郤献子将戮之[①]。呼曰："自今无有代其君任患者，有一于此，将为戮乎？"郤子曰："人不难以死免其君[②]，我戮之不祥，赦之，以劝事君者[③]。"乃免之。

注释

①将戮之：将要把他杀掉。韩厥带逢丑父回到晋军才知其伪，故欲杀之。

②难：怕。免：使免于灾祸。

③劝：鼓励，勉励。

译文

韩厥献上逢丑父，郤克要杀死逢丑父。逢丑父喊叫说："从今以后再没有代替他国君受难的人了，有一个在这里，还要被杀死吗？"郤克说："一个人不怕用死来使国君免于祸患，我杀了他，不吉利。就赦免了他吧，用来勉励事奉国君的人。"于是就赦免了逢丑父。

齐侯免，求丑父，三入三出①。每出，齐师以帅退②。入于狄卒，狄卒皆抽戈楯冒之③。以入于卫师，卫师免之。遂自徐关入④。齐侯见保者⑤，曰："勉之！齐师败矣！"辟女子⑥。女子曰："君免乎？"曰："免矣。"曰："锐司徒免乎⑦？"曰："免矣。"曰："苟君与吾父免矣，可若何？"乃奔。齐侯以为有礼，既而问之，辟司徒之妻也⑧。予之石窌⑨。

注释

①三入三出：三次出入。第一次入，出晋师；第二次入，出狄师；第三次入，出卫师。狄、卫皆为晋盟军。

②以帅退：军队拥护齐侯而退。

③戈楯 dùn：皆武器。楯，同“盾”。冒：覆盖。

④徐关：齐国地名，其地在今山东淄川。

⑤保者：城郭的守卫者。

⑥辟女子：叫女子让路。

⑦锐司徒：锐指尖锐的兵器。锐司徒应是掌管此种兵器的官员。

⑧辟司徒：辟，通“壁”，指营垒。辟司徒应是管军中营垒的官员。

⑨石窌 liù：齐国地名，在今山东长清县东南。

译文

齐顷公免于被俘以后，又去寻找逢丑父，在晋军中三进三出。每次出来的时候，齐军都簇拥着护卫他而退。进入狄人军队中，狄人的士兵都只是抽出戈和盾轻触齐顷公。进入卫国的军队中，卫军也对他们不加伤害。于是，齐顷公就从徐关进入齐国临淄。齐顷公看到守军，说：“你们努力吧！齐军战败了！”齐顷公的车前进时叫一个女子让路，这个女子问：“国君免于祸难了吗？”回答说：“免了。”她说：“锐司徒免于祸难了吗？”说：“免了。”她说：“如果我的国君和我父亲都免于祸难了，还有什么可担心的呢？”就跑开了。齐顷公认为她知礼，不久后问询，才知道是辟司徒的妻子，就把石窌这个地方赐给她作为封邑。

晋师从齐师，入自丘舆，击马陉[①]。齐侯使宾媚人赂以纪甗、玉磬与地[②]。“不可，则听客之所为[③]。”宾媚人致赂。晋人不可，曰：“必以萧同叔子为质[④]，而使齐之封内尽东其亩[⑤]。”对曰：“萧同叔子非他，寡君之母也。若以匹敌，则亦晋君之母也。吾子布大命于诸侯，而曰‘必质其母以为信’，其若王命何？且是以不孝令也⑥。《诗》曰⑦：‘孝子不匮，永锡尔类。’若以不孝令于诸侯，其无乃非德类也乎⑧？先王疆理天下⑨，物土之宜⑩，而布其利⑪。故《诗》曰⑫：‘我疆我理，南东其亩。’今吾子疆理诸侯，而曰‘尽东其亩’而已，唯吾子戎车是利，无顾土宜，其无乃非先王之命也乎？反先王则不义，何以为盟主？其晋实有阙。四王之王也⑬，树德而济同欲焉⑭。五伯之霸也⑮，勤而抚之，以役王命⑯。今吾子求合诸侯⑰，以逞无疆之欲⑱。《诗》曰：‘布政优优，百禄是遒。’⑲子实不优，而弃百禄，诸侯何害焉？不然，寡君之命使臣，则有辞矣。曰：‘子以君师辱于敝邑，不腆敝赋，以犒从者。畏君之震⑳，师徒桡败㉑，吾子惠徼齐国之福㉒，不泯其社稷，使继旧好，唯是先君之敝器、土地不敢爱㉓。子又不许，请收合余烬㉔，背城借一㉕。敝邑之幸，亦云从也。况其不幸，敢不唯命是听？’”

注释

①丘舆：齐国地名，其地在今山东青州市西南。击：攻打。马陉 xíng：齐国地名，其地在今在山东益都县城西南。

②宾媚人：齐国卿士，又称国佐。甗 yǎn：古炊器之名，分两层，上可蒸下可煮。磬 qìng：古代的一种打击乐器，状如曲尺。纪甗、玉磬为齐灭纪国时所得珍宝。

③客：指晋国。④萧同叔子：齐顷公之母。

⑤封内：国境内。尽东其亩：田地垄亩皆改为东西向，以便晋人进军之意。⑥以不孝令：命人做不孝之事。

⑦《诗》：指《诗经·大雅·既醉》。⑧德类：道德法式。

⑨疆理：划疆界，分地理。⑩物：物色，考察。宜：适宜。

⑪布：分布。

⑫《诗》：指《诗经·小雅·信南山》。

⑬四王：夏禹、商汤、周文王、周武王。或云虞舜、夏禹、商汤、周武王。王 wàng，成就王业。

⑭济同欲：完成共同的希望。

⑮五伯：即春秋五霸，齐桓公、宋襄公、晋文公、秦穆公、楚庄王。

⑯役王命：从事于王命。

⑰求合：要求联合。⑱无疆：无止境。

⑲《诗》：指《诗经·商颂·长发》。

优优：宽和的样子。遒：聚集。

⑳震：威严。㉑挠败：挫败。

㉒徼：求。㉓爱：吝惜。

㉔余烬：指残余部队。

㉕背城：以背向城，出城之意。借一：借使一战。

译文

晋军追赶齐军，从丘舆进入齐国，进攻马陉。齐顷公派遣宾媚人把得自于纪国的甗、玉磬连同土地一起送给战胜的诸国，说："如果他们不同意讲和，那就随他们怎么办吧。"宾媚人送去财礼，晋国人不同意，说："必须要让萧同叔子做人质，同时使齐国境内的田陇全部东向。"宾媚人回答说："萧同叔子不是别人，而是寡君的母亲，如果从对等地位来说，那也就是晋国国君的母亲。您在诸侯中发布重大的命令，却说一定要把人家的母亲作为人质以取信，身为王者怎么能发布这样的命令呢？如果这样做，就是用不孝来号令诸侯。《诗经》说：‘孝子的孝心没有竭尽，永远可以赐及你的同类。’如果用不孝来号令诸侯，这恐怕不是道德的准则吧！先王对天下的土地，定疆界、分地理，因地制宜，已进行了最有利于生产发展的布置。所以《诗经》说：‘我划定疆界、分别地理，南向东向开辟田亩。’现在您让诸侯定疆界、分地理，却说‘田垄、道路全部东向’，不顾地势是否适宜，只管自己的兵车进出的有利，这恐怕不是先王的遗命吧！违反先王的遗命就是不合道义，怎么能做诸侯的盟主？晋国确实是有不足之处。四王能统一天下，主要是能树立德行而完成诸侯的共同愿望；五伯能领导诸侯，主要是能自己勤于王事、安抚诸侯，使大家服从天子的命令。现在您却谋求会合诸侯，来满足没有止境的欲望。《诗经》说：‘布施政教宽和温厚，百般福禄都齐集而来。’您实在不能宽大，丢弃了各种福禄，这对诸侯又有什么害处呢？如果您不肯答应，寡君命令我使臣，就有话可说了：‘您带领贵国国君的军队光临敝邑，敝邑以微薄的财富，来犒劳您的左右随员。害怕贵国国君的威严，我军战败。您惠临而肯赐福与齐国，不灭亡我们的国家社稷，让齐、晋两国继续过去的友好关系，那么先君的破旧器物和土地我们是不敢吝惜的。您如果又不肯允许，我们就请求收集残兵败将，背靠自己的城下再决最后一战。敝邑就算国运昌盛，也会依从贵国的；何况如今处在不幸之时，怎么敢不听从您的命令？’”

鲁、卫谏曰[①]："齐疾我矣[②]。其死亡者，皆亲昵也。子若不许，仇我必甚。唯子，则又何求？子得其国宝，我亦得地，而纾于难[③]，其荣多矣。齐、晋亦唯天所授，岂必晋[④]？"晋人许之，对曰："群臣帅赋舆，以为鲁、卫请[⑤]。若苟有以藉口，而复于寡君[⑥]，君之惠也。敢不唯命是听？"

注释

①谏：劝说郤克。

②疾：痛恨。

③纾：缓解。

④岂必晋：晋岂能必胜？

⑤赋舆：兵车。请：请求。

⑥复：回报。

译文

鲁、卫两国劝谏郤克说："齐国怨恨我们了。他们死去和溃散的，都是齐侯亲近的人。您如果不肯答应，必然更加仇恨我们。即使是您，还有什么可追求的？如果您得到齐国的国宝，我们也得到失地，而缓解了这场灾难，也就荣耀很多了。齐国和晋国胜负自有天意，难道晋国就必然会胜利吗？"晋国人答应了鲁、卫的意见，回答说："下臣们率领兵众，来为鲁、卫两国请求。如果有所交代可以让我们向寡君复命，这就是君王的恩惠了。岂敢不遵命？"

禽郑自师逆公[①]。秋七月，晋师及齐国佐盟于爰娄[②]，使齐人归我汶阳之田。公会晋师于上鄍[③]，赐三帅先路三命之服[④]，司马、司空、舆帅[⑤]、候正[⑥]、亚旅皆受一命之服[⑦]。

注释

①禽郑：鲁国大臣，当时参加联军作战。公：指鲁成公。

②爰 yuán 娄：齐国地名。

③上鄍 míng：在今山东阳谷县。

④三帅：郤克，士燮，栾书。

先路：亦作“先辂”。天子或诸侯使用的一种用象牙装饰的正车。

三命之服：卿的礼服。

⑤舆帅：主管兵车的将领。

⑥候正：古代军中负责侦察敌情的官员。

⑦亚旅：上大夫。一命之服：大夫的礼服。

译文

禽郑从军中去迎接鲁成公。秋季，七月，晋军和齐国宾媚人在爰娄结盟，让齐国归还鲁国汶阳的土田。鲁成公在上鄍会见晋军，把先路之车和三命之服赐给三位高级将领，司马、司空、舆帅、候正、亚旅都接受了一命的礼服。

楚归晋知

成公三年

晋人归楚公子谷臣与连尹襄老之尸于楚[1]，以求知罃[2]。于是荀首佐中军矣，故楚人许之。

注释

①归：送还。谷臣：楚庄王之子。连尹：官名。襄老：人名。谷臣与襄老二人在鲁宣公十二年泌城之战分别被晋国俘虏，射死。

②知罃 yīng：即下文荀首的儿子，泌城之战时被俘虏。

译文

晋国人把楚国公子谷臣送回，连尹襄老尸首也归还给楚国，以此要求换回知罃。在这个时候荀首已经是中军副帅，所以楚国人答应了。

王送知罃，曰："子其怨我乎？"对曰："二国治戎[1]，臣不才，不胜其任，以为俘馘[2]。执事不以衅鼓[3]，使归即戮，君之惠也。臣实不才，又谁敢怨？"王曰："然则德我乎[4]？"对曰："二国图其社稷，而求纾其民[5]，各惩其忿，以相宥也[6]，两释累囚[7]，以成其好。二国有好，臣不与及[8]，其谁敢德？"王曰："子归，何以报我？"对曰："臣不任受怨，君亦不任受德，无怨无德，不知所报。"王曰："虽然，必告不穀。"对曰："以君之灵，累臣得归骨于晋，寡君之以为戮，死且不朽。若从君之惠而免之[9]，以赐君之外臣首[10]；首其请于寡君，而以戮于宗[11]，亦死且不朽。若不获命[12]，而使嗣宗职[13]，次及于事[14]，而帅偏师[15]，以修封疆[16]。虽遇执事[17]，其弗敢违[18]，其竭力致死，无有二心，以尽臣礼，所以报也。”王曰：“晋未可与争。”重为之礼而归之。

注释

①治戎：作战，治军。

②馘 guó：战争中割取的敌人的左耳（用以计数报功）。俘馘在这里意为俘虏。

③衅鼓：古代战争时，杀人或杀牲以血涂鼓行祭。这里指杀死俘虏。

④德：感恩。⑤纾：舒缓。

⑥惩：抑制。忿：怒气。宥 yòu：宽容，饶恕。

⑦累囚：拘禁的战俘。

⑧臣不与及：与臣无关。指两国皆为社稷，本不与个人相关。

⑨从：凭借。

⑩外臣：当时卿大夫对他国诸侯的自称。首：指其父荀首。

⑪戮于宗：执行家法。荀首为荀氏家族宗子，有权惩治宗族成员，但须先请示君主。

⑫不获命：没有得到君主允许惩罚的命令。

⑬嗣：继承。宗职：宗族世袭的职位。

⑭次及于事：轮到我担任国家政事。次，按次序。

⑮偏师：副将所率领的协助作战的队伍。

⑯修：治理，这里指保卫。封：边境。

⑰执事：指楚王。⑱违：逃避。

译文

楚共王送别知罃，说:“您恐怕怨恨我吧！”知罃回答说:“两国交战，下臣无能，不能胜任所当职务，所以做了俘虏。君王左右的人没有用我的血来祭鼓，而让我回国就刑，这是君王的恩惠啊！下臣实在没有才能，又敢怨恨谁？”楚共王说:“那么感激我吗？”知罃回答说:“两国都为自己国家的利益考虑，希望让百姓得到安宁，各自克制自己的愤怒，求得互相原谅，两边都释放被俘的囚犯，以结成友好。两国友好，下臣不曾参与其中，又敢感激谁？”楚共王说:“您回去,用什么报答我？”知罃回答说:“下臣承担不起被人怨恨，君王也承担不起被人感激，无怨无德，不知道要报答什么。”楚共王说:“虽然如此，也一定把您的想法告诉我。”知罃回答说:“承蒙君王的福佑，被俘的下臣能够带着这把骨头回晋国，就是国君将我处死，我也死得不朽。如果由于君王的恩惠而得到赦免，把下臣赐给您的外臣荀首，荀首向我们国君请求，而把下臣处死在自己的宗庙中，也会死而不朽。如果得不到我们国君诛戮的命令，而让下臣继承祖宗的职位，按次序承担晋国的大事，率领一支军队保卫边疆，那时即使碰到君王的侍从，我也不敢违背礼义回避，必定竭尽全力直至战死，不会心存二心，以尽到为臣的职责，这就是所能报答于君王的。”楚共王说:“晋国是不可以和它相争的。”于是就对知罃重加礼遇，送他回晋国去。

巫臣教吴叛楚
成公七年

楚围宋之役①，师还，子重请取于申、吕以为赏田②。王许之③。申公巫臣曰④："不可。此申、吕所以邑也⑤，是以为赋⑥，以御北方。若取之，是无申、吕也，晋、郑必至于汉⑦。"王乃止。子重是以怨巫臣。子反欲取夏姬⑧，巫臣止之⑨，遂取以行，子反亦怨之。及共王即位⑩，子重、子反杀巫臣之族子阎、子荡及清尹弗忌及襄老之子黑要⑪，而分其室。子重取子阎之室，使沈尹与王子罢分子荡之室，子反取黑要与清尹之室⑫。巫臣自晋遗二子书⑬，曰："尔以谗慝贪婪事君，而多杀不辜，余必使尔罢于奔命以死⑭。"

注释

①楚围宋之役：在宣公十四年。

②子重：公子婴齐之子，楚庄王之弟。申：申邑，其地在今河南南阳市。吕：吕邑，其地在今河南南阳市西。
赏田：对有功之臣赏赐以土地。

③王：楚庄王。④申公巫臣：王族同姓，名巫臣。

⑤邑：指公邑。春秋分邑为公、私两类，诸侯所属为公邑；封给卿大夫的为私邑，也称食邑。

⑥是以为赋：申、吕就靠这些土地供给军赋。

⑦汉：汉水。⑧取：同"娶"。⑨止：阻止。

⑩共王：楚共王，名审，庄王子。

⑪清尹：楚官名。⑫室：家财。⑬遗：致送。书：信。

⑭罢：通"疲"。奔命：奉命奔赴。

译文

楚国包围宋国的那一次战役，楚军班师回国，子重请求取得申邑、吕邑土地作为赏田。楚共王答应了。申公巫臣说：“不行。申、吕两地之所以为城邑，是因为靠这些土地供给兵赋，以抵御北方。如果封给私人做赏田，这就不能成为申邑和吕邑了。晋国和郑国一定会到达汉水。”楚庄王于是没有给。子重因此怨恨巫臣。子反想娶夏姬。巫臣阻止他，自己却娶了夏姬并逃到晋国，子反因此也很怨恨巫臣。等到楚共王即位，子重、子反杀了巫臣的族人子阎、子荡和清尹弗忌以及襄老的儿子黑要，并且瓜分他们的家产。子重取得了子阎的家产，让沈尹和王子罢瓜分子荡的家产，子反取得黑要和清尹弗忌的家产。巫臣从晋国写信给子反、子重两个人，说：“你们以邪恶贪婪事奉国君，杀了很多无辜的人，我一定要让你们疲于奔命而死。”

巫臣请使于吴，晋侯许之①。吴子寿梦说之②。乃通吴于晋③，以两之一卒适吴④，舍偏两之一焉⑤。与其射御⑥，教吴乘车，教之战陈，教之叛楚。置其子狐庸焉⑦，使为行人于吴⑧。吴始伐楚、伐巢、伐徐⑨，子重奔命。马陵之会⑩，吴入州来⑪。子重自郑奔命。子重、子反于是乎一岁七奔命。蛮夷属于楚者⑫，吴尽取之，是以始大，通吴于上国⑬。

注释

①晋侯：即晋景公。

②说：同“悦”。

③通：交往，建立联系。

④两之一卒：合两偏之一卒，一卒为战车三十辆，分两偏，一偏十五辆。

⑤舍：留下。

⑥射：射手。御：驾驭战车的人。

⑦置：留下。狐庸：巫臣前妻之子。

⑧行人：官名，掌接待国宾，出师四方之职。

⑨巢：古国，偃姓，其地在今安徽巢湖市。

徐：古国，嬴姓。此二国其时都属楚国。

⑩马陵之会：本年秋，楚令尹子重伐郑，晋、齐、鲁等国会师救郑，八月盟于马陵。

⑪州来：古国，其地在今安徽凤台。

⑫蛮夷属于楚者：即巢、徐、州来等。

⑬上国：中原华夏诸国。

译文

巫臣请求出使到吴国去，晋景公允许了。吴子寿梦很喜欢巫臣。于是巫臣就使吴国和晋国通好，带领了楚国的三十辆兵车到吴国做教练，留下十五辆给吴国。送给吴国射手和驾驭战车的人，教吴国人驾驭兵车，教他们排列战阵，教他们叛离楚国。巫臣又把自己的儿子狐庸留在那里，让他在吴国做外交官。吴国开始进攻楚国、进攻巢国、进攻徐国，子重奉命奔驰。在马陵会盟的时候，吴军进入州来，子重奉命从郑国赶去救援州来。在这种形势下，子重、子反一年之中七次奉命奔驰以抵御吴军。本属于楚国的蛮夷，吴国全部加以占取，吴国以此开始强大，才得以和中原诸华夏国往来。

晋归钟仪

成公九年

晋侯观于军府[①]，见钟仪[②]。问之曰："南冠而絷者[③]，谁也？"有司对曰[④]："郑人所献楚囚也。"使税之[⑤]，召而吊之[⑥]。再拜稽首。问其族。对曰："泠人也[⑦]。"公曰："能乐乎？"对曰："先父之职官也，敢有二事[⑧]？"使与之琴，操南音[⑨]。公曰："君王何如？"对曰："非小人之所得知也。"固问之[⑩]，对曰："其为大子也，师保奉之[⑪]，以朝于婴齐而夕于侧也[⑫]。不知其他。"

注释

①晋侯：晋景公。军府：军中府库。亦用以囚禁俘虏。

②钟仪：楚国大夫，成公七年伐郑时被俘，囚于晋。

③南冠：楚人之冠。絷：拘禁，束缚。

④有司：官吏。

⑤税：通"脱"，释放出来。

⑥吊：慰问。

⑦泠人：古代乐人。泠，通"伶"。

⑧二事：其他事物。言承袭祖业，不敢做其他事。

⑨操：演奏。南音：南方乐调。

⑩固：坚持。

⑪师保：古时任辅弼帝王和教导王室子弟的官。有"师"有"保"，统称"师保"。

⑫婴齐：公子婴齐，即令尹子重。侧：公子侧，即司马子反。

译文

晋景公视察军中库府，见到钟仪，问人说："那个戴着楚人的帽子而被囚禁的人是谁？"官吏回答说："是郑国人所献的楚国俘虏。"晋景公让人把他释放出来，召见并且慰问他。钟仪两拜，叩头。晋景公问他在楚国的家族，他回答说："是乐人。"晋景公说："能够奏乐吗？"钟仪回答说："这是先人的祖业，岂敢从事于其他事务呢？"晋景公命令拿把琴给钟仪，他弹奏的是南方乐调。晋景公说："你们楚国的君王怎样？"钟仪回答说："这不是小人所能知道的。"晋景公再三问他，他回答说："当他做太子的时候，师保侍奉着他，每天早晨向婴齐请教，晚上向公子侧请教。我不知道其他的事。"

公语范文子①，文子曰："楚囚，君子也。言称先职，不背本也；乐操土风②，不忘旧也。称大子③，抑无私也④。名其二卿，尊君也⑤。不背本，仁也；不忘旧，信也；无私，忠也；尊君，敏也。仁以接事⑥，信以守之⑦，忠以成之，敏以行之。事虽大，必济。君盍归之，使合晋、楚之成⑧。"公从之，重为之礼，使归求成。

注释

①范文子：晋国大臣，名燮，士会之子。

②土风：本土乐曲，指楚乐。

③称：列举。

④抑：语词。无私：公正没有偏心。

⑤尊君：当时习尚，下级对上级才称名，故称尊君。

⑥接事：处理事务。

⑦守：守住，保持。

⑧合：撮合，合成。成：和谈，和解。

译文

晋景公把这些告诉了范文子。文子说："这个楚囚，是君子啊！言语中举出先人的职官，这是不忘记根本；奏乐奏家乡的乐调，这是不忘记故旧；举出楚君做太子时候的事，这是没有私心；直称二卿的名字，这是尊崇君王。不背弃根本，这是仁义；不忘记故旧，这是守信；没有私心，这是忠诚；尊崇君王，这是敏达。用仁来处理事务，用信来保持，用忠来成就，用敏来执行。事情虽然大，必然会成功。君王何不放他回去，让他结成晋、楚的友好。"晋景公听从了，对钟仪重加礼遇，让他回国去促成两国和解。

吕相绝秦

成公十三年

夏四月戊午，晋侯使吕相绝秦①，曰："昔逮我献公及穆公相好②，戮力同心③，申之以盟誓④，重之以昏姻⑤。天祸晋国⑥，文公如齐⑦，惠公如秦。无禄⑧，献公即世，穆公不忘旧德，俾我惠公用能奉祀于晋⑨。又不能成大勋⑩，而为韩之师⑪。亦悔于厥心⑫，用集我文公⑬，是穆之成也。"

注释

①晋侯：指晋厉公。吕相：晋国大夫，又称魏相，魏锜之子。绝秦：断交与秦国的外交关系，这里指宣读断交之书。

②昔：昔日。逮：自从。献公：晋献公。穆公：秦穆公。

③戮力：并力，合力。

④申：申明。盟誓：盟约誓言。

⑤昏姻：即"婚姻"。指秦穆公娶晋献公之女为妻。

⑥天祸：天降灾祸，指骊姬之乱。

⑦文公：指公子重耳。惠公：指公子夷吾。

⑧无禄：没有福禄，不幸。

⑨俾：使。用：因而。奉祀：主持祭祀，立为国君之意。

⑩大勋：大功。指晋惠公未能建立功勋。

⑪韩之师：鲁僖公十五年，秦伐晋，战于韩，最后晋惠公被俘。韩：即韩原，晋国地名，在今山西河津与万荣县之间。

⑫悔：后悔。厥：他的。

⑬集：成就，成全。指秦穆公帮助晋公子重耳返国成为君主。

译文

夏季，四月初五日，晋厉公派遣吕相去和秦国断绝外交关系，说：“从前我先君晋献公和贵国先君秦穆公互相友好时，两国合力同心，用盟誓来表明，再用联姻加深两国关系。上天降祸于晋国，文公到了齐国，惠公到了秦国。不幸，献公去世。穆公不忘记过去的恩德，使我们惠公得以在晋国执政继续在宗庙祭祀祖先，但是秦国又不能完成大的勋劳，却和我国有了韩原之战。事后穆公心里又有些懊悔，因此成就了我们文公回国为君，这都是秦穆公的功劳。”

“文公躬擐甲胄①，跋履山川②，逾越险阻，征东之诸侯，虞、夏、商、周之胤③而朝诸秦，则亦既报旧德矣④。郑人怒君之疆埸⑤，我文公帅诸侯及秦围郑。秦大夫不询于我寡君，擅及郑盟⑥。诸侯疾之，将致命于秦⑦。文公恐惧，绥静诸侯⑧，秦师克还无害，则是我有大造于西也⑨。”

注释

①躬：亲自。擐：穿上。甲胄：铠甲和头盔。

②跋履：跋涉。

③胤 yìn：后代。东方诸侯国的国君大多是虞、夏、商、周的后代。④旧德：过去的恩惠。

⑤郑人怒君之疆埸 yì：郑国冒犯秦国的疆域。此为外交辞令，实为秦助晋攻郑。怒，侵犯。埸，疆界。

⑥擅：擅自，没有与晋国协商之意。

⑦致命：拼命。⑧绥静：安抚平定。⑨大造：大功。

译文

“文公亲自身披甲胄，登山涉水，经历艰难险阻，征服东方的诸侯，虞、夏、商、周的后代都向秦国朝见，这就已经报答过去的恩德了。郑国人侵犯君王的边界，我们文公率领诸侯和秦国共同包围郑国，秦国的大夫不和我们国君商量，擅自和郑国订立了盟约。诸侯都痛恨这种做法，打算和秦国拼命，文公担心秦国受损，安抚诸侯，使秦军得以平安回国而没有受到损害，这就是我国有大功于秦国之处。”

“无禄，文公即世，穆为不吊[①]，蔑死我君[②]，寡我襄公[③]，迭我殽地[④]，奸绝我好[⑤]，伐我保城[⑥]，殄灭我费滑[⑦]，散离我兄弟，挠乱我同盟，倾覆我国家。我襄公未忘君之旧勋，而惧社稷之陨，是以有殽之师[⑧]。犹愿赦罪于穆公。穆公弗听，而即楚谋我[⑨]。天诱其衷[⑩]，成王殒命[⑪]，穆公是以不克逞志于我。”

注释

①不吊：不善。

②蔑：轻蔑。死我君：语序应为“我死君”。

③寡：少，这里是欺侮之意。

④佚：通“轶”，袭击。

殽：又作“崤”，山名，在今河南洛宁西北。

⑤奸绝：遏绝，断绝。我好：我的友好同盟国。

⑥保城：城堡。保，通“堡”。

⑦殄 tiǎn：灭绝。

费滑：即滑国，其都城为费，其地在今河南偃师附近。

⑧殽之师：即鲁僖公三十三年的殽之战。

⑨即：亲近。谋：暗算。

⑩天诱其衷：当时的习语，上天保佑之意。

⑪成王：指楚成王，鲁文公元年被太子商臣所逼自缢。

译文

“不幸，文公去世，穆公不怀好意，蔑视我们故去的国君，以为我们晋襄公为软弱可欺，突然侵犯我们的殽地，断绝我们同友好国家的往来，攻打我们的城堡，绝灭我们的滑国，离散我们的兄弟之邦，扰乱我们的同盟之国，颠覆我们的国家。我们襄公没有忘记秦君过去的勋劳，而又害怕国家的覆亡，所以才有殽地的这一战役，但我们还是希望在穆公那里解释以求赦免罪过。穆公不听，反而亲近楚国而图谋我们。上天保佑我国，楚成王丧命，穆公对我国的意图因而未能得逞。”

“穆、襄即世①，康、灵即位②。康公，我之自出③，又欲阙翦我公室④，倾覆我社稷，帅我蝥贼⑤，以来荡摇我边疆。我是以有令狐之役⑥。康犹不悛⑦，入我河曲⑧，伐我涑川⑨，俘我王官⑩，翦我羁马⑪，我是以有河曲之战。东道之不通⑫，则是康公绝我好也。

注释

①穆：秦穆公。襄：晋襄公。即世：去世。

②康：秦康公。灵：晋灵君。

③我之自出：秦康公为晋献公之女穆姬所生，是晋国外甥，故称“自出”。④阙：亏损。翦：消灭。

⑤蝥贼：庄稼的害虫。这里指晋国公子雍。

⑥令狐之役：鲁文公七年，秦应晋的请求送公子雍回国即位，后来晋反悔，派兵在令狐击败了护送公子雍的秦兵。令狐，晋国地名，其地在今山西临沂。

⑦不悛 quān：不悔改。

⑧河曲：晋国地名，其地在今山西风陵渡一带。

⑨涑 sù 川：水名，在今山西西南部。

⑩王官：晋国地名，在今山西闻喜西。

⑪羁马：晋国地名，在今山西永济南。

⑫东道：晋国在秦国东边，所以称“东道”。不通：指两国断绝关系。

译文

“穆公、襄公去世，康公、灵公即位。康公是我们先君献公的外甥，但又想削弱我们国君的宗室，颠覆我们的国家，率领我国的害虫公子雍，以动摇我们的边疆，因此我国才有了令狐这一战役。秦康公还是不肯悔改，又入侵我国河曲，攻打我国涑川，掠取我国王官，夺走我国的羁马，因此我国才有了河曲这一战役。秦国往东边的道路不通，那是由于康公同我们断绝友好关系的缘故。”

“及君之嗣也[①]，我君景公引领西望曰[②]：‘庶抚我乎[③]！’君亦不惠称盟[④]，利吾有狄难[⑤]，入我河县[⑥]，焚我箕、郜[⑦]，芟夷我农功[⑧]，虔刘我边陲[⑨]，我是以有辅氏之聚[⑩]。君亦悔祸之延，而欲徼福于先君献、穆，使伯车来命我景公曰[⑪]：‘吾与女同好弃恶，复修旧德，以追念前勋，’言誓未就，景公即世，我寡君是以有令狐之会[⑫]。”

注释

①君：指秦桓公。嗣：即位。

②引：伸长。领：脖子。

③庶：也许，大概。

④称盟：即举行盟会。

⑤利：利用。狄难：宣公十五年，晋国入赤狄作战。

⑥河县：靠近黄河的县邑。

⑦箕：晋国地名，在今山西蒲县东北。

郜 gào：晋国地名，在今山西祁县西。

⑧芟 shān：割除。夷：伤害。农功：庄稼。

⑨虔刘：杀害，屠杀。边垂：边陲，边境。

⑩辅氏：晋国地名，其地在今陕西大荔东。

聚：集结军队，抵御秦军。

⑪伯车：秦桓公之子。

⑫寡君：指晋厉公。

令狐之会：成公十一年，秦晋在令狐会盟。

译文

“等到君王您继位以后，我们的国君晋景公伸着脖子望着西边说：‘大概会抚恤我们了吧！’但君王也不肯施恩与我们结盟，却利用我国有狄人骚扰的祸难，侵入我国的临河的县邑，焚烧我国的箕地、郜地，抢割毁坏我国的庄稼，杀害我国边境的百姓，我国因此有辅氏的战役。君王也后悔两国战祸的蔓延，而想求福于先君晋献公和秦穆公，派遣伯车前来命令我们景公说：‘我跟你重修旧好、丢弃怨恨，恢复以往友好的关系，以追念以前的先君的功绩。’盟誓还没有完成，我晋景公就去世了，因此我们国君才与秦国有令狐的会盟。”

"君又不祥，背弃盟誓。白狄及君同州①，君之仇雠②，而我昏姻也③。君来赐命曰：'吾与女伐狄。'寡君不敢顾昏姻，畏君之威，而受命于吏④。君有二心于狄，曰：'晋将伐女。'狄应且憎，是用告我⑤。楚人恶君之二三其德也⑥，亦来告我曰：'秦背令狐之盟，而来求盟于我，昭告昊天上帝⑦、秦三公⑧、楚三王⑨，曰："余虽与晋出入⑩，余唯利是视⑪。"不穀恶其无成德⑫，是用宣之⑬，以惩不壹⑭。'"

注释

①白狄：狄族的一支。及：与。同州：同在古雍州。

②仇：怨恨。雠：对手。

③昏姻：指晋文公在狄娶季隗。昏，同"婚"。

④受：通"授"，发布。吏：指秦国传令的使臣。

⑤是用：因此。告我：告诉我秦国的阴谋。

⑥二三其德：三心二意，不讲信用。

⑦昭：明。昊天：高远的天。

⑧秦三公：秦国穆公、康公 、共公。

⑨楚三王：楚国成王、穆王、庄王。⑩出入：交往，往来。

⑪唯利是视：一心图利，唯利是图。⑫成德：完美的德行。

⑬宣之：公布此誓词。⑭不壹：不专一。

译文

"君王又心怀不善，背弃了盟誓。白狄和君王同在雍州境内，他们是君王的仇敌，却是我们的姻亲。君王赐给我们命令说：'我跟你一起攻打狄人。'鄙国国君不敢顾及姻亲之好，畏惧君王的威严，因而接受了君王使臣下令攻打狄人的命令。但君王又对狄人有另外的念头，告诉他们说：‘晋国将要攻打你们。’狄人表面上答应了你们的要求，心里却憎恨你们的做法，因此告诉了我们。楚国人讨厌君王的反复无常，楚王也派人来告诉我们说：‘秦国背弃了令狐的盟约，而来向我国请求结盟。对着天上的神灵、秦国去世的三公和楚国去世的三王宣告：“我虽然与晋国有所往来，但我只看自己的利益。”我厌恶他没有始终如一的品德，因此把这些话公布出来，以警诫言行不专一的人。’”

“诸侯备闻此言，斯是用痛心疾首，昵就寡人[①]。寡人帅以听命[②]，唯好是求。君若惠顾诸侯，矜哀寡人[③]，而赐之盟，则寡人之愿也。其承宁诸侯以退[④]，岂敢徼乱[⑤]。君若不施大惠，寡人不佞[⑥]，其不能以诸侯退矣。敢尽布之执事[⑦]，俾执事实图利之[⑧]。”

注释

①昵：亲近，亲昵。

②帅以听命：率领诸侯来听侯君王的答复，实以武力迫秦屈服。

③矜：怜悯；同情。

④承宁：止息，安定。

⑤岂敢徼乱：怎么敢期望发生战乱。徼，冀求。

⑥不佞 nìng：不敏，不才，当时惯用的谦辞。

⑦尽布：全部展现。

⑧图：考虑。利之：对秦国有利。

译文

“诸侯们全都听到了这些话，对此感到痛心疾首，都来和寡人亲近。现在寡人率领诸侯前来听命,完全是为了请求盟好。如果君王肯施恩顾念诸侯们，哀怜寡人，而赐我们缔结盟约，这就是寡人的心愿，寡人将安抚诸侯而退兵，哪里敢自求祸乱呢？如果君王不开恩施德，寡人不才，恐怕就不能率诸侯退走了。寡人冒昧把全部情况都向您的左右执事说明了，希望他们权衡怎样才对秦国有利。”

晋楚鄢陵之战
成公十六年

六月，晋、楚遇于鄢陵[①]。范文子不欲战[②]，郤至曰[③]："韩之战[④]，惠公不振旅[⑤]；箕之役[⑥]，先轸不反命[⑦]；邲之师[⑧]，荀伯不复从[⑨]；皆晋之耻也。子亦见先君之事矣。今我辟楚，又益耻也。"文子曰："吾先君之亟战也[⑩]，有故。秦、狄、齐、楚皆彊，不尽力，子孙将弱。今三彊服矣，敌楚而已。唯圣人能内外无患，自非圣人[⑪]，外宁必有内忧，盍释楚以为外惧乎[⑫]？"

注释

①鄢 yān 陵：郑国地名，其地在今河南鄢陵。

②范文子：即士燮，士会之子。

③郤至：晋国大夫，步氏，讳至，谥昭。

④韩之战：见《吕相绝秦》注释。

⑤振旅：作战凯旋。

⑥箕之役：鲁僖公三十三年（前627年），晋与狄人之间的战争。

⑦先轸：箕之战中晋军主帅。

不反命：不能回国复君命。先轸在此次战役中亡。

⑧邲 bì 之师：宣公十二年（前597年），晋楚战于邲，晋败楚胜。邲，郑国地名，其地在今河南郑州西北。

⑨荀伯：即荀林父，泌之战中晋军主帅。

不复从：不能从原路退兵，即战败逃跑。

⑩亟 qì：多次。

⑪自：如果。

⑫释：放。

译文

六月，晋、楚两军在鄢陵相遇。范文子不想同楚军作战。郤至说："韩地这一战，惠公失败归来；箕地这一役，先轸不能回国复命；邲地这一仗，荀伯又兵败而逃，这些都是晋国的奇耻大辱。您也了解先君这些战事。现在我们逃避楚军的话，就又是增加耻辱。"范文子说："我们先君的屡次作战，是有原因的。秦国、狄人、齐国、楚国都是强国，如果我们不尽自己的力量，子孙将会被削弱。现在秦、狄、齐三强都已经顺服了，敌人仅剩楚国而已。只有圣人才能够外部内部都没有祸患。如果不是圣人，外部安定，内部必然就有忧患，何不暂时放掉楚国，把它作为外患来警惕自己呢？"

甲午晦[①]，楚晨压晋军而陈[②]。军吏患之。范匄趋进[③]，曰："塞井夷灶[④]，陈于军中[⑤]，而疏行首[⑥]。晋、楚唯天所授，何患焉？"文子执戈逐之，曰："国之存亡，天也，童子何知焉？"栾书曰："楚师轻窕[⑦]，固垒而待之，三日必退。退而击之，必获胜焉。"郤至曰："楚有六间[⑧]，不可失也。其二卿相恶[⑨]，王卒以旧[⑩]。郑陈而不整，蛮军而不陈[⑪]，陈不违晦[⑫]，在陈而嚣[⑬]，合而加嚣，各顾其后[⑭]，莫有斗心。旧不必良，以犯天忌[⑮]。我必克之。"

注释

①晦：夏历每月的最后一天。②压：迫近。

③范匄 gài：范文子士燮的儿子，又称范宣子。

趋进：快步向前。

④塞：填。夷：平。⑤陈：布阵。

⑥疏行首：疏散前面行列，使不拥挤。

疏，拉开距离。行首，行道。

⑦轻窕：即轻佻，指军心轻浮急躁。

⑧六间：六个空子，指不利的方面。间，间隙，缺陷。

⑨二卿：指尹子重和司马子反。相恶：不和。

⑩王卒以旧：楚王的亲兵都用旧族成员。

⑪蛮军：指楚国带来的南方少数民族军队。

⑫违晦：避开晦日。古人认为月末那天作战不吉利。

⑬嚣：喧哗。指军纪不好。

⑭各顾其后：各谋退路之意。⑮犯天忌：指晦日用兵。

译文

二十九日，月末的最后一天，楚军一大早就逼近晋军，并且摆开阵势。晋国的军吏感到了害怕。范匄快步走向前，说：“把井填上，把灶铲平，就在自己营中摆开阵势，把行列间的距离放宽。晋、楚两国都是上天授命的国家，有什么可担心的？”范文子拿起戈来赶他出去，说：“国家的存亡，这是天意决定的，小孩子知道什么？”栾书说：“楚军轻浮急躁，我们加固营垒等待他们，三天一定退军。乘他们退走时再加以追击，一定可以得胜。”郤至说：“楚国有六个空子，我们不可失掉时机：楚国的两个统帅彼此不和；楚共王的亲兵们从旧族中选拔，暮气已深；郑国虽然摆开阵势却不整齐；楚军中的蛮人虽已成军却没有战阵；楚军摆阵不避讳月底的晦日；士兵在阵中就喧闹无军纪，两军对阵后就更加喧闹，各军彼此各谋退路，没有战斗意志。旧家子弟的士兵不一定精良，晦日用兵又触犯天忌。我们一定能战胜他们。”

楚子登巢车①，以望晋军。子重使大宰伯州犁侍于王后②。王曰：“骋而左右③，何也？”曰：“召军吏也。”“皆聚于中军矣。”曰：“合谋也④。”“张幕矣⑤。”曰：“虔卜于先君也⑥。”“彻幕矣⑦。”曰：“将发命也。”“甚嚣，且尘上矣⑧。”曰：“将塞井夷灶而为行也。”“皆乘矣⑨，左右执兵而下矣。”曰：“听誓也⑩。”“战乎？”曰：“未可知也。”“乘而左右皆下矣。”曰：“战祷也⑪。”伯州犁以公卒告王⑫。

注释

①楚子：指楚共王。

巢车：军中的瞭望车，用以望远，较其他战车高。

②大宰：即太宰，官名。

伯州犁：晋国大夫伯宗的儿子，伯宗被害后他逃到楚国，被任命为太宰。因他了解晋国军情，以下为楚公王与他问答的对话。

③骋而左右：即战车向左右两边奔驰。

④合谋：即商议计策。

⑤张幕：张开帐幕。

⑥虔：诚。卜：占卜。先君：晋侯先祖。

⑦彻幕：放下帐幕。彻，通“撤”，撤下。

⑧尘上：尘土飞扬。

⑨乘：上战车。

⑩听誓：听主帅发布誓师令。

⑪战祷：战前祷告鬼神。

⑫公卒：晋侯的亲兵。

译文

楚共王登上巢车，观望晋军的动静。子重让大宰伯州犁侍立在楚共王身后。楚共王说："晋军中有人正驾着车子左右驰骋，这是在做什么？"伯州犁回答："这是召集军官们。"楚共王说："那些人都集合在中军了。"伯州犁说："这是一起谋议计策。"楚共王说："帐幕张开了。"伯州犁说："这是晋军在先君的神主前虔诚的占卜。"楚共王说："帐幕撤除了。"伯州犁说："这是将要发布命令了。"楚共王说："喧闹得厉害。而且尘土飞扬起来了。"伯州犁说："这是准备填井平灶摆开阵势。"楚共王说："都登上战车了，左右两边的人又拿着武器下车了。"伯州犁说："这是听取主帅发布誓师令。"楚共王说："他们要开战了吗？"伯州犁说："还不能知道。"楚共王说："晋军又上了战车，左右两边的人又下来了。"伯州犁说："这是战前向神祈祷。"伯州犁把晋厉公亲兵的位置及情况向楚共王做了报告。

苗贲皇在晋侯之侧[①]，亦以王卒告。皆曰："国士在[②]，且厚[③]，不可当也。"苗贲皇言于晋侯曰："楚之良[④]，在其中军王族而已。请分良以击其左右，而三军萃于王卒[⑤]，必大败之。"公筮之[⑥]。史曰："吉。其卦遇《复》[⑦]，曰：'南国蹴[⑧]，射其元王[⑨]，中厥目[⑩]。'

国蹙王伤，不败何待？”公从之。

注释

①苗贲皇：楚国令尹斗椒的儿子。楚庄王九年（前605年），斗椒作乱攻王被杀，贲皇逃到晋国。

②国士：国人中精选的武士。③厚：指人数众多。

④良：精兵。⑤萃：集中。⑥筮：古代用蓍草占卦。

⑦《复》：《周易》的卦名。震卦在下，坤卦在上。

⑧南国：指楚国。蹙：局促，窘迫。

⑨元王：元首，指楚共王。⑩厥：代词，他的。

译文

苗贲皇在晋厉公的旁边，也把楚共王亲兵的情况向晋厉公报告。晋厉公左右的将士们都说：“楚国中最精选的人物都在中军，而且军阵厚实，不能抵挡。”苗贲皇对晋厉公说：“楚国的精兵仅在于他们中王族的亲兵而已。请晋王把我们的精兵分开去攻击他们的左右军，再集中三军攻打楚王的亲兵，一定可以把他们打得大败。”晋厉公让太史占筮。太史说：“吉利。得到的是《复》卦。卦辞说：‘南方的国家局促，射它的国王，箭头中目。’国家局促，国王受伤，不失败，还等待什么？”晋厉公听从了卜官的话。

有淖于前①，乃皆左右相违于淖②。步毅御晋厉公③，栾鍼为右④。彭名御楚共王，潘党为右。石首御郑成公，唐苟为右。栾、范以其族夹公行⑤，陷于淖。栾书将载晋侯⑥，鍼曰：“书退⑦！国有大任⑧，焉得专之⑨？且侵官⑩，冒也⑪；失官⑫，慢也⑬；离局⑭，奸也⑮。有三罪焉，不可犯也。”乃掀公以出于淖[16]。

注释

①淖 nào：泥沼。

②违：绕开。

③步毅：郤至的弟弟。

④栾鍼 qián：栾书的儿子。

⑤栾、范：指栾书和范文子。其族：其家族人组成的军队。

⑥夹公行：在晋厉公两侧前行。

⑦书：栾书之名，栾鍼是栾书的儿子，但按当时的礼法，在国君面前群臣皆直呼其名。

⑧大任：大事。⑨专之：包办其他琐事。

⑩侵官：超越自己的职责，夺他人职权。⑪冒：冒犯。

⑫失官：放弃自己的职责所在。⑬慢：怠慢。

⑭离局：离开岗位。⑮奸：不忠。

⑯掀：掀起。

译文

晋行军的路上有泥沼，于是晋军都或左或右地避开泥沼，分成两路而行。步毅驾驭晋厉公的战车，栾鍼作为车右。彭名为楚共王驾驭战车，潘党作为车右。石首驾驭郑成公的战车，唐苟作为车右。栾、范率领他们家族的部队左右护卫着晋厉公前进。晋侯的战车陷在泥沼里。栾书打算让晋厉公坐在自己车上。他儿子栾鍼说：“书，退下去！国家有大事，你哪能一人包办？而且侵犯别人的职权，这是冒犯；丢弃自己的职责，这是怠慢；离开自己的岗位，这是不忠。这三件罪名，是不能违犯的。”于是就抬起晋厉公的战车离开泥沼。

癸巳，潘尪之党与养由基蹲甲而射之[①]，彻七札焉[②]。以示王，曰："君有二臣如此，何忧于战？"王怒曰："大辱国[③]！诘朝尔射[④]，死艺[⑤]。"吕锜梦射月，中之，退入于泥。占之，曰："姬姓，日也[⑥]；异姓，月也[⑦]，必楚王也。射而中之，退入于泥，亦必死矣[⑧]。"及战，射共王中目。王召养由基，与之两矢，使射吕锜，中项[⑨]，伏弢[⑩]。以一矢复命。

注释

①党：潘党，潘尪 wāng 之子。

养由基：楚军将领，善射击。蹲甲：把铠甲堆放起来。

②彻：射穿。七札：七层甲片。札，古时铠甲上的金属叶片。

③大辱国：责备两人不谦逊之意。

④诘朝：明天早上。

⑤死艺：死在其所夸耀的射箭技术上。

⑥姬姓，日也：姬为周天子姓，当时以姬姓为尊，故称日。晋为姬姓国。

⑦异姓，月也：楚国为外姓，故称月。

⑧必死：因人死后入土，故以"入于泥"为死之象。

⑨中项：射中脖颈。

⑩伏弢 tāo：趴倒在弓套上死了。弢，弓套。

译文

六月二十八日，潘尪的儿子党和养由基把铠甲重叠，用箭射，穿透了七层。他们把这个拿去展示给楚共王，说："君王有这样两个臣下在这里，对战事还有什么可忧虑的呢？”楚共王发怒说：“真丢人！明天早晨你们射箭，将会死在这武艺上。”吕锜梦见自己射月亮，射中了，自己却后退，陷进了泥里。为此占卜，说：“姬姓，是太阳；异姓，是月亮，这一定是指楚共王了。射中了他，自己又退进泥里，就一定会战死。”等到作战时，吕锜射中了楚共王的眼睛。楚王召唤养由基，给他两支箭，让他射吕锜。结果射中了脖子，吕锜伏在弓套上死了。养由基拿了剩下的一支向楚共王复命。

郤至三遇楚子之卒，见楚子，必下①，免胄而趋风②。楚子使工尹襄问之以弓③，曰：“方事之殷也④，有韎韦之跗注⑤，君子也。识见不穀而趋⑥，无乃伤乎？”郤至见客⑦，免胄承命，曰：“君之外臣至⑧，从寡君之戎事，以君之灵，间蒙甲胄⑨，不敢拜命⑩，敢告不宁⑪，君命之辱⑫，为事之故，敢肃使者⑬。”三肃使者而退。

注释

①下：下车。

②免胄：脱下头盔。趋风：小步快走。均表示敬意。

③工尹襄：工尹为官职，襄是人名。问：问候。古人问好时馈赠礼物以表情意。

④方：正当，正值。事：战争。殷：即紧张时期。

⑤韎 mèi 韦：赤色柔皮，古用以制军服。

跗注：即当时军服。

⑥识：通“适”，刚才。一说为认出之意。

⑦客：即楚王的使者工尹襄。

⑧外臣：当时卿大夫对他国君主的自称。

⑨间 jiàn：参与。蒙：穿戴上。

⑩不敢拜命：古代战场上穿铠甲的将士可免拜，故云。

⑪不宁：不安。

⑫君命之辱：表示对方下达命令而使对方受辱。谦辞。

⑬肃：即肃拜，站立，身俯折，两手合拢，当心而下移。类似后代的作揖。

译文

郤至三次碰到楚共王的士兵，见到楚共王时都会下车、脱下头盔，快步朝前走。楚共王派工尹襄送上一张弓去问候，说："正当战事激烈的时候，有个身穿赤色牛皮军服的人，是位君子啊！刚才见到我就快步走，恐怕是受伤了吧！"郤至见到使者，脱下头盔，说："贵国君王的外臣郤至，跟随寡君作战，托君王的福披上军服参与战事，不敢下拜答谢。谨向君王报告，辱称楚王使人前来问候，心里很不安。由于战事，谨向使者敬肃礼。"于是，向使者行肃礼三次后退走。

晋韩厥从郑伯[1]，其御杜溷罗曰[2]："速从之？其御屡顾，不在马[3]，可及也。"韩厥曰："不可以再辱国君。"乃止。郤至从郑伯，其右茀翰胡曰："谍辂之[4]，余从之乘，而俘以下[5]。"郤至曰："伤国君有刑[6]。"亦止。石首曰[7]："卫懿公唯不去其旗，是以败于荧[8]。"乃内旌于弢中[9]。唐苟谓石首曰："子在君侧，败者壹大[10]。我不如子，子以君免，我请止[11]。"乃死。

注释

①郑伯：即郑成公。

②溷：音hùn。

③不在马：不专心驾车。

④谍辂：秘密派战车拦截。谍，秘密的侦察。辂，战车。

⑤俘以下：将郑伯俘虏之后跳下车。

⑥伤国君有刑：伤害国君会受到惩罚。

此为等级制度，虽为敌国之君，也需尊重。

⑦石首：郑成公的驭手。

⑧荧：即荧泽。闵公二年（前660年），狄人伐卫，卫懿公战败后不去掉有君主标志的旗帜，易识，被狄人杀死。

⑨内：同“纳”，收进，收藏。旌 jīng：古代一种饰有牦牛尾和五色羽毛，用于指挥和开道的旗帜。泛指军旗。此处指郑伯车上的标志旗。

⑩败者壹大：战败之际要专一保护君主。

败者：指已经战败的郑军。壹：专一。人：指郑成公。

⑪止：留下抵御追兵。

译文

晋国的韩厥追赶郑成公，他的车夫杜溷罗说：“赶快追上他们！郑成公的御者屡屡回头张看，注意力不在马上，我们可以追赶上。”韩厥说：“不能二次羞辱国君。”于是就停止追赶。郤至追赶郑成公，他的车右茀翰胡说：“秘密派战车从小道拦截，我从后面追击，跳上他的战车，把郑国国君俘虏了再跳下来。”郤至说：“伤害国君会受到刑罚。”也停止了追赶。石首说：“从前卫懿公由于不去掉他的旗子，所以才在荧地战败。”于是就把旗子收起来放进弓袋里。唐苟对石首说：“您在国君旁边，战败之际更应该一心保护国君。我不如您，您带着国君逃走，我请求留下抵御追兵。”于是唐苟就这样战死了。

楚师薄于险[①]，叔山冉谓养由基曰："虽君有命[②]，为国故，子必射。"乃射，再发，尽殪[③]。叔山冉搏人以投[④]，中车，折轼。晋师乃止。囚楚公子茷。

注释

①薄：同"迫"，迫近，逼近。险：险阻，险要之地。

②有命：指上文楚王诫责养由基"死艺"之语。

③殪 yì：死亡。

④搏人：抓住敌人。投：投掷，扔。
中 zhòng：投中。轼：古代车厢前面扶手的横木。

译文

楚军被晋军逼迫在险阻的地带，叔山冉对养由基说："虽然国君有不许您逞能射箭的命令，但为了国家的缘故，您一定要射箭。"养由基就向晋军射箭，接连发箭，被射的人都被射死。叔山冉抓起晋国人投掷过去，掷中战车，折断了车前的横木。晋军于是停下来。囚禁了楚国的公子茷。

栾鍼见子重之旌，请曰："楚人谓夫旌，子重之麾也[①]。彼其子重也。日臣之使于楚也[②]，子重问晋国之勇。臣对曰：'好以众整[③]。'曰：'又何如？'臣对曰：'好以暇[④]。'今两国治戎，行人不使[⑤]，不可谓整；临事而食言，不可谓暇。请摄饮焉[⑥]。"公许之。使行人执榼承饮[⑦]，造于子重[⑧]，曰："寡君乏使，使鍼御持矛[⑨]，是以不得犒从者，使某摄饮[⑩]。"子重曰："夫子尝与吾言于楚，必是故也。不亦识乎[⑪]！"受而饮之，免使者而复鼓[⑫]。

注释

①麾 huī：指挥作战的军旗。②日：往日。

③好 hào：喜欢。众整：师旅严整讲纪律。

④暇：空闲；闲暇。这里指从容不迫。

⑤行人：使者。

⑥摄饮：使人代己献酒给子重。

⑦榼 kē：木质酒器。承：捧着，托着。

⑧造：到……去

⑨持矛：即为车右。古代车战，一般御者居中，左边是持弓者，右边是持矛者，都是保护战车的。

⑩某：代栾鍼敬酒之人的自称。

⑪识：记，谓栾鍼记性好之意。

⑫免：送走。复鼓：继续击鼓作战。

译文

栾鍼见到子重的旌旗，向晋侯请求说："楚人说那面旌旗是子重的旗号，那么他恐怕就是子重吧。当初下臣出使到楚国，子重问起晋国的勇武表现在哪里，下臣回答说：'晋国的师旅打仗喜好严整周密。'子重说：'还有什么表现？'下臣回答说：'喜好从容不迫。'现在两国交兵，不派遣使者，不能说是周密严整；临到战事而不讲信用，不能说是从容不迫。请君王派人替我进酒给子重。"晋厉公答应了他的请求，派遣使者拿着酒器奉酒，到了子重那里，说："我国国君缺乏使任的人才，让栾鍼执矛侍立在他左右，因此不能亲自来犒赏您的从者，派我前来代他送酒。"子重说："他老人家曾经跟我在楚国说过一番话，送酒来一定是这个原因。他的记性确实很好啊！"于是受酒而饮，送走使者后又继续击鼓作战。

旦而战[1]，见星未已[2]。子反命军吏察夷伤[3]，补卒乘，缮甲兵[4]，展车马[5]，鸡鸣而食，唯命是听。晋人患之。苗贲皇徇曰[6]：“蒐乘补卒[7]，秣马利兵，修陈固列，蓐食申祷，明日复战！”乃逸楚囚[8]。王闻之，召子反谋。谷阳竖献饮于子反，子反醉而不能见。王曰：“天败楚也夫！余不可以待。”乃宵遁[9]。晋入楚军，三日谷。范文子立于戎马之前[10]，曰：“君幼，诸臣不佞[11]，何以及此[12]？君其戒之！《周书》曰：‘唯命不于常’[13]，有德之谓[14]。”

注释

①旦：日出的时候。

②见星：看到星星出现时，指晚上。已：结束。

③夷：义同“痍”。

④缮：修缮。

⑤展：展出检视。

⑥徇：巡行宣令。

⑦蒐 sōu：检阅，检查。

⑧逸：纵其逃走。

⑨宵遁：夜间逃走。

⑩戎马：晋厉公的车马。

⑪不佞：没有才能。

⑫及此：获胜。

⑬唯命不于常：出自《尚书·康诰》，意谓天命不会一直不变。

⑭有德之谓：指《尚书》这句话是说有才德才能享受天命。

译文

日出之时开始作战，直到天黑还没有结束战争。子反命令军官说：“仔细视察伤情，补充步兵车兵，修理铠甲和武器，陈列检视战车马匹，鸡叫的时候吃早饭，一心只听主帅的命令”。晋国因此担心。苗贲皇通告全军说：“检阅战车、补充士卒，喂好战马，磨利武器，整顿战阵、巩固行列，饱吃军餐、再次誓祷，明天再战！”然后故意放松楚国的俘虏，让他们逃走。楚共王听说了晋军准备的情况，召子反一起商量。谷阳竖献酒给子反，子反喝醉了不能进见。楚共王说：“这是上天要让楚国失败啊！我不能坐以待毙。”于是就夜里逃走了。晋军进入楚国军营，吃了三天楚军留下的粮食。范文子站在晋厉公的兵马前面，说：“君王年幼，下臣们不才，是怎么得到胜利的？君王还是要警惕啊！《周书》说‘天命不会一直不变’，这说的是有德的人才能享有天命。”

楚师还，及瑕[①]，王使谓子反曰：“先大夫之覆师徒者[②]，君不在[③]。子无以为过，不穀之罪也。”子反再拜稽首曰：“君赐臣死，死且不朽。臣之卒实奔，臣之罪也。”子重使谓子反曰：“初陨师徒者[④]，而亦闻之矣[⑤]。盍图之！”对曰：“虽微先大夫有之[⑥]，大夫命侧[⑦]，侧敢不义？侧亡君师，敢忘其死？”王使止之，弗及而卒。

注释

①瑕：地名，属于随国，随是楚附庸国。

②先大夫：指子玉。

③军不在：国君不在营中。

④初陨师徒者：指子玉。

⑤而：尔，指子反。

⑥大夫：指子重。

⑦侧：子反之名。

译文

楚军回去，到达瑕这个地方，楚共王派人对子反说："从前你的父亲子玉在城濮让军队覆没，当时国君不在军中。而现在您没有过错，这是我的罪过。"子反拜了又拜，说："君王赐下臣去死，死了也不朽。下臣的部下的确败仗而逃了，这是下臣的罪过。"子重也派人对子反说："当初让军队覆没的人，他的结果如何，你也听到过了。何不自己打算一下！"子反回答说："即使没有先大夫自杀谢罪的先例，大夫命令侧去死，侧岂敢贪生而陷于不义？侧使国君的军队败亡损失，岂敢逃避一死呢？"楚共王知道后派人阻止他，可还没到达，子反就自杀了。

卷九 襄公

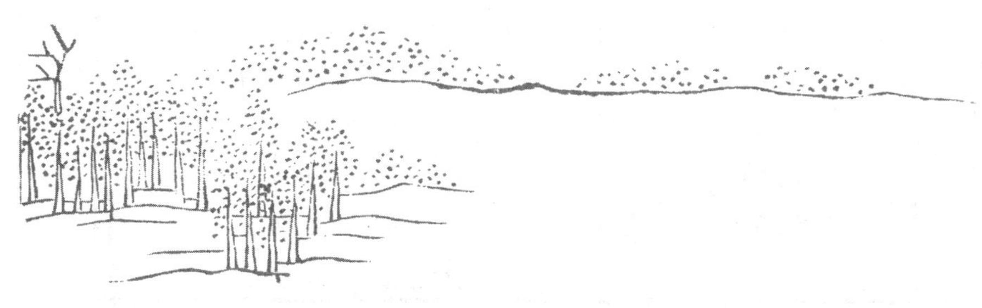

祁奚请老

襄公三年

祁奚请老[①]，晋侯问嗣焉[②]。称解狐[③]，其仇也，将立之而卒。又问焉，对曰："午也可[④]。"于是羊舌职死矣[⑤]，晋侯曰："孰可以代之[⑥]？"对曰："赤也可[⑦]。"于是使祁午为中军尉[⑧]，羊舌赤佐之[⑨]。

注释

①祁奚：晋国大夫，字黄羊，告老前任晋国中军尉。

请老：告老，请求退休。

②晋侯：指晋悼公。嗣：指接替职位的人。

③称：推举。解狐：晋国的大臣。

④午：祁午，祁奚的儿子。

⑤于是：在这个时候。

羊舌职：晋国的大臣，当时任中军佐，姓羊舌，名职。

⑥孰：谁。⑦赤：羊舌赤，字伯华，羊舌职的儿子。

⑧中军尉：中军的军尉。

⑨佐之： 辅佐他，这里这指担当中军佐。

译文

祁奚请求告老退休，晋悼公向他询问可以接替他中军尉职位的人。祁奚推举解狐。解狐，是祁奚的仇人，晋悼公打算任命解狐，他却死了。晋悼公又问祁奚，祁奚回答说："祁午也可以胜任。"这时羊舌职死了，晋悼公说："谁可以接代羊舌职的职位？"祁奚回答说："羊舌赤也可以胜任。"因此，晋悼公就派遣祁午做中军尉，羊舌赤为副职。

君子谓："祁奚于是能举善矣[1]。称其仇，不为谄[2]。立其子，不为比[3]。举其偏[4]，不为党。《商书》曰：'无偏无党，王道荡荡[5]。'其祁奚之谓矣！解狐得举，祁午得位，伯华得官，建一官而三物成[6]，能举善也夫！唯善，故能举其类。《诗》云：'惟其有之，是以似之[7]。'祁奚有焉。"

注释

①于是：在这件事情上。举：推荐。善：指贤能的人。

②谄：谄媚，讨好。③比：偏袒，偏爱。

④偏：指副职，下属。党：勾结。

⑤这两句话见于《尚书·洪范》。王道：理想中的政治。荡荡：平坦坦荡的样子。这里指公正无私。

⑥官：指职务，中军尉与其佐同一职务。三物：三事，指得举、得位、得官。

⑦这两句诗出自《诗经·小雅·裳裳者华》。有之：有德。似之：所举之人品德与他相似。

译文

君子认为："祁奚在这种情况下能够推举有德行的人。举荐他的仇人而不是谄媚，推荐他的儿子而不是自私，推举他的副手而不是结党。《商书》说：'不偏私不结党，君王之道坦坦荡荡。'这说的大概就是祁奚了。解狐得到推荐，祁午得到安排，羊舌赤能有官位，建立一个中军尉的官职而成全三件事，这正是由于有能够推举贤能的人存在的缘故啊！唯其有德行，才能推举类似他的贤人。《诗经》说：'正因为他具有美德，推举他的人才能和他相似'，祁奚就具有这样的美德。"

魏绛戮扬干

襄公三年

晋侯之弟扬干乱行于曲梁①，魏绛戮其仆②。晋侯怒，谓羊舌赤曰："合诸侯，以为荣也，扬干为戮，何辱如之③？必杀魏绛，无失也④！"对曰："绛无贰志⑤，事君不辟难，有罪不逃刑，其将来辞⑥，何辱命焉⑦？"言终，魏绛至，授仆人书⑧，将伏剑⑨。士鲂、张老止之。

注释

①晋侯：晋悼公。乱行：扰乱军队行列。

曲梁：晋国地名，其地在今河北邯郸东北。

②魏绛：当时为中军司马，主管军法。

戮：惩罚，处置。仆：为扬干驾车之人。

③如之：比得上这样。

④失：耽误。

⑤贰志：二心。

⑥来辞：当面解释说明。

⑦辱命：即晋侯下令杀魏绛。意谓何劳您受辱下命令呢？

⑧仆人：接受官吏文书的官员。

⑨伏剑：以剑自刎。

译文

晋悼公的弟弟扬干在曲梁扰乱军队的行列，魏绛惩治了他的驾车人。晋悼公因此发怒，对羊舌赤说："会合诸侯，是光荣的事。扬干受到侮辱，还有什么侮辱比这更大？一定要杀掉魏绛，不要耽误了。”羊舌赤回答说：“魏绛绝无二心，事奉国君不避危难，有了罪过不逃避惩罚，他大概会来当面解释说明的，何必劳动君王受辱亲自发布命令呢？”话刚说完，魏绛就来了，把申述之书信交给晋悼公接受官吏文书的仆人，准备伏剑自杀。士鲂、张老阻止了他。

公读其书曰：“日君乏使①，使臣斯司马②。臣闻师众以顺为武③，军事有死无犯为敬④。君合诸侯，臣敢不敬？君师不武⑤，执事不敬，罪莫大焉。臣惧其死⑥，以及扬干，无所逃罪。不能致训，至于用钺⑦。臣之罪重，敢有不从，以怒君心，请归死于司寇⑧。”公跣而出⑨，曰：“寡人之言，亲爱也。吾子之讨⑩，军礼也。寡人有弟，弗能教训，使干大命⑪，寡人之过也。子无重寡人之过⑫，敢以为请。”

注释

①日：往日。②斯司马：担任此司马之职。斯，此。

③顺：服从号令。④无犯：不犯军法。

⑤不武：军纪不好。

⑥死：死罪，司马执行军法不严是死罪。

⑦钺 yuè：兵器，形状似斧，行刑之器。

⑧死：通“尸”，呈送尸体。

司寇：古代中央政府中掌管司法和纠察的长官。

⑨跣：赤脚。形容晋悼公急于出见，不及着履。

⑩讨：执法讨罪。

⑪干：犯。大命：即军法。

⑫重：加重。

译文

晋悼公读他的上书，上面说："往日君王缺乏使唤的人，让下臣担任司马的职务。下臣听说'军队里的人服从军纪叫做武，在军队里做事宁死也不触犯军纪叫做敬'。君王会合诸侯，下臣岂敢不敬？君王的军队不武，办事的人不敬，没有比这更大的罪过了。下臣畏惧自己不敢执行军纪而触犯死罪，所以连累到扬干受戮，罪责无可逃避。下臣不能够事先训教全军，以致事后动用大刑，下臣的罪过很重，岂敢不服从惩罚来激怒君王呢？请求让下臣自杀后再将尸体交与司寇行刑。"晋悼公不及着履，光着脚就走出来，说："寡人的话，是出于对兄弟的亲爱；大夫杀杨干，是出于按军法从事。寡人有弟弟，没有能够教导他，而让他触犯了军令，这是寡人的过错。您不要赴死而加重寡人的过错，谨以此作为请求。"

晋侯以魏绛为能，以刑佐民矣①，反役②，与之礼食③，使佐新军。张老为中军司马，士富为候奄④。

注释

①以刑佐民：以法制人。

②反役：从盟会回国。

③礼食：公食大夫之礼。

④候奄：古代军中负责侦察敌情的官员。

译文

晋悼公认为魏绛能够以法制人，从盟会回国，对他行公食大夫之礼，派他为新军副帅。张老做中军司马，士富做了侦察长。

郑人赂晋侯以师悝、师触、师蠲[1]，广车、軘车淳十五乘[2]，甲兵备，凡兵车百乘，歌钟二肆[3]，及其镈磬[4]，女乐二八[5]。晋侯以乐之半赐魏绛，曰："子教寡人和诸戎狄，以正诸华。八年之中，九合诸侯[6]，如乐之和，无所不谐。请与子乐之。"辞曰："夫和戎狄，国之福也；八年之中，九合诸侯，诸侯无慝，君之灵也[7]，二三子之劳也，臣何力之有焉？抑臣愿君安其乐而思其终也！《诗》曰：'乐只君子，殿天子之邦。乐只君子，福禄攸同。便蕃左右，亦是帅从。'[8]夫乐以安德，义以处之，礼以行之，信以守之，仁以厉之[9]，而后可以殿邦国，同福禄，来远人，所谓乐也。《书》曰：'居安思危。'[10]思则有备，有备无患，敢以此规[11]。"

注释

①郑人：晋悼公。

师悝 kuī、师触、师蠲 juān：三人皆乐师。

②广车、軘 tún 车：皆兵车。广车，横阵之车；軘车，屯守之车。

淳：成对之意。

③歌钟：即"编钟"，古代铜制打击乐器。

肆：古代编悬乐器的单位，悬钟十六为肆。

④镈 bó：大钟。

磬：古代打击乐器，形状像曲尺，用玉、石制成，可悬挂。

⑤女乐 yuè：歌舞伎。二八：两行，每行八人，共十六人。

⑥九合：多次会盟。九是虚数。

⑦灵：威信，威灵。

⑧《诗》：指《诗经·小雅·桑扈之什·采菽》，文字略有不同。乐只：娱乐吧。殿：镇抚。便蕃：得到治理。帅从：即率从。

⑨厉：同“励”，勉励。

⑩《书》：所引文不见今《尚书》，《逸周书》有之，作“于安思危”。

⑪规：规劝。

译文

郑国人赠给晋悼公师悝、师触、师蠲三位乐师；配对的广车、軘车各十五辆，盔甲武器齐备，和其他战车一共一百辆；歌钟两架以及和它相配的镈和磬；歌舞女子十六人。晋悼公把乐队的一半赐给魏绛，说：“您教寡人同各部落戎狄讲和以整顿中原诸国，八年中间多次会合诸侯，好像音乐的和谐，没有地方不协调，请和您一起享用这些。”魏绛辞谢说：“同戎狄讲和，这是国家的福气。八年中间多次会合诸侯，诸侯没有什么不顺从的，这是由于君王的威信，也是由于其他臣子的功劳，下臣尽过什么力呢？然而下臣希望君王既安于这种快乐，而又想到它的终结。《诗经》说：‘快乐啊君子，镇抚天子的家邦。快乐啊君子，他的福禄和别人同享。治理好附近的小国，使他们相率服从。’音乐是用来巩固德行的，用道义对待它，用礼仪推行它，用信用保守它，用仁爱勉励它，然后能用来安定邦国、同享福禄、招来远方的人前来顺服，这就是所说的乐。《尚书》说：‘居安思危。’想到了就要有所防备，有了防备就没有祸患。谨以此向君王规劝。”

公曰："子之教，敢不承命。抑微子[1]，寡人无以待戎，不能济河。夫赏，国之典也，藏在盟府[2]，不可废也，子其受之！"魏绛于是乎始有金石之乐，礼也。

注释

①抑：语助词。微：没有。

②盟府：古代掌管保存盟约文书的官府。

译文

晋悼公说："您的教诲，岂敢不接受训示！而且要是没有您，寡人无法对付戎人，又不能渡过黄河。赏赐，是国家的典章，藏在盟府，不能废除的。您还是接受吧！"魏绛从这时开始才有了金石之乐，这是合于礼的。

魏绛论和戎

襄公四年

无终子嘉父使孟乐如晋[①]，因魏庄子纳虎豹之皮[②]，以请和诸戎。晋侯曰:“戎狄无亲而贪，不如伐之。”魏绛曰:“诸侯新服，陈新来和[③]，将观于我[④]，我德则睦，否则携贰[⑤]。劳师于戎，而楚伐陈，必弗能救，是弃陈也，诸华必叛[⑥]。戎，禽兽也，获戎失华，无乃不可乎？《夏训》有之曰[⑦]:‘有穷后羿[⑧]。’”公曰:“后羿何如？”对曰:“昔有夏之方衰也，后羿自鉏迁于穷石[⑨]，因夏民以代夏政[⑩]。恃其射也，不修民事而淫于原兽[⑪]。弃武罗、伯困、熊髡、龙圉而用寒浞[⑫]。寒浞，伯明氏之谗子弟也[⑬]。伯明后寒弃之[⑭]，夷羿收之，信而使之，以为己相[⑮]。浞行媚于内而施赂于外[⑯]，愚弄其民而虞羿于田[⑰]，树之诈慝以取其国家[⑱]，外内咸服[⑲]。羿犹不悛[⑳]，将归自田，家众杀而亨之[㉑]，以食其子。其子不忍食诸，死于穷门[㉒]。靡奔有鬲氏[㉓]。浞因羿室[㉔]，生浇及豷[㉕]，恃其谗慝诈伪而不德于民。使浇用师，灭斟灌及斟寻氏[㉖]。处浇于过[㉗]，处豷于戈[㉘]。靡自有鬲氏，收二国之烬[㉙]，以灭浞而立少康[㉚]。少康灭浇于过，后杼灭豷于戈[㉛]。有穷由是遂亡，失人故也。昔周辛甲之为大史也[㉜]，命百官，官箴王阙[㉝]。于《虞人之箴》曰[㉞]:‘芒芒禹迹[㉟]，画为九州，经启九道[㊱]。民有寝庙[㊲]，兽有茂草，各有攸处[㊳]，德用不扰[㊴]。在帝夷羿，冒于原兽[㊵]，忘其国恤[㊶]，而思其麀牡[㊷]。武不可重[㊸]，用不恢于夏家[㊹]。兽臣司原[㊺]，敢告仆夫[㊻]。’《虞箴》如是，可不惩乎？”于是晋侯好田，故魏绛及之。

注释

①无终：山戎国名。子：戎狄之君称为“子”。
嘉父：其君名。孟乐：山戎使者。
②魏庄子：即魏绛。
③陈新来和：襄公三年（前570年），陈叛楚从晋。
④观于我：观察晋国的行为。
⑤携贰：怀有二心，背离。
⑥诸华：指中原诸侯。
⑦《夏训》：即《夏书》，为《尚书》的一部分。
⑧有穷：夏时国名，在今河南。后：君主。
羿：君名，又称夷羿。
⑨鉏 chú：今河南滑县。
⑩因：用，凭借。
⑪淫：沉溺。原兽：野兽，指打猎。
⑫武罗、伯困、熊髡 kūn、龙圉 yǔ：皆羿之贤臣。
寒：夏时部落名，其地在今山东潍县。浞 zhuó：人名。
⑬伯明：寒君之名。
⑭伯明后寒：即寒君伯明。
⑮相：辅佐。
⑯行媚于内：献媚于后羿之妻。
⑰虞：通“娱”，言使后羿以打猎为乐。
⑱树：立。诈慝：奸诈邪恶。
⑲咸：全，都。
⑳悛 quān：悔改。
㉑亨 pēng：通“烹”，煮。
㉒穷门：穷国之门。

㉓靡：夏大臣。有鬲氏：夏时部落名，其地在今山东德州市。

㉔羿室：羿的妻室。

㉕殪：音 yì。

㉖斟灌：夏时部落名，其地在今山东省寿光县东北。
斟寻氏：夏时部落名，其地在今山东省潍坊境内。

㉗过：夏时部落名，其地在今山东莱州。

㉘戈：夏时部落名。

㉙烬：遗民。

㉚少康：夏之君主。

㉛后杼 zhù：少康之子。

㉜辛甲：原殷臣，事纣王，后归之文王任以公卿，封于长子。

㉝箴 zhēn：规劝。阙：同“缺”，缺点，过失。

㉞虞人：掌田猎之官。其箴称《虞人之箴》。

㉟芒芒：悠远貌，久长貌。禹迹：相传夏禹治水，足迹遍于九州，以此指中国的疆土。

㊱经启：经略开通。九道：九州的道路。

㊲寝庙：住宅和宗庙。

㊳攸：处所。

㊴用：因此。扰：乱。

㊵冒：贪。

㊶国恤：国家的忧患，危难。

㊷麀 yōu 牡：泛指禽兽。麀，雌鹿。牡，公兽。

㊸武：武事，指田猎。不可重：不可过度。

㊹用：因此，由此。恢：发扬，扩大。

㊺兽臣：虞人自称。司原：主管田猎的官。

㊻仆夫：仆役之人，即左右。封建君主等级制度下，若非亲近之臣，欲有所言须通过国君左右传达。

译文

无终子嘉父派遣孟乐去到晋国，依靠魏庄子的关系，进献了虎豹的皮革，以请求晋国和各部戎人讲和。晋悼公说：“戎狄没有什么亲近的人而且贪婪，不如进攻他们。”魏庄子说：“诸侯新近顺服，陈国刚刚前来讲和，都在观察我们的行动。我们有德，就亲近我们，不然的话，就背离我们。在戎人那里去用兵，如果楚国进攻陈国，一定不能去救援，这就是抛弃陈国了。中原诸国一定背叛我们。戎人，禽兽而已。得到戎人而失去中原，恐怕不可以吧！《夏训》有这样的话：‘有穷氏的后羿。’”晋悼公说：“后羿怎么样？”魏庄子回答说：“从前夏朝刚刚衰落的时候，后羿从鉏地迁到穷石，依靠夏朝的百姓取代了夏朝政权。后羿凭借着他的射箭技术，不致力于治理百姓而沉溺于打猎，抛弃了武罗、伯因、熊髡、龙圉等贤臣而任用寒浞。寒浞，是伯明氏的奸邪子弟，寒君伯明丢弃了他。后羿收留了他，信任并且任用他，让他作为自己的辅助之臣。寒浞对后羿的妻室献媚，对外广施财物，愚弄百姓而使后羿专以打猎为乐。使奸诈邪恶之念肆意滋长，取得了后羿的国和家，外部和内部全都顺从归服。后羿还是不肯悔改，快要从打猎的地方回来时，他家中的手下人把他杀了并煮熟，让他的儿子吃，他的儿子不忍心吃，又被杀死在穷国的城门口。靡逃亡到有鬲氏。寒浞占有了后羿的妻妾，生下浇和豷，仗着他的奸诈邪恶，对百姓不施恩德，派浇带兵，灭了斟灌和斟寻氏。让浇住在过地，让豷住在戈地。靡从有鬲氏那里聚集了这两国的遗民，灭亡了寒促而立了少康。少康在过地灭掉了浇，后来杼在戈地灭掉了豷，有穷氏从此就灭亡了，这是由于失去贤人的缘故。从前周朝的辛甲做太史的时候，命令百官都规劝天子的过失。在《虞人之箴》里说：‘辽远的中华国土，分为九州，经略开通了许多大道。百姓有屋有庙，野兽有丰茂的青草；各得其所，他们因此互不干扰。后羿身居帝位，贪恋着打猎，忘记了国家的忧患，想到的只是飞鸟走兽。田猎不能过度，太多就不能扩大夏后氏的国家。主管田猎的下臣，谨以此向君王左右的人报告。’《虞箴》是这样说，难道能不以此警示告诫吗？”当时晋悼公喜欢打猎，所以魏庄子提到这件事。

公曰：“然则莫如和戎乎？”对曰：“和戎有五利焉：戎狄荐居①，贵货易土②，土可贾焉③，一也。边鄙不耸④，民狎其野⑤，穑人成功⑥，二也。戎狄事晋，四邻振动，诸侯威怀⑦，三也。以德绥戎⑧，师徒不勤，甲兵不顿⑨，四也。鉴于后羿，而用德度⑩，远至迩安，五也。君其图之！”公说，使魏绛盟诸戎，修民事，田以时⑪。

注释

①荐居：逐水草而居。荐，草。

②易：轻视。③贾：买。

④耸：通“悚”，惊惧。

⑤狎：习惯。

⑥穑 sè 人：农夫。

⑦威怀：畏威怀德。

⑧绥：安抚。

⑨顿：坏。

⑩德度：道德法度。

⑪田以时：按照时令，农闲之时去田猎。

译文

晋悼公说：“然而没有比跟戎人讲和更好的办法了吗？”魏庄子回答说：“跟戎人讲和有五点好处：戎狄逐水草而居，重视财货而轻视土地，他们的土地可以收买，这是一；边境不再有所警惧，百姓安心在田野里耕作，耕种的人可以完成任务，这是二；戎狄事奉晋国，四边的邻国震动，诸侯因为我们的威严而慑服，因为我们的德行而被安抚，这是三；用德行安抚戎人，将士不辛劳，武器不损坏，这是四。以后羿的教训为鉴，而利用道德法度，远国前来归顺而近国得到安心，这是五。还请君王再做谋划吧！”晋悼公听了很高兴，派遣魏庄子与各部戎人会盟讲和，又致力于治理百姓，依照时令去打猎。

子罕弗受玉

襄公十五年

宋人或得玉①，献诸子罕。子罕弗受。献玉者曰："以示玉人②，玉人以为宝也③，故敢献之。"子罕曰："我以不贪为宝，尔以玉为宝，若以与我，皆丧宝也④。不若人有其宝⑤。"稽首而告曰："小人怀璧，不可以越乡⑥。纳此以请死也⑦。"子罕置诸其里⑧，使玉人为之攻之，富而后使复其所⑨。

注释

①或：有人。②玉人：雕琢玉器的工人。

③宝：指珍贵的东西。

④皆丧宝也：意为两个人都失去珍贵的东西。

指献玉者失去玉，子罕因受贿而失去廉洁的品质。

⑤不若：不如。⑥越乡：走回自己家乡。

⑦纳此：收纳此物。⑧其里：子罕所居之里。

⑨富：指卖玉而使其富之。复其所：指送宋人还乡。

译文

宋国有人得了一块美玉，献给子罕。子罕不肯接受。献玉的人说："我把它拿给玉工看过了，玉工认为是宝物，所以才敢进献。"子罕说："我把不贪婪当宝物，你把美玉当宝物，如果把玉给了我，我们两人都丧失了宝物，不如各自保有自己的宝物。"献玉人叩头告诉子罕说："小人带着这块美玉，不能安全地回乡，把它献给您是求免于一死。"于是子罕把美玉收下，让玉工雕琢后卖出去，使献玉的人富有后才让他回乡。

襄公十九年

荀偃之死

荀偃瘅疽[1]，生疡于头[2]。济河，及著雍[3]，病，目出[4]。大夫先归者皆反[5]。士匄请见[6]，弗内[7]。请后[8]，曰："郑甥可[9]。"二月甲寅，卒，而视[10]，不可含[11]。宣子盥而抚之[12]，曰："事吴[13]，敢不如事主！[14]"犹视。栾怀子曰[15]："其为未卒事于齐故也乎[16]？"乃复抚之曰："主苟终，所不嗣事于齐者，有如河[17]！"乃瞑[18]，受含。宣子出，曰："吾浅之为丈夫也[19]。"

注释

①荀偃：即中行献子，时为晋执政大臣。

瘅疽 dānjū：恶疮。

②疡 yáng：头皮的溃烂。

③著雍：晋国地名，其址不详。

④目出：眼睛突出。

⑤反：同"返"，即从国都返回探望荀偃。

⑥士匄：即范宣子。

⑦内：同"纳"，接纳。

⑧请后：请问何人可以做继承人。

⑨郑甥：郑国的外甥，即郑国姬妾所生子，指荀吴。

⑩视：睁着眼。

⑪不可含：谓嘴紧闭，无法置珠玉于其中。

含，古人将珠玉之类放入死者口中谓之含。

⑫盥 guàn：盥洗。

⑬吴：即荀偃之子荀吴。

⑭主：指荀偃。意谓将像侍奉荀偃一样侍奉其子。

⑮栾怀子：即栾盈。

⑯未卒事：未能继续对齐国的战事。

⑰有如河：有黄河为证，此为当时誓词惯用语。

⑱暝：瞑目。

⑲浅之：谓其以私事浅薄度量荀偃了。

译文

荀偃长了恶疮，痈疽生在头部。渡过黄河，到达著雍，病情加重，眼珠子都鼓了出来。先回去的大夫都从国都返回来探望。士匄请求进见，荀偃不接见。派人请问何人可以做继承者，荀偃说："郑国的外甥可以。"二月甲寅日，荀偃逝去，眼睛睁着，口紧闭，无法放进珠玉。士匄盥洗之后抚摸尸体，说："事奉荀吴，岂敢不如事奉主上您！"荀偃的尸体仍然不能合眼。栾怀子说："是为了齐国的战事没有完成的缘故吗？"就又抚摸着尸体说："您如果死去以后，我不继续从事于齐国的事情，有河神为证！"荀偃这才闭了眼，接受了放进嘴里的含玉。士匄出去，说："荀偃是心系国事的大丈夫，我实在是太浅薄了。"

襄公二十一年
祁奚请免叔向

人谓叔向曰[①]："子离于罪[②]，其为不知乎[③]？"叔向曰："与其死亡若何[④]？《诗》曰：'优哉游哉，聊以卒岁[⑤]。'知也。"

注释

①叔向：晋国大夫。

②离：通"罹"。遭遇，遭受。罪：叔向此时因受其弟叔虎的牵连而入狱，为连坐之罪。

③知：同"智"，聪明，智慧。

④死亡：死去和逃亡。

⑤《诗》曰句：古佚诗，今本《诗经·小雅·采菽》有上句，作"优哉游哉，亦是戾也。"叔向引之以表示自己不介入政治纷争，优游处事为上。

聊以卒岁：就这样度过一年又一年。

译文

有人对叔向说："您遭受连坐之罪，恐怕是不聪明吧！"叔向说："比起死去和逃亡来怎么样？《诗经》说'优游处事多么逍遥自在，聊且这样来度过岁月'，这才是聪明啊！"

乐王鲋见叔向曰[①]："吾为子请！"叔向弗应。出，不拜。其人皆咎叔向[②]。叔向曰："必祁大夫[③]。"室老闻之[④]，曰："乐王鲋言于君无不行，求赦吾子，吾子不许。祁大夫所不能也，而曰'必由之'，何也？"叔向曰："乐王鲋，从君者也[⑤]，何能行？祁大夫外举不弃仇[⑥]，内举不失亲，其独遗我乎[⑦]？《诗》曰：'有觉德行，四国顺之[⑧]。'夫子，觉者也[⑨]。

注释

①乐王鲋：姓乐名王鲋，晋大夫，晋王宠臣。

②咎：归罪，责备。

③祁大夫：即祈奚。

④室老：卿大夫有家臣，室老为家臣之长，管理家族日常事务。

⑤从君者：凡事逢迎君主之人。

⑥外举：举荐外族之人。不弃仇：不排斥自己的仇人。

⑦遗：舍弃，放弃。

⑧《诗》：指《诗经·大雅·抑》。
觉：正直。四国：四方各国。

⑨觉者：正直的人。

译文

乐王鲋去见叔向，说："我为您去请求免罪。"叔向不回答。乐王鲋退出，叔向不拜送。叔向的手下人都责备叔向。叔向说："能使我免罪的一定要祈奚大夫。"叔向的家臣头领听到了，说："乐王鲋对国君请求的，没有不答应的，他想请求赦免您，您又不答应。这是祁大夫所做不到的，您却说一定要由祁大夫去办，这是为什么？"叔向说："乐王鲋，是个凡事都逢迎国君的人，怎么能行？祁大夫举荐宗族外的人不放弃仇人，举拔宗族内的人不回避亲人，难道会只忘掉不救我吗？《诗经》说：'有正直的德行，使四方的国家归顺。'他这个人是正直的人啊！"

晋侯问叔向之罪于乐王鲋，对曰："不弃其亲，其有焉[①]。"于是祁奚老矣，闻之，乘驲而见宣子[②]，曰："《诗》曰：'惠我无疆，子孙保之。'[③]《书》曰：'圣有谟勋，明征定保。'[④]夫谋而鲜过[⑤]，惠训不倦者，叔向有焉，社稷之固也[⑥]。犹将十世宥之[⑦]，以劝能者[⑧]。今壹不免其身，以弃社稷，不亦惑乎？鲧殛而禹兴[⑨]。伊尹放大甲而相之[⑩]，卒无怨色。管、蔡为戮，周公右王[⑪]。若之何其以虎也弃社稷[⑫]？子为善，谁敢不勉？多杀何为？"宣子说，与之乘[⑬]，以言诸公而免之。不见叔向而归。叔向亦不告免焉而朝[⑭]。

注释

①不弃其亲，其有焉：意谓叔向不会背弃他的亲人，他可能是叛乱策划的同谋。

②驲 rì：古代驿站专用的车，即传车。

③《诗》：指《诗经·周颂·烈文篇》。

④《书》曰句：出自《尚书·胤征》。谟 mó：谋略。勋：功勋。征：证明。意谓圣贤有谋略而建立功勋，当明证而安定之。

⑤鲜：鲜有，少有。

⑥社稷之固：国之栋梁。

⑦十世：十代。宥 yòu：宽恕，饶恕。

⑧劝：鼓励，勉励。

⑨鲧 gǔn：夏禹之父，奉尧命治水，九年未成，被殛于羽山。殛 jí：诛杀。禹兴：禹治水成功，并得到帝位。鲧治水无功被杀，其子禹治水成功。意谓不以父罪废其子。

⑩伊尹：商初大臣。名伊，尹是官名。大甲：即太甲，商

王。太甲即位后，因破坏汤法、不理国政，被伊尹放逐。三年后太甲悔过，又被他接回复位，重新辅佐。意谓不以一怨妨大德。

⑪管、蔡为戮，周公右王：武王死后，成王幼年即位，由周公旦辅政。周公的弟弟管叔、蔡叔发动叛乱，被周公杀死。右王，辅佐成王，右，通“佑”，辅佐。意谓兄弟之罪不相及。

⑫虎：指羊舌虎。社稷：指社稷之臣叔向。

⑬与之乘：与祈奚同乘一辆车。

⑭不告免：不向祈奚通告已被赦免。

译文

晋平公向乐王鲋询问叔向的罪过，乐王鲋回答说：“叔向不会背弃他的亲人，他可能是其弟叛乱策划的同谋。”当时祁奚已经告老还乡，听说这个情况，坐上驿站的快车去拜见范宣子，说：“《诗经》说：‘惠训之德，给予百姓，无有边际，子子孙孙，赖以保持。’《尚书》说：‘圣贤之人有谋略而建立功勋，应当明证而相信保有。’说到谋划而少有过错，教化别人而不知疲倦的，叔向就有这样的能力，他是国家的栋梁。即使他的十代子孙有过错还要予以赦免，以此来勉励有能力的人。现在一旦不免其祸而死，放弃国家，这不也会使人困惑吗？鲧被诛戮而其子禹却兴起；伊尹放逐太甲又做了他的宰相，太甲始终没有怨色；管叔、蔡叔被诛戮，周公仍然辅佐成王，兄弟之罪不牵扯。为什么叔向要因为他的弟弟叔虎而被杀呢？您做了好事，谁敢不努力？多杀人做什么？”宣子听后很高兴，和祁奚共乘一辆车，向晋平公劝说而赦免了叔向。祁奚不去见叔向就回去了，叔向也不向祁奚拜谢他已得赦，就直接去上朝了。

叔孙豹论朽
襄公二十四年

二十四年春，穆叔如晋[①]。范宣子逆之[②]，问焉，曰："古人有言曰，'死而不朽'，何谓也？"穆叔未对。宣子曰："昔匄之祖[③]，自虞以上[④]，为陶唐氏[⑤]，在夏为御龙氏[⑥]，在商为豕韦氏[⑦]，在周为唐杜氏[⑧]，晋主夏盟为范氏[⑨]，其是之谓乎？"穆叔曰："以豹所闻，此之谓世禄[⑩]，非不朽也。鲁有先大夫曰臧文仲，既没，其言立[⑪]。其是之谓乎？豹闻之：'大上有立德[⑫]，其次有立功，其次有立言。'虽久不废，此之谓不朽。若夫保姓受氏[⑬]，以守宗祊[⑭]，世不绝祀，无国无之，禄之大者，不可谓不朽。"

注释

①穆叔：鲁国大夫叔松豹。

②范宣子：晋国执政大臣。逆：迎接。

③匄：即范宣子，名士匄。祖：先祖。

④虞：指虞舜时期。

⑤陶唐氏：帝尧初被封于陶，后迁于唐，所以被称为陶唐氏。

⑥御龙氏：陶唐氏之后刘累，辞氏御龙。

⑦豕 shǐ 韦氏：夏王少康封颛顼后代元哲于豕韦，故地在今河南省滑县。

⑧唐杜氏：周成王时，唐被灭。唐贵族迁到杜，为伯爵国，称唐杜氏。

⑨晋主夏盟：为中原诸国盟主的晋国。

⑩世禄：世代享受的俸禄。

⑪言立：其言传诵不绝。立，存在。

⑫大上：太上，最上等的。立：树立，建立。

⑬姓：世代保持贵族地位。受氏：接受封号。

⑭宗祊 bēng：宗庙。

译文

鲁襄公二十四年春季，穆叔到了晋国，范宣子迎接他，询问他，说："古人有话说，'死而不朽'，这说的是什么？"穆叔没有回答。范宣子说："从前匄的祖先，从虞舜以上是陶唐氏，在夏朝是御龙氏，在商朝是豕韦氏，在周朝是唐杜氏，晋国主持中原的盟会的时候是范氏，恐怕不朽所说的就是这个吧！"穆叔说："据豹所听闻的，这叫做世禄，并不是不朽。鲁国有一位先大夫叫臧文仲，虽然人已故去，他的言论却世代不废，所谓不朽，说的就是这个吧！豹听说：'最上等的是树立德行，其次是树立功业，再次是树立言论。'能做到这样，虽然故去很久，也不会被废弃，这叫做不朽。像这样世代保持贵族地位，接受封号，守住宗庙，世世代代不断绝祭祀。没有一个国家没有这种情况的。这只是官禄中的大的而已，不能说是不朽。"

子产告范宣子轻币
襄公二十四年

范宣子为政，诸侯之币重①。郑人病之②。二月，郑伯如晋③。子产寓书于子西以告宣子④，曰："子为晋国，四邻诸侯，不闻令德⑤，而闻重币，侨也惑之⑥。侨闻君子长国家者⑦，非无贿之患，而无令名之难。夫诸侯之贿聚于公室⑧，则诸侯贰。若吾子赖之⑨，则晋国贰。诸侯贰，则晋国坏。晋国贰，则子之家坏。何没没也⑩！将焉用贿？夫令名，德之舆也⑪。德，国家之基也。有基无坏，无亦是务乎⑫！有德则乐，乐则能久。《诗》云：'乐只君子，邦家之基。'有令德也夫！'上帝临女，无贰尔心。'⑬有令名也夫！恕思以明德⑭，则令名载而行之，是以远至迩安。毋宁使人谓子'子实生我⑮'，而谓'子浚我以生⑯'乎？象有齿以焚其身，贿也。"宣子说，乃轻币。

注释

①币：指诸侯向晋国进献的礼物。

②病：不堪。③郑伯：指郑简公。

④寓书：传递书信。

子西：即郑国大夫公孙夏，此次随晋公行。

⑤令德：美德。

⑥侨：子产之名。惑：困惑不解。

⑦长：治理。⑧公室：指晋国王室。

⑨吾子：对对方的敬爱之称。赖：利，指占为己有。

⑩没没：犹"昧昧"，糊涂。⑪舆：车子。

⑫无亦：不也是。务：致力于。

⑬《诗》云句：上句出自《诗经·小雅·南山有台》。下句出自《诗经·大雅·大明》。

⑭恕思：谓以宽厚之心去考虑事情。明德：昭明德行。

⑮子实生我：你确实养活了我。

⑯子浚我以生：你压榨了我以养活自己。浚，压榨，剥削。

译文

晋国范宣子主持政事，诸侯向晋国进献的贡品很重，郑国人很难承受。二月，郑简公去到晋国，子产请子西捎带书信给范宣子，说："您治理晋国，四邻的诸侯没听说您的美德，只听说您要很重的贡品，侨对这种情况感到困惑。侨听说君子治理国和家，不为没有财礼担忧，而是为没有好名声而担忧。诸侯的财货，聚集在国君的宗室，诸侯就会离心。如果您把这些占为己有，晋国的内部就不和。诸侯离心，晋国就受到损害。晋国的内部不和，您的家室就受到损害。为什么那么糊涂呢！哪里用得着财货？美好的名声，是装载德行的车子。德行，是国家和家族的基础。有基础才不至于毁坏，您不也应该致力于此吗？有了德行就快乐，快乐了就能长久。《诗经》说：'快乐啊君子，是国家和家族的基础。'这说的就是有美德吧！'天帝面看着你，你不要有二心'，这说的就是有好名声吧！用宽厚的心思来昭明德行，那么好名就会载着德行传布天下，因此远方的人会因仰慕而来，近处的人也会安下心来。您是宁可让人对您说'您确实养活了我'，还是说'您榨取了我们来养活自己'呢？象有了象牙而毁灭了自身，这是由于象牙值钱的缘故。"范宣子听了子产的这番道理之后很高兴，就减轻了诸侯上贡的额度。

崔杼弑齐庄公
襄公二十五年

齐棠公之妻[1]，东郭偃之姊也[2]。东郭偃臣崔武子[3]。棠公死，偃御武子以吊焉[4]。见棠姜而美之[5]，使偃取之[6]。偃曰："男女辨姓[7]，今君出自丁[8]，臣出自桓[9]，不可。"武子筮之，遇《困》䷮之《大过》䷛[10]。史皆曰："吉。"[11]示陈文子，文子曰："夫从风[12]，风陨[13]，妻不可娶也。且其《繇》曰[14]：'困于石[15]，据于蒺藜，入于其宫，不见其妻，凶。''困于石'，往不济也[16]。'据于蒺藜'[17]，所恃伤也[18]。'入于其宫，不见其妻，凶'，无所归也[19]。"崔子曰："嫠也何害[20]？先夫当之矣。"遂取之。

注释

①棠公：棠邑大夫。

②东郭偃：崔武子家臣。

③崔武子：崔杼，齐国大夫。

④御：为……驾车。吊：吊唁。

⑤棠姜：已死的棠姓大夫的遗孀。

⑥取：同"娶"，即为崔杼娶棠姜为妻。

⑦辨：区别。

⑧丁：齐丁公，齐太公之子，姜姓。

⑨桓：齐桓公，姜姓。

⑩《困》：坎下兑上为《困》卦。

《大过》：巽 xùn 下兑上为《大过》卦。

⑪史：卦师。吉：依卦而言，兑为少女，坎为中男，两者相配，故曰吉。

⑫夫从风：依卦而言，坎为中男故曰夫，变而为巽，巽为风，故曰从风。

⑬风陨：坎变为巽，即中男变作风，风为陨落之物，故此卦有夫妻相伤之相。

⑭繇 zhòu：卦辞。

⑮困于石：此为《困》卦卜辞，坎为险阻，故有此说。

⑯济：成功。

⑰蒺藜 jílí：草本植物，果实有刺。

⑱恃：依靠，依仗。

⑲无所归：无家可归。

⑳嫠 lí：寡妇。

译文

齐国棠公的妻子，是东郭偃的姐姐。东郭偃是崔武子的家臣。棠公死，东郭偃为崔武子驾车前去吊唁。崔武子看到棠姜很美，便很喜爱她，让东郭偃为他娶过来。东郭偃说："男女婚配要辨别姓氏，现在您是丁公的后代，下臣是桓公的后代，同姓不可通婚啊！"崔武子为之占筮，得到《困》卦变成《大过》卦，卦师都说"吉利"。拿给陈文子看，陈文子说："丈夫跟从风，风为陨落之物，此妻不能娶的。而且它的卦辞说：'为石头所困，据守在蒺藜中，走进屋，不见妻，凶。''为石头所困'，这意味前去不能成功。'据守在蒺藜中'，这意味所依靠的东西会使人受伤。'走进屋，不见妻，凶'，这意味无所归宿。"崔武子说："她是寡妇，有什么妨碍？死去的丈夫已经承担过这凶兆了。"于是崔武子就娶了棠姜。

庄公通焉[①]，骤如崔氏[②]。以崔子之冠赐人[③]，侍者曰："不可。"公曰："不为崔子，其无冠乎[④]？"崔子因是，又以其间伐晋也[⑤]，曰："晋必将报。"欲弑公以说于晋[⑥]，而不获间。公鞭侍人贾举而又近之，乃为崔子间公[⑦]。

注释

①通：私通，通奸。

②骤：屡次，多次。

③崔子之冠：崔武子的帽子。

④不为崔子，其无冠乎：意谓除了崔杼，难道别人就没有这样的帽子吗。谓别人不知此乃崔杼之冠。

一说言不用崔子之冠，岂无他冠可用乎。

⑤间 jiàn：机会，空子。此指晋国内乱的机会。

⑥说：同"悦"，取悦。

⑦间：窥伺。

译文

齐庄公和棠姜私通，经常到崔家去，把崔武子的帽子赐给别人。侍者说："不行。"齐庄公说："除了崔杼，难道别人就没有这样的帽子吗？"崔武子由此怀恨齐庄公，又因为齐庄公乘晋国动乱之际而进攻晋国，说："晋国必然要报复。"崔武子想要杀死齐庄公来讨好晋国，但又没有得到机会。齐庄公鞭打了侍奉他的贾举，后来又亲近贾举，贾举就为崔武子窥察时机杀死齐庄公。

夏五月，莒为且于之役故[1]，莒子朝于齐。甲戌，飨诸北郭[2]。崔子称疾，不视事[3]。乙亥，公问崔子[4]，遂从姜氏。姜入于室，与崔子自侧户出。公拊楹而歌[5]。侍人贾举止众从者，而入闭门。甲兴[6]，公登台而请[7]，弗许；请盟[8]，弗许；请自刃于庙，勿许。皆曰："君之臣杼疾病[9]，不能听命。近于公宫[10]，陪臣干掫有淫者[11]，不知二命[12]。"公逾墙。又射之，中股，反队[13]，遂弑之。

注释

①莒 jǔ：诸侯国名，在今山东省莒县一带。

且于之役：指襄公二十三年（前550年）齐国伐莒。

②飨 xiǎng：宴请。

③视事：指官吏到职办公。这里指崔杼不处理政务。

④问：探问，探望。

⑤拊 fǔ：拍打，轻击。楹 yíng：厅堂的前柱。

⑥甲兴：埋伏的甲兵出现。

⑦请：请求赦免。

⑧盟：约定释放的条件。

⑨疾病：重病。

⑩近于公宫：崔杼的住所与齐侯的宫室不远。

⑪陪臣：家臣对国君的自称之词。

干掫 zōu：巡夜打更，此指捉拿。

⑫不知二命：不知道有其他指令。意谓指服从崔杼的命令。

⑬反队：翻身跌入墙内。队，通"坠"，坠落。

译文

夏季，五月，莒国因为且于这次战役的缘故，莒子到齐国朝见。十六日，齐庄公在北城设宴招待他，崔武子推说有病，不处理政务。十七日，齐庄公去问候崔武子，乘机又与棠姜幽会。姜氏进入室内和崔武子从侧门出去。齐庄公拍着厅堂的柱子唱歌。侍人贾举把众多庄公的随从人员闭于门外，自己走进去，关上大门。埋伏的甲士们一哄而起，齐庄公登上高台请求赦免其死，众人不答应；请求约定释放的条件，众人不答应；请求在太庙自杀，还不答应。都说："君王的下臣崔杼病得厉害，不能听取您的命令。这里靠近君王的宫室，陪臣巡夜捉拿淫乱的人，奉崔杼命捕杀他，此外不知道有其他命令。"齐庄公跳墙，有人用箭射他，射中大腿，庄公翻身跌入墙内，于是就杀死了他。

贾举、州绰、邴师、公孙敖、封具、铎父、襄伊、偻堙皆死[①]。祝佗父祭于高唐[②]，至，复命[③]。不说弁而死于崔氏[④]。申蒯侍渔者[⑤]，退，谓其宰曰："尔以帑免[⑥]，我将死。"其宰曰："免，是反子之义也[⑦]。"与之皆死。崔氏杀鬷蔑于平阴[⑧]。

注释

①杜预注《春秋左氏经传集解》谓八人皆庄公宠爱的勇士。

②高唐：齐国君主的别庙，其地在今山东高唐县附近。

③复命：回报出使之命。

④说：通"脱"，摘下。弁 biàn：古代搭配礼服的一种帽子。

⑤侍渔者：负责渔业的官员。

⑥帑 nú：家室，此处指申蒯的妻和儿女。免：逃难。

⑦反子之义：违反了你所持的道义。

⑧鬷 zōng 蔑：庄公母党。鬷，姓氏。

平阴：地名，在今山东平阴县。

译文

贾举、州绰、邴师、公孙敖、封具、铎父、襄伊、偻堙都被杀死。祝佗父在高唐祭祀，到达国都，回复出使之命，还没有脱掉礼帽，就在崔武子家里被杀死。申蒯，是管理渔业的官员，从朝廷回来，对他的家臣主管说："你带着我的妻子儿女逃走以免祸难，我准备一死。"他的家臣主管说："如果我逃走，就是违背了您的道义了。"就和申蒯一起自杀。崔氏在平阴杀死了鬷蔑。

晏子立于崔氏之门外，其人曰："死乎？"[①]曰："独吾君也乎哉[②]？吾死也。"曰："行乎[③]？"曰："吾罪也乎哉？吾亡也[④]。""归乎？"曰："君死，安归？君民者[⑤]，岂以陵民[⑥]？社稷是主。臣君者，岂为其口实[⑦]，社稷是养。故君为社稷死，则死之；为社稷亡，则亡之。若为己死而为己亡，非其私暱[⑧]，谁敢任之？且人有君而弑之[⑨]，吾焉得死之，而焉得亡之？将庸何归？"

注释

①其人：晏子的随从。

②独吾君：只是我一个人的君主吗？

③行：出走，离开齐国。

④亡：同上文的"行"，逃跑之意。

⑤君民者：作为万民的君主。

⑥陵民：凌驾于民之上。

⑦口实：俸禄。

⑧私暱：个人所宠爱的人。

⑨人：指崔杼。有君：庄公为崔杼所立。

译文

晏子立在崔氏的门外边，他的左右随从说："要去死吗？"晏子说："只是我一个人的国君吗？我去死？"左右随从说："要出亡吗？"晏子说："是我的罪过吗？我逃走？"左右随从说："回去吗？"晏子说："国君死了，回到哪儿去？作为万民的君主，难道是用他的地位，来凌驾于万民之上？应当对整个国家负责。作为君主的臣下，难道是为了他的俸禄？应当为国家服务。所以君主为国家而死，那么臣子也就为他而死，如果君主为国家而逃亡，那么臣子也就为他而逃亡。如果君主为自己而死、为自己而逃亡，不是他个人宠爱的人，谁敢承担这个责任？而且别人立了君主反而杀死了他，我哪能为他而死？哪里能为他而逃亡？但是又能回到哪里去呢？"

门启而入，枕尸股而哭。兴[①]，三踊而出[②]。人谓崔子："必杀之！"崔子曰："民之望也[③]！舍之，得民。"卢蒲癸奔晋[④]，王何奔莒。

注释

①兴：起来。②踊：跳。三踊为丧礼动作。

③民之望：民心所向的人。望，希望，期望。

④卢蒲癸：杜预注本谓卢蒲癸与王何皆庄公党。

译文

开了大门，晏子进去，头枕在尸体的大腿上而号哭，哭完站起来，往上跳三次然后才出去。有人对崔武子说：“一定要杀了他！”崔武子说：“他是百姓所期望的人，放了他，可以得民心。”卢蒲癸逃亡到晋国，王何逃亡到莒国。

叔孙宣伯之在齐也[①]，叔孙还纳其女于灵公[②]。嬖[③]，生景公。丁丑，崔杼立而相之。庆封为左相。盟国人于大宫[④]，曰：“所不与崔、庆者……[⑤]”晏子仰天叹曰：“婴所不唯忠于君利社稷者是与，有如上帝。”乃歃[⑥]。辛巳，公与大夫及莒子盟。

注释

①叔孙宣伯：即叔孙侨如，鲁国大夫，于成公十六年（前575年）逃到齐国。

②叔孙还：齐公子。

③嬖 bì：受到宠爱。

④盟：在神前宣誓，结盟。大宫：太公庙。

⑤不与：不亲附。杨伯峻《春秋左传注》：“读盟辞未必，晏婴插言改之。”

⑥歃 shà：喝，饮。特指盟约时歃血。

译文

叔孙宣伯在齐国的时候，叔孙还把叔孙宣伯的女儿嫁给齐灵公，受到宠爱，生了齐景公。丁丑日，崔武子拥立景公为国君而自己出任宰相，庆封做左相，和国人在太公的宗庙宣誓结盟，念誓词道：“有不亲附崔氏、庆氏的……”还没念完，晏子向天叹气说：“婴如果不依附忠君利国的人，有天帝为证！”然后就歃血定盟。辛巳日，齐景公和大夫以及莒子结盟。

大史书曰：“崔杼弑其君。”崔子杀之。其弟嗣书而死者[1]，二人。其弟又书，乃舍之[2]。南史氏闻大史尽死[3]，执简以往。闻既书矣，乃还。

注释

①嗣：继承，接续。

②舍：释放。

③南史氏：古代史官，有南史氏，大史氏。

译文

太史记载说：“崔杼杀了他的国君。”崔武子杀死了太史。他的弟弟接着这样写也被杀，因而死了两人。太史还有一个弟弟又这样写，崔武子就没再杀了。南史氏听说太史都死了，拿了照样写好了的竹简前去，听到已经如实记载了，这才回去。

蔡声子论晋用楚材
襄公二十六年

初，楚伍参与蔡太师子朝友[①]，其子伍举与声子相善也[②]。伍举娶于王子牟[③]，王子牟为申公而亡[④]，楚人曰："伍举实送之[⑤]。"伍举奔郑，将遂奔晋。声子将如晋，遇之于郑郊，班荆相与食[⑥]，而言复故[⑦]。声子曰："子行也！吾必复子。"及宋向戌将平晋、楚[⑧]，声子通使于晋。还如楚，令尹子木与之语[⑨]，问晋故焉，且曰："晋大夫与楚孰贤？"对曰："晋卿不如楚，其大夫则贤，皆卿材也。如杞、梓、皮革[⑩]，自楚往也。虽楚有材，晋实用之。"子木曰："夫独无族姻乎[⑪]？"

注释

①伍参：伍奢的祖父，伍子胥的曾祖父。

子朝：公子朝，蔡文公之子，为蔡国太师。

②伍举：伍奢的父亲。声子：子朝之子，即公孙归生。

③王子牟：楚国公子，曾为申公。

④申公：楚申邑长官。亡：逃亡。

⑤送：护送。

⑥班荆：铺草为席而坐。班，别，分开。引申为摊开，铺开。荆，草木。

⑦复故：返回楚国的事。故，事。

⑧向戌：宋国大夫，又称左师。平：讲和，和解。

⑨子木：屈建，楚国令尹。

⑩杞梓：楚国出产的两种优质木材。

⑪夫：指晋。族姻：同族子弟和有姻亲的人。

译文

当初，楚国的伍参和蔡国的太师子朝友好，他的儿子伍举和声子也互相友好。伍举娶了王子牟的女儿为妻。王子牟做申邑长官时获罪逃亡，楚国人说：“伍举实际上护送了他。”伍举逃亡到郑国，准备再逃亡到晋国。声子将要去到晋国，在郑国郊外碰到了他，两人铺草为席坐在上面一起吃东西，谈到伍举回楚国的事，声了说：“您走吧，我 定让您回去。”等到宋国的向戌准备调解晋国和楚国的关系，声子出使到晋国，回国时到了楚国，令尹子木和他谈话，询问晋国的情况，而且说：“晋国的大夫和楚国的大夫谁更贤明？”声子回答说：“晋国的卿比不上楚国，但晋国的大夫是贤明的，都是当卿的人才。就如杞木、梓木、皮革，都是楚国运去的。虽然楚国有人才，晋国却实在使用了他们。”子木说：“晋国没有同宗和亲戚做大夫吗？”

对曰：“虽有，而用楚材实多。归生闻之[①]：‘善为国者，赏不僭而刑不滥[②]。’赏僭，则惧及淫人[③]；刑滥，则惧及善人。若不幸而过，宁僭无滥。与其失善，宁其利淫。无善人，则国从之[④]。《诗》曰：‘人之云亡，邦国殄瘁。’[⑤]无善人之谓也。故《夏书》曰：‘与其杀不辜，宁失不经。’[⑥]惧失善也。《商颂》有之曰：‘不僭不滥，不敢怠皇，命于下国，封建厥福。’[⑦]此汤所以获天福也。古之治民者，劝赏而畏刑[⑧]，恤民不倦[⑨]。赏以春夏，刑以秋冬。是以将赏，为之加膳，加膳则饫赐[⑩]，此以知其劝赏也。将刑，为之不举[⑪]，不举则彻乐[⑫]，此以知其畏刑也。夙兴夜寐[⑬]，朝夕临政，此以知其恤民也。三者，礼之大节也[14]。有礼无败。今楚多淫刑，其大夫逃死于四方，而为之谋主[15]，以害楚国，不可救疗[16]，所谓不能也[17]。”

注释

①归生：声子名。

②僭 jiàn：过分。滥：过度，无节制。

③淫：过分。

④从之：随之受害。

⑤《诗》：指《诗经·大雅·瞻印》。

云：助词。殄：尽。瘁：病。言贤人死亡了，国家也尽受其病。

⑥《夏书》：杜预注本称“逸书”。伪《古文尚书·大禹漠》袭用此文。不经：不合常法。

⑦《商颂》：指《诗经·商颂·殷武》。

怠：懈怠。皇：通“遑”。闲暇；闲空。

封：大。

⑧劝：乐，喜欢。

⑨恤民：忧虑人民的疾苦。

⑩饫 yù 赐：饱餐之后把多余的酒菜赐给臣下。饫，饱足。

⑪不举：不举行盛宴，即减膳。

⑫彻乐：撤去食时的音乐。彻，通“撤”。

⑬夙 sù 兴夜寐：早起晚睡。夙，早。兴，起来。寐，睡觉。

⑭大节：指关键的法则。

⑮谋主：出谋划策的主要人物。

⑯不可救疗：病已重到无法治疗的程度。

比喻已经到了无法挽救的地步。

⑰不能：不能任用楚国贤人。

译文

声子回答说："虽然有，但使用楚国的人才确实很多。归生听说：'善于治理国家的人，赏赐不过分，而刑罚不滥用'。赏赐太过分，就怕赏赐于坏人；刑罚太滥用，就怕惩罚到好人。如果不幸有不当之处，宁可赏赐过分，也不要滥用刑法。与其失掉好人，宁可利于坏人。没有好人，国家就跟着受害。《诗经》说'贤人死亡了，国家也尽受其病'，这说的就是国家没有好人。所以《夏书》说：'与其杀害无辜的人，宁可对有罪之人失于刑罚'，这就是怕失掉好人。《商颂》有这样的话说：'赏不过分罚不滥施，人民不敢懈怠偷闲，君主向下国发布命令，四方封国建立福禄'。这就是商汤所以获得上天赐福的原因。古代治理百姓的人，乐于行赏而怕用刑罚，为百姓忧虑而不知疲倦。赏赐在春天、夏天进行，刑罚在秋季、冬季进行。因此，在将要行赏的时候就因行赏这事增加膳食，加膳以后可以把多余的酒菜赐给臣下，由此可以知道他乐于赏赐。将要行刑的时候则减少膳食，减少膳食就撤去食时的音乐，由此可以知道他怕用刑罚。早起晚睡，早晚都亲临处理政事，由此可以知道他为百姓操心。喜欢赏赐、惧怕刑罚、为百姓分忧这三件事，是礼仪的关键法则。讲求礼仪就不会失败。现在楚国滥用刑罚，楚国的大夫逃命到四方的国家，并且成了别国的主要谋士，来危害楚国，至于无法挽救了，这就是说楚国滥用刑罚不能任用贤人。"

“子仪之乱①，析公奔晋②。晋人置诸戎车之殿③，以为谋主。绕角之役④，晋将遁矣⑤，析公曰：‘楚师轻窕⑥，易震荡也。若多鼓钧声⑦，以夜军之⑧，楚师必遁。’晋人从之，楚师宵溃。晋遂侵蔡，袭沈⑨，获其君⑩；败申、息之师于桑隧⑪，获申丽而还⑫。郑于是不敢南面⑬。楚失华夏，则析公之为也。”

注释

①子仪之乱：在文公十四年（前613年）。

②析公：楚国大臣。

③戎车：指国君的战车。殿：后。

④绕角之役：指成公六年（前585年），晋军救郑在绕角与楚相遇。绕角，蔡国地名，在今河南鲁山县东。

⑤遁：逃跑。⑥轻窕：即轻佻，不持重。

⑦钧声：相同的声音。

⑧军之：全军进攻。

⑨沈：诸侯国名，在今安徽临泉县北。

⑩君：指沈国国君沈子揖初。

⑪桑隧：地名，在今河南确山县东。⑫申丽：楚国大夫。

⑬不敢南面：畏晋而不敢向南亲附楚国。

译文

“子仪叛乱时，析公逃亡到晋国，晋国人把他安置在晋侯战车的后面，让他作为主要谋士。绕角那次战役，晋国人想要逃走，析公说：‘楚国军队不持重，容易被震动。如果同时多处敲鼓发出大声，在夜里全军进攻，楚军必然会逃走。’晋国人听从了析公之计，楚军夜里溃败。晋国于是就侵入蔡国，袭击沈国，俘虏了沈国的国君，在桑隧打败申国和息国军队，俘虏了申丽而回国。郑国从那时起不敢向南亲附楚国。楚国丧失了中原诸国的亲附，这就是析公所干的。”

“雍子之父兄谮雍子①，君与大夫不善是也②。雍子奔晋。晋人与之鄐③，以为谋主。彭城之役④，晋、楚遇于靡角之谷⑤。晋将遁矣。雍子发命于军曰：‘归老幼，反孤疾，二人役，归一人，简兵蒐乘⑥，秣马蓐食⑦，师陈焚次⑧，明日将战。’行归者而逸楚囚⑨，楚师宵溃。晋降彭城而归诸宋，以鱼石归。楚失东夷，子辛死之⑩，则雍子之为也。”

注释

①雍子：楚国大臣。谮 zèn：中伤，诬陷。

②善是：正确判断是非。

③鄐 chù：晋国邑名，在今河南温县附近。

④彭城之役：指成公十八年（前573年）。楚伐宋，晋救宋之战。彭城，在今江苏徐州。

⑤靡角之谷：宋国地名，在彭城附近。

⑥蒐乘：检阅兵车。

⑦秣 mò：喂牲口。蓐 rù：吃饱。

⑧陈：同“阵”，列阵。焚次：谓烧毁军队营房。表示决一死战，有进无退。次，营帐。

⑨归者：指应放还的老幼孤疾。逸：释放。

⑩子辛：楚国令尹，被楚共王杀掉。

译文

“雍子的父亲的哥哥诬陷雍子，国君和大夫不辨是非曲直，雍子逃亡到晋国，晋国人将鄐地给他做封邑，让他作为主要谋士。彭城那次战役，晋国、楚国在靡角之谷相遇。晋国人将要逃走了，雍子对军队发布命令说：‘年纪老的和年纪小的都回去，孤儿和有病的也都回去，一家有两人服役的回去一个。精选步兵，检阅兵车，喂饱马匹，让兵士饱食一顿，军队摆开阵势，烧掉营帐，明天将要决一死战。’让该回去的老幼孤疾走开，并且故意放走楚国俘虏，楚军夜里溃败。晋国降服了彭城而归还给宋国，俘获了鱼石回国。楚国失去东夷诸国的亲附，子辛为此而被杀，这都是雍子所谋划的。”

“子反与子灵争夏姬①，而雍害其事②，子灵奔晋。晋人与之邢③，以为谋主。扞御北狄④，通吴于晋，教吴判楚，教之乘车、射御、驱侵，使其子狐庸为吴行人焉⑤。吴于是伐巢、取驾、克棘、入州来⑥，楚罢于奔命⑦，至今为患，则子灵之为也。”

注释

①子灵：即申公巫臣。争夏姬：事见成公二年（前589年）。

②雍害：阻碍，破坏。③邢：晋国邑名，在今河南温县东北。

④扞 hàn 御：防御，抵抗。

⑤行人：官名，掌接待诸侯与使者以及出使之职。

⑥巢：楚国的属国，在今安徽巢县东北。驾：楚国邑名，在今安徽无为境内。棘：楚国邑名，在今河南永城南。州来：楚国邑名，在今安徽凤台。⑦罢：同“疲”。

译文

"子反和子灵争夺夏姬，阻碍了子灵的婚事，子灵逃亡到晋国，晋国人将邢地给他做封邑，让他作为主要谋士，抵御北狄，让吴国和晋国通好，教唆吴国背叛楚国，教吴国人坐车、射箭、驾车作战，让他的儿子狐庸做了吴国的行人。吴国就在那时进攻巢地、夺取驾地、攻克棘地、侵入州来，楚国疲于奔命，到今天吴国还是楚国的祸患，这就是子灵干出来的。"

"若敖之乱[①]，伯贲之子贲皇奔晋[②]。晋人与之苗[③]，以为谋主。鄢陵之役[④]，楚晨压晋军而陈，晋将遁矣。苗贲皇曰：'楚师之良，在其中军王族而已。若塞井夷灶[⑤]，成陈以当之，栾、范易行以诱之[⑥]，中行、二郤必克二穆[⑦]。吾乃四萃于其王族[⑧]，必大败之。'晋人从之，楚师大败，王夷师熸[⑨]，子反死之。郑叛吴兴，楚失诸侯，则苗贲皇之为也。"

注释

①若敖之乱：在宣公四年（前605年）。

若敖，指楚国令尹子文的氏族。

②伯贲：楚国令尹斗椒的字。

③苗：晋国邑名，在今河南济源西。

④鄢陵之役：见成公十六年（前575年）。

⑤夷灶：平毁炉灶。

⑥栾、范：指栾书、士燮统率的中军。

易行：指改变行列，以诱惑楚军。

⑦中行：指晋国上军佐荀偃。二郤 xì：指晋国上军统帅郤琦和新军佐郤至。二穆：楚穆王的后代，指楚国左军统帅子重和右军统帅子辛。

⑧四萃：四面围攻。

⑨夷：伤。言楚共王伤目。

熸 jiān：火灭。言楚军士气大灭。

译文

"若敖氏叛乱，伯贲的儿子贲皇逃亡到晋国，晋国人给他苗地作为封邑，让他作为主要谋士。鄢陵那次战役，楚军早晨逼近晋军并摆开阵势，晋国人就要逃走了。苗贲皇说：'楚军的精锐在于他们中军的王族亲兵而已，如果填井平灶，摆开阵势以抵挡他们，栾书、士燮两军改变行列以引诱楚军，中行和郤锜、郤至一定能够战胜子重、子辛。我们再集中兵力围攻他们的亲兵，一定能够把他们打得大败。'晋国人听从了苗贲皇的计策，楚军大败，楚王受伤，军队士气不振，子反为此而死。郑国叛离，吴国兴起，楚国失去了诸侯的亲附，这就是苗贲皇干出来的。"

子木曰："是皆然矣。"声子曰："今又有甚于此。椒举娶于申公子牟[①]，子牟得戾而亡[②]，君大夫谓椒举[③]：'女实遣之！'惧而奔郑，引领南望曰：'庶几赦余！'亦弗图也[④]。今在晋矣。晋人将与之县，以比叔向[⑤]。彼若谋害楚国，岂不为患？"子木惧，言诸王[⑥]，益其禄爵而复之。声子使椒鸣逆之[⑦]。

注释

①椒举：即伍举。

②戾 lì：罪。

③君大夫：国君和大夫。

④弗图：言楚国并不考虑。

⑤比叔向：可与叔向相比的谋臣。叔向，晋国上大夫。

⑥王：指楚康王。

⑦椒鸣：伍举的儿子，伍奢的弟弟。

译文

子木说："这些都说的不错。"声子说："现在又有比这厉害的。椒举娶了申公王子牟的女儿，子牟获罪而逃亡。国君和大夫们对椒举说：'实在是你让他走的。'椒举害怕而逃亡到郑国，伸长了脖子望着南方，说：'也许可以赦免我吧。'但是楚国也并不考虑。现在椒举在晋国了。晋国人将要把县封给他，以作为和叔向并列的谋臣。他如果要危害楚国，难道不是祸患？"子木听了这些很恐惧，对楚康王说了，楚康王提高了椒举的官禄爵位而让他回归楚国。声子让椒鸣去迎接椒举。

向戌弭兵
襄公二十七年

宋向戌善于赵文子[①]，又善于令尹子木，欲弭诸侯之兵以为名[②]。如晋，告赵孟。赵孟谋于诸大夫，韩宣子曰："兵，民之残也，财用之蠹[③]，小国之大菑也[④]。将或弭之，虽曰不可[⑤]，必将许之。弗许，楚将许之，以召诸侯，则我失为盟主矣。"晋人许之。如楚，楚亦许之。如齐，齐人难之[⑥]。陈文子曰："晋、楚许之，我焉得已。且人曰'弭兵'，而我弗许，则固携吾民矣[⑦]！将焉用之？"齐人许之。告于秦，秦亦许之。皆告于小国，为会于宋[⑧]。

注释

①向戌：宋左师。

赵文子：即赵武，世人尊称其"赵孟"，晋国执政大夫。

②弭：安定，顺服。以为名：以弭兵增加个人声望。

③蠹 dù：蛀虫，常用以比喻侵耗国家或人民财物的人或物。

④菑 zāi：同"灾"，祸害。

⑤虽曰不可：即使不能实现。

⑥难：为难。

⑦陈文子：名须无，齐国大夫。携：叛离。

⑧会：会盟。

译文

宋国的向戌和晋国的赵文子友好，又和楚国和令尹子木友好，想要停止诸侯之间的战争以取得个人声望。他去到晋国，告诉了赵文子。赵文子和诸位大夫商量。韩宣子说："战争，是残害百姓的祸事，是财货的蛀虫，是小国的大灾难，有人想要消除它，即使不能实现，也一定要答应。不答应，楚国将会答应并以此来号召诸侯，那么我国就失去盟主的地位了。"晋国人答应了向戌。向戌又去楚国，楚国也答应了。去到齐国，齐国人感到为难。陈文子说："晋国、楚国答应了，我们怎么能够不答应？而且别人说'停止战争'，而我们不答应，那么就使我们的百姓离心了，将要怎么使用他们？"齐国人答应了。告诉秦国，秦国也答应了。这四个国家都遍告各个小国，在宋国举行会盟。

五月甲辰，晋赵武至于宋。丙午，郑良霄至。六月丁未朔，宋人享赵文子[①]，叔向为介[②]。司马置折俎[③]，礼也。仲尼使举是礼也[④]，以为多文辞。戊申，叔孙豹、齐庆封、陈须无、卫石恶至。甲寅，晋荀盈从赵武至[⑤]。丙辰，邾悼公至[⑥]。壬戌，楚公子黑肱先至[⑦]，成言于晋[⑧]。丁卯，宋戌如陈，从子木成言于楚。戊辰，滕成公至[⑨]。子木谓向戌："请晋、楚之从交相见也[⑩]。"庚午，向戌复于赵孟[⑪]。赵孟曰："晋、楚、齐、秦，匹也[⑫]。晋之不能于齐，犹楚之不能于秦也。楚君若能使秦君辱于敝邑，寡君敢不固请于齐？"壬申，左师复言于子木[⑬]。子木使驲谒诸王[⑭]，王曰："释齐、秦，他国请相见也。"秋七月戊寅，左师至。是夜也，赵孟及子皙盟，以齐言[15]。庚辰，子木至自陈。陈孔奂、蔡公孙归生至。曹、许之大夫皆至。以藩为军[16]，晋、楚各处其偏[17]。伯夙谓赵孟曰："楚氛甚恶，惧难。"[18]赵孟曰："吾左还，入于宋，若我何？"

注释

①享：设享礼。

②介：助手或随从。

③折俎 shézǔ：古代祭祀、宴会时，杀牲肢解而后置于俎上。俎，盛祭品的礼器。

④仲尼：即孔子。使：看到。举：记载。

⑤荀盈：晋国卿士，在赵武后十天方到达。

⑥邾：诸侯国名，其地在中国今山东省邹县。

⑦公子黑肱：即子皙，楚王弟。

⑧成言：约定。

⑨滕：诸侯国名，其地在今山东省滕县一带。

⑩晋、楚之从：附属于晋、楚的从国。

交相见：交换朝见。即从晋之国朝楚，从楚之国朝晋。

⑪复：回报。

⑫匹：相当，相等。

⑬左师：官名，指向戌。

⑭谒诸王：报告楚康王。

⑮齐言：统一口径，一致的意见。

⑯藩：篱笆，藩篱。以藩篱为军，不设营垒，以示互信。

⑰其偏：晋处北，楚处南。

⑱伯夙：即荀盈。氛：情势。惧难：恐楚发难攻晋。

译文

五月十七日，晋国的赵文子到达宋国。十九日，郑国的良霄也来了。六月初一，宋国人设享礼招待赵文子，叔向作为赵文子的副主宾。司马把煮熟的牲畜切成碎块，放在俎中献上，这是合于礼的。后来孔子看到了这次礼仪的记载，认为文辞修饰过多。初二，叔孙豹，齐国的庆封、陈须无，卫国的石恶到达。初八，晋国的荀盈跟随赵文子之后到达。初十，邾悼公到达。十六，楚国的公子黑肱先到达，和晋国商讨了有关的约定。二十一，宋国的向戌去到陈国，和子木商定有关楚国的条件。二十二，滕成公到达。子木告诉向戌，请求跟从晋国和楚国的国家相互朝见。二十四，向戌向赵文子复命。赵文子说："晋、楚、齐、秦四国，地位是对等的，晋国不能指挥齐国，如同楚国不能指挥秦国一样。楚国国君如果能让秦国国君驾临敝邑，寡君岂敢不坚决向齐国国君请求？"二十六，向戌向子木复命，子木派驿车请示楚康王。楚康王说："先放下齐国、秦国的事，请求先让其他国家交换朝见。"秋季，七月初二，向戌到达。当夜，赵文子和公子黑肱统一了盟书的措辞。初四，子木从陈国到达。陈国的孔奂、蔡国的公孙归生到达。曹国和许国的大夫也都来到。各国军队用篱笆做墙作为分界。晋国和楚国各自驻扎在篱笆两头。伯夙对赵文子说："楚国的情势很不好，恐怕会向我们发难。"赵文子说："我们转折向左，进入宋国，能把我们怎么办？"

辛巳，将盟于宋西门之外，楚人衷甲[①]。伯州犁曰[②]："合诸侯之师，以为不信，无乃不可乎？夫诸侯望信于楚，是以来服。若不信，是弃其所以服诸侯也。"固请释甲。子木曰："晋、楚无信久矣，事利而已。苟得志焉，焉用有信？"大宰退，告人曰："令尹将死矣，不及三年。求逞志而弃信，志将逞乎[③]？志以发言，言以出信，信以立志，参以定之[④]。信亡，何以及三[⑤]？"赵孟患楚衷甲，以告叔向。叔向曰："何害也？匹夫一为不信，犹不可，单毙其死[⑥]。若合诸侯之卿，以为不信，必不捷矣[⑦]。食言者不病[⑧]，非子之患也。夫以信召人，而以僭济之[⑨]。必莫之与也，安能害我？且吾因宋以守病[⑩]，则夫能致死[⑪]，与宋致死，虽倍楚可也[⑫]。子何惧焉？又不及是[⑬]。曰'弭兵'以召诸侯，而称兵以害我[⑭]，吾庸多矣[⑮]，非所患也。"

注释

①衷甲：在衣服里面穿铠甲。

②伯州犁：伯宗之子，原为晋国贵族，其父伯宗被晋所害，奔楚，为楚国太宰。

③逞：达到目的，得逞。

④参：同"三"，指言、信、志。

⑤三：指三年。

⑥单：通"殚"，尽，竭尽。毙：倒地。此句皆言不得善终。

⑦捷：胜利，成功。

⑧食言者：说话不算数的人。不病：不能危害到别人。

⑨僭 jiàn：假，不实。济：完成，成功。

⑩因宋以守病：依靠宋人来防守楚人造成的危害。

⑪夫：每人。致死：拼命，舍命。

⑫倍楚：是楚的力量的两倍。

⑬又不及是：尚不及此，意谓况且楚国的力量并不倍于晋宋。

⑭称 chèn 兵：举兵，兴兵。

⑮庸：功。

译文

七月初五，各诸侯国代表准备在宋国西门外边结盟。楚国人在外衣里边穿上铠甲。伯州犁说："会合诸侯的军队，而做不讲信用的事，恐怕不可以吧，诸侯盼望楚国讲信用，因此前来顺服。如果失信于别人，这就是丢掉了所用来使诸侯顺服的东西了。"他坚决请求脱去铠甲。子木说："晋国和楚国相互缺乏信用已经很久了，只要去做对我国有利的事就是了。如果能如愿，哪里用得着有信用？"伯州犁退下去。对人说："令尹将要死了，不出三年。但求达到目标而丢弃信用，目标会达成吗？有目标就形成语言，有语言就要有信用，有信用就达到目标。这三件事互相关联统一，三者具备才能安定。信用丢掉了，怎么能活到三年呢？"赵文子为楚国人外衣里边穿皮甲之事感到担忧，把这情形告诉了叔向。叔向说："这有什么危害？一个普通人一旦做出不守信用的事，尚且不可以，都会不得善终。如果一个会合诸侯的卿做出不守信用的事情，就必然不能成功了。说话不算数的人不足以对人造成危害，这不是您的祸患。用信用召集别人，而又用不信来完成其事，必然得不到支持者，哪里能危害我们？而且我们依靠着宋国来防守他们制造的危害，那就人人都能舍命。和宋军一起誓死对抗，即使楚军增加一倍也是可以抵抗的，您有什么可害怕的呢？况且事情又不至于到这一步。口口声声说‘停止战争’以召集诸侯，反而发动战争来危害我们，我们的功劳就多了，不必担心。”

季武子使谓叔孙以公命[①]，曰：“视邾、滕[②]。”既而齐人请邾[③]，宋人请滕[④]，皆不与盟[⑤]。叔孙曰：“邾、滕，人之私也[⑥]；我，列国也，何故视之？宋、卫，吾匹也。”乃盟。故不书其族[⑦]，言违命也。

注释

①季武子：鲁国正卿，政治大臣。公命：鲁襄公的命令。

②视邾、滕：比照邾、滕二国的待遇。视，比较，比照。

③齐人请邾：齐请求以邾为其附属国。

④宋人请滕：宋请求以滕为其附属国。

⑤皆不与盟：附属国无独立地位，故不与盟。

⑥私：私属。

⑦不书其族：指《春秋》经文仅记载“豹及诸侯之大夫盟于宋”，不称叔孙豹。

译文

季武子派人以鲁襄公之命告诉叔孙豹说：“把我国比作和邾国、滕国等小国一样。”不久齐国人请求把邾国作为属国，宋国人请求把滕国作为属国，邾国、滕国都不参加结盟，叔孙豹说：“邾国、滕国，是别人的私属国；我们，是诸侯之国，为什么要看作和他们一样？宋国、卫国，才是和我们地位对等的。”于是就参加结盟。所以《春秋》不记载叔孙豹的族名，这是说他违背了鲁襄公命令的缘故。

晋、楚争先[1]。晋人曰："晋固为诸侯盟主，未有先晋者也。"楚人曰："子言晋、楚匹也，若晋常先，是楚弱也。且晋、楚狎主诸侯之盟也久矣[2]！岂专在晋？"叔向谓赵孟曰："诸侯归晋之德只[3]，非归其尸盟也。子务德，无争先！且诸侯盟，小国固必有尸盟[4]。楚为晋细[5]，不亦可乎？"乃先楚人。书先晋，晋有信也。

注释

①争先：争先歃血。

②狎 xiá：交换，更替。

③只：语助词，无义。

④尸：主持。

⑤楚为晋细：楚主盟，等同于小国主盟，与晋国相比显细。一说细指歃血为琐细的具体事务，此为叔向假言宽慰赵孟。

译文

晋国和楚国争执歃血盟誓的先后。晋国人说："晋国本来是诸侯的盟主，从来没有在晋国之前歃血的。"楚国人说："您说晋国和楚国的地位相等，如果晋国总是在前面，这就是说楚国比晋国弱。而且晋国和楚国交替着主持诸侯的结盟已经很久了。难道就专门由晋国主持吗？"叔向对赵文子说："诸侯归服的是晋国的德行，不是归服于它主持结盟。您致力于德行，不要去争执先后。而且诸侯结盟会，本来就一定会有小国来主持结盟的事务，就让楚国做主持盟会的小国，不也是可以的吗？"于是就让楚国先歃血。《春秋》记载把晋国放在前面，这是由于晋国有信用。

壬午，宋公兼享晋、楚之大夫，赵孟为客[①]。子木与之言，弗能对。使叔向侍言焉[②]，子木亦不能对也。

注释

①客：主宾。

②侍言：在旁发言。

译文

七月初六，宋平公同时设享礼招待晋国和楚国的大夫，赵文子作为主宾坐首席，子木跟他说话，赵文子不能回答，让叔向在旁边帮着说话，子木也不能对答。

乙酉，宋公及诸侯之大夫盟于蒙门之外。

译文

七月初九，宋平公和诸侯大夫在蒙门外举行了会盟。

季札观乐
襄公二十九年

吴公子札来聘[①]，见叔孙穆子[②]，说之[③]。谓穆子曰："子其不得死乎[④]？好善而不能择人。吾闻'君子务在择人'。吾子为鲁宗卿，而任其大政，不慎举[⑤]，何以堪之？祸必及子！"

注释

①吴公子札：即季札，吴王寿梦的小儿子。聘：聘问，诸侯之间、诸侯与天子之间派使者问候致意。

②叔孙穆子：鲁国大夫叔孙豹。

③说：同"悦"，喜欢，高兴。

④不得死：不得善终。

⑤慎举：慎重选拔。

译文

吴国的公子札来鲁国聘问，见到叔孙穆子，很喜欢他。对穆子说："您恐怕会不得善终吧！喜欢美好之事却不能够选择贤人，我听说君子应当致力选举贤人。您作为鲁国的宗卿，职掌主持国政，不慎重举拔贤人，怎么能胜任职责呢？祸患必然到您身上。"

请观于周乐[①]。使工为之歌《周南》《召南》[②]，曰："美哉！始基之矣[③]，犹未也[④]。然勤而不怨矣[⑤]。"为之歌《邶》《鄘》《卫》[⑥]，曰："美哉，渊乎[⑦]！忧而不困者也[8]。吾闻卫康叔、武公之德如是[9]，是其《卫风》乎？”为之歌《王》[10]，曰：“美哉！思而不惧，其周之东乎[11]？”为之歌《郑》，曰：“美哉！其细已甚[12]，民弗堪也，是其先亡乎！”为之歌《齐》，曰：“美哉！泱泱乎[13]！大风也哉[14]！表东海者[15]，其大公乎[16]！国未可量也。”为之歌《豳》[17]，曰：“美哉！荡乎[18]！乐而不淫[19]，其周公之东乎[15]？”

注释

①周乐：鲁受周室虞、夏、商、周四代之乐舞，故季札请观之。周乐在此处为代指。

②工：乐工。歌：歌有途歌与弦歌，此处为弦歌。

《周南》《召南》：《诗经》十五国风开始的诗歌。以下提到的诗篇都是国风中各国的诗歌。

③始基之：周的教化开始奠定基础了。

“二南”是产生较早的音乐，故云。

④犹未：还没有完成。

⑤勤：勤劳。怨：怨恨。

⑥邶 bèi：周代诸侯国，在今河南汤阴南。鄘：周代诸侯国，在今河南新乡市南。卫：周代诸侯国，在今河南淇县。

⑦渊：深远。

⑧忧而不困：忧伤而不至困顿。

⑨康叔：周公之弟，卫国始封君主。

武公：即卫武公，康叔的九世孙。

⑩《王》：即《王风》，周平王东迁洛邑后的乐歌。

⑪思：忧思。周之东：周氏东迁。

⑫细：琐碎，这里用音乐象征政令。

⑬泱泱：宏大的样子。

⑭大风：宏大高亢的曲调。

⑮表东海：为东海诸侯国作表率。

⑯大公：太公，指齐始封君吕尚，即姜太公。

⑰豳 bīn：同“邠”，西周公刘时的旧都，在今陕西郴县。

⑱荡：博大坦荡的样子。

⑲不淫：不纵，有节制。

⑳周公之东：指周公东征。

译文

公子札请求聆听观赏周朝的音乐舞蹈。于是让乐工为他歌唱《周南》《召南》。季札说：“真美好啊！周的教化开始奠定基础了，还没有完善，然而百姓勤劳而不怨恨了。”乐公为他歌唱《邶风》《鄘风》《卫风》，他说：“真美好啊！忧伤而不至于困顿。我听说卫康叔、武公的德行就像这样，这大概就是《卫风》吧！”为他歌唱《王风》，他说：“真美好啊！忧思而不恐惧，大概是周室东迁以后的音乐吧！”为他歌唱《郑风》，他说：“真美好啊！但是它琐碎得太过分了，百姓不堪忍受了。这大概是郑国要先灭亡的原因吧！”为他歌唱《齐风》，他说：“真美好，多么宏大高亢的声音，这是大国的音乐啊！可以作为东海诸国表率的，大概是太公的国家吧！国运前途是不可限量的。”为他歌唱《豳风》之歌，他说：“真美好啊，博大坦荡啊！欢乐而不放纵，这大概是周公东征的音乐吧！”

为之歌《秦》①，曰：“此之谓夏声②。夫能夏则大③，大之至也④，其周之旧乎？”为之歌《魏》⑤，曰：“美哉！沨沨乎⑥！大而婉，险而易行⑦，以德辅此，则明主也。”为之歌《唐》[8]，曰：“思深哉[9]！其有陶唐氏之遗民乎[10]？不然，何忧之远也？非令德之后[11]，谁能若是？”为之歌《陈》[12]，曰：“国无主，其能久乎？”自《郐》以下无讥焉[13]。

注释

①秦：其地在今陕西、甘肃一带。

②夏声：西方之声。

③夏：古指西方为夏。

④大之至：曲调高亢宏大到极点。

⑤魏：诸侯国名，在今山西芮城县北。

⑥沨沨 fēng：轻飘浮动的样子。婉：婉曲。

⑦险：不平。这里指乐曲的变化。易行：流畅而不艰涩难歌。

⑧唐：在今山西太原。晋之始祖叔虞初封于唐。

⑨思深：忧思深远。

⑩陶唐氏：指帝尧。晋国是陶唐氏旧地。

⑪令德：美德。后：后代。指陶唐氏的后代。

⑫陈：周武王封舜的后人于陈，国都宛丘，其地在今河南淮阳。

⑬郐 kuài：妘姓，东周初年为郑国消灭，其地在今河南郑州南。讥：评论。

译文

为他歌唱《秦风》，他说：“这就叫做西方的夏声。夏就是大，曲调高亢雄浑达到极点了，恐怕是周朝的旧乐吧！”为他歌唱《魏风》，他说：“真美好啊！轻浮飘动！宏大而又婉曲，节拍多变而又不艰涩难歌，再以有德之人辅助推行礼乐教化，就是贤明的君主了。”为他歌唱《唐风》,他说:“忧思深远啊!大概有陶唐氏的遗民吧?否则,怎么会思虑得如此深远呢?如果不是美德者的后代,谁能像这样?”为他歌唱《陈风》,他说:“国家没有主人,难道能够长久吗?”自《郐风》以下的诗歌,季札听了就不作评论了。

为之歌《小雅》[1],曰:“美哉!思而不贰[2],怨而不言,其周德之衰乎?犹有先王之遗民焉[3]。”为之歌《大雅》[4],曰:“广哉!熙熙乎[5]!曲而有直体[6],其文王之德乎?”

注释

①《小雅》:指《诗经·小雅》中的诗歌。《小雅》共七十四篇。

②不贰:没有二心。

③先王:指周代文、武、成、康等王。

④《大雅》:指《诗经·大雅》中的诗歌。《大雅》共三十一篇。

⑤熙熙:和美融洽的样子。

⑥直体:刚劲有力。

译文

乐师为他歌唱《小雅》时,他说:“真美好啊!忧愁而没有叛离之心,怨恨却并不尽情倾吐,这恐怕是周朝德行衰微的乐章吧!还有先王的遗民啊!”为他歌唱《大雅》时,他说:“广博啊!和美啊!曲折顿挫而又具刚劲之风,这大概是文王的德行吧!”

为之歌《颂》[①]，曰："至矣哉！直而不倨[②]，曲而不屈[③]，迩而不偪[④]，远而不携[⑤]，迁而不淫[⑥]，复而不厌[⑦]，哀而不愁，乐而不荒[⑧]，用而不匮，广而不宣[⑨]，施而不费[⑩]，取而不贪，处而不底[⑪]，行而不流[⑫]，五声和[⑬]，八风平[⑭]，节有度[⑮]，守有序[⑯]，盛德之所同也。"

注释

①《颂》：指《诗经》中的《周颂》、《鲁颂》和《商颂》。

②直：正直。倨：倨傲。

③曲：婉曲。屈：卑下。

④迩 ěr：亲近。偪：侵逼。

⑤携：游离，有二心。

⑥迁：变化。

⑦复：反复，重复。厌：厌倦，厌烦。

⑧荒：过度。

⑨宣：张扬。

⑩费：耗费。

⑪处：安处。底：停顿，停滞。

⑫不流：不流荡以致泛滥。

⑬五声：指宫、商、角、徵、羽五个音阶。和：和谐。

⑭八风：指金、石、丝、竹、匏、土、革、木八类乐器之音。平：协调。

⑮节：节拍。度：尺度。

⑯守有序：乐器演奏各有所职，次序不乱。

译文

为他歌唱《颂》，他说："到达顶点了！正直而不倨傲，婉柔而不卑屈，亲近而不侵逼，疏远而无二心，变异而不邪乱，反复而不厌倦，哀伤而不忧愁，欢乐而不过度，常用而不匮乏，广阔而不张扬，施舍而不耗费，收取而不贪求，安处而不停滞，行进而不流荡。五音和谐，八风协调。节奏有一定的规律，乐器演奏各按次序，这都是盛德之人所共同具有的。"

见舞《象箾》《南籥》者[①]，曰："美哉！犹有憾[②]。"见舞《大武》者[③]，曰："美哉！周之盛也，其若此乎！"见舞《韶濩》者[④]，曰："圣人之弘也[⑤]，而犹有惭德[⑥]，圣人之难也。"见舞《大夏》者[⑦]，曰："美哉！勤而不德[⑧]，非禹其谁能修之[⑨]？"见舞《韶箾》者[⑩]，曰："德至矣哉！大矣！如天之无不帱也[⑪]，如地之无不载也，虽甚盛德，其蔑以加于此矣[⑫]。观止矣[⑬]！若有他乐，吾不敢请已！"

注释

①《象箾 xiāo》：乐舞名，执杆而舞，属武舞。

《南籥 yuè》：乐舞名，以龠伴奏而舞，属文舞。

②憾：遗憾，缺憾。

③《大武》：周武王的乐舞。

④《韶濩 hù》：商汤的乐舞。

⑤弘：伟大。

⑥惭德：遗憾，缺憾。

⑦《大夏》：夏禹的乐舞。

⑧不德：不以有德自居。

⑨修：作。

⑩《韶箾》：虞舜的乐舞。

⑪帱 dào：覆盖。

⑫蔑：无，没有。

⑬观止：到达顶点了。

译文

公子札看到跳《象箾》《南籥》舞，说："真美啊！但还有所遗憾。"看到跳《大武》舞，说："真美啊！周朝兴盛的时候，大概就像这种情况吧！"看到跳《韶濩》舞，说："像圣人那样的宏大，尚且还有所惭愧，可见当圣人不易完满啊！"看到跳《大夏》舞，说："真美啊！辛劳而不以有德自居，如果不是夏禹，还有谁能做到呢？"看到跳《韶箾》舞，说："德行到达顶点了，伟大啊！就像上天的无所不覆盖，像大地的没有不承载。盛德到达顶点，就不能再有超过的了，聆听观看就到此为止了。如果还有别的乐舞，我不敢再请求欣赏了。"

子产坏晋管桓
襄公三十一年

公薨之月[①]，子产相郑伯以如晋[②]，晋侯以我丧故[③]，未之见也。子产使尽坏其馆之垣而纳车马焉[④]。士文伯让之[⑤]，曰："敝邑以政刑之不修[⑥]，寇盗充斥，无若诸侯之属辱在寡君者何[⑦]？是以令吏人完客所馆[⑧]，高其闬闳[⑨]，厚其墙垣，以无忧客使。今吾子坏之，虽从者能戒[⑩]，其若异客何[⑪]？以敝邑之为盟主，缮完葺墙[⑫]，以待宾客，若皆毁之，其何以共命[⑬]？寡君使匄请命[⑭]。"

注释

①公：鲁襄公。薨 hōng：周代天子死叫崩，诸侯死叫薨。襄公死于六月。

②子产：郑执政大臣。相：辅佐。郑伯：指郑简公。

③晋侯：指晋平公。我丧：鲁襄公丧事。

因《春秋》本鲁史，此为其史官口吻。

④馆：接待外宾的馆舍。垣 yuán：墙。⑤让：责备，责问。

⑥政刑：政事和刑罚。修：整治，治理。

⑦辱在：谦辞，言使屈尊来临，指朝聘。

⑧完：修缮。

⑨闬 hàn：大门。闳 hóng：里巷之门。

⑩从者：指子产的随从。戒：戒备。

⑪异客：其他的宾客使者。

⑫缮：修缮。完：通"院"。葺 qì：修葺，修补。

⑬共命：供应宾客的需要。共，同"供"。

⑭请命：请示。

译文

襄公去世的那个月，子产辅佐郑简公到晋国去，晋平公由于鲁国有丧事，没有接见他们。子产派人将晋国宾馆的围墙全部拆毁来安放自己的车马。士文伯责备他，说："敝邑由于政事和刑罚不够治理，到处都是盗贼，无奈诸侯的臣属来向寡君朝聘，因此派官吏修缮宾客所住的馆舍，加高大门，增厚围墙，以不让宾客使者为之担忧。现在您拆毁了它，虽然您的随从能够自己戒备，但让别国的宾客使者又怎么办呢？敝邑作为盟主，修缮屋宇修补围墙，为接待宾客。如果都拆毁了，那么以什么来供应宾客的需要呢？寡君派匄前来向您请示拆墙的意图。"

对曰："以敝邑褊小①，介于大国②，诛求无时③，是以不敢宁居，悉索敝赋④，以来会时事⑤。逢执事之不间⑥，而未得见，又不获闻命，未知见时，不敢输币⑦，亦不敢暴露。其输之，则君之府实也⑧，非荐陈之⑨，不敢输也。其暴露之，则恐燥湿之不时而朽蠹⑩，以重敝邑之罪。"

注释

①褊 biǎn：窄小。

②介：居……之间。

③诛求：责求。无时：没有固定的时间。

④悉：尽，全部。索：搜索。赋：财物。

⑤时事：随时的朝会。

⑥不间：没有空暇。

⑦输币：献纳财帛等礼物。

⑧府实：库府中的财物。

⑨荐陈：荐，进也。陈，设也。

古代聘享之物，进陈于庭。

⑩朽：腐朽毁坏。蠹：虫蛀而坏。

译文

子产回答说："由于敝邑地方狭小，夹在大国之间，而大国索取贡品又没有固定的时候，因此不敢安居，尽量全部搜索敝邑的财富，以便随时来朝会。碰上您没有空闲，而没有能够见到；又没得到您的命令，不知道什么时候才能接见。我们不敢直接把财币献入库府，也不敢让它日晒夜露。如果进献，那么它就是君王府库中的财物，不经过在庭院里陈列的仪式，就不敢进献。如果让它日晒夜露，又害怕时而干燥时而潮湿导致腐朽虫蛀，从而加重敝邑的罪过。"

"侨闻文公之为盟主也①，宫室卑庳②，无观台榭③，以崇大诸侯之馆。馆如公寝，库厩缮修④，司空以时平易道路⑤，圬人以时塓馆宫室⑥。诸侯宾至，甸设庭燎⑦，仆人巡宫，车马有所，宾从有代⑧，巾车脂辖⑨，隶人、牧圉⑩，各瞻其事⑪，百官之属，各展其物⑫。公不留宾⑬，而亦无废事，忧乐同之，事则巡之⑭，教其不知，而恤其不足⑮。宾至如归，无宁菑患⑯？不畏寇盗，而亦不患燥湿。"

注释

①侨：子产之名。

②卑庳 bēi：卑小。

③观 guàn：宫廷中高大华丽的建筑物。
榭：建筑在高土台上房子。

④厩 jiù：马棚。

⑤司空：官名。主管土地，兼管土木等建筑工程。
以时：及时，按时。

⑥圬人：泥瓦匠。塓 mì：粉刷墙壁。

⑦甸 tián：甸人，掌薪火之官。庭燎liáo：庭中的照明。燎，古代用以照明的火炬。

⑧有代：有人代为服役。

⑨巾车：负责车马的官员。脂辖：给车轴上涂油脂。
辖：安在车轴末端的挡铁，用以挡住车轮，使不脱落。此处代指车轴。

⑩隶人：古代从事劳役的人。牧圉 yǔ：牧养牛马的人。

⑪瞻：视，即负责。

⑫各展其物：即各呈其物以供宾客。展，陈列。

⑬留宾：即不滞留。

⑭巡：巡查抚慰。

⑮恤：顾念，体恤。

⑯无宁：怎么会。

译文

“侨听闻晋文公做盟主的时候，宫室矮小，没有高大华美的房舍和台榭，而把接待诸侯的宾馆修得又高又大，宾馆好像现在君王的寝宫一样。对宾馆内的库房、马厩都加以修缮，司空及时整修道路使之平坦易行，泥瓦工按时粉刷墙壁，诸侯的宾客来了，甸人点起火把照明房舍，仆人巡逻宫馆。车马有一定的处所，宾客的随从有人代为服役，负责车马的官员为车轴加油，打扫的人、牧养牛马的人各自负责好自己分内的事情。各部官吏各陈其物以供宾客。文公不让宾客耽搁滞留，也没有因为这样而荒废宾主的公事。和宾客忧乐相同，有事就加以巡查抚慰，对宾客所不知道的加以教导，并请求对照顾不周的加以体恤。宾客来到晋国就像在自己家里一样，还怎么会有灾患？不怕抢劫偷盗，也不担心干燥潮湿。”

“今铜鞮之宫数里①，而诸侯舍于隶人②。门不容车，而不可逾越。盗贼公行，而天厉不戒③。宾见无时，命不可知④。若又勿坏，是无所藏币，以重罪也。敢请执事⑤，将何以命之？虽君之有鲁丧，亦敝邑之忧也。若获荐币⑥，修垣而行，君之惠也，敢惮勤劳⑦？”

注释

①铜鞮 dī：晋离宫名，其地在今山西沁县南。

②舍于隶人：诸侯客舍如仆人居所。

③天厉：上天降下的瘟疫。厉：通“疠”，瘟疫，疫气之意。

④命：通知接见的命令。

⑤敢请：谨敢请问。

⑥荐：奉献，进献。

⑦敢：岂敢，谦辞。惮 dàn：害怕。

译文

“现在贵国铜鞮山的宫室绵延几里，而诸侯住在如同奴隶住的屋子里，门口进不去车子，而又不能翻墙而入。盗贼公然行动，而上天降下的灾疫又不能防止。宾客进见君王没有一定的时候，君王接见的命令也不知道什么时候才能发布。如果还不拆毁围墙，这就没有地方收藏财礼，反而要加重罪过了。谨敢请问您，对我们将有什么指示？虽然君王有鲁国的丧事，但这同样也是敝国感到忧虑的事。如果能够进献上财礼，我们愿把围墙修好了再走。这是君王的恩惠，岂敢害怕修墙的辛勤劳动！”

文伯复命，赵文子曰：“信[①]！我实不德，而以隶人之垣以赢诸侯[②]，是吾罪也。”使士文伯谢不敏焉[③]。晋侯见郑伯，有加礼[④]，厚其宴好而归之[⑤]。乃筑诸侯之馆。

注释

①信：即子产所言确实。

②赢：受，接待之意。

③谢：认错，道歉。

不敏：不聪明，不明事理。这里指无能之意。

④加礼：加倍礼遇，厚于常规的礼仪。

⑤厚：丰厚，优厚。好：回赠好礼。

译文

文伯回到朝廷汇报。赵文子说："说得对。我们实在缺乏德行，用容纳奴隶的房屋去接待诸侯，这是我们的罪过啊！"就派士文伯去对自己的无能表示歉意。晋平公接见郑简公，礼仪有加，盛宴招待，回赠丰厚之礼，然后让他回去。于是就建造接待诸侯的宾馆。

叔向曰："辞之不可以已也如是夫[①]！子产有辞，诸侯赖之[②]，若之何其释辞也[③]？《诗》曰[④]：'辞之辑矣[⑤]，民之协矣[⑥]。辞之绎矣[⑦]，民之莫矣[⑧]。'其知之矣。"

注释

①辞：外交辞令，说辞。

已：停止，废除。如是：就像这样。夫：语助词。

②赖：赢利，受利。

③释辞：废弃辞令。释，放弃，修辞。

④《诗》：指《诗经·大雅·生民之什·板》。

⑤辑：和，和睦。这里指言辞和谐。

⑥协：和谐，融洽。《诗经》"协"作"洽"。

⑦绎 yì：连续不绝。这里指言辞和畅。

⑧莫：没有什么。这里指安定。

译文

叔向说："辞令的不能废弃就像这样吧！子产善于辞令，诸侯因他而受利，为什么要废弃辞令呢？《诗经》说：'辞令和谐，百姓团结，辞令动听，百姓安定。'他已经懂得这个道理了。"

子产不毁乡校
襄公三十一年

郑人游于乡校①，以论执政②。然明谓子产曰③："毁乡校，何如？"子产曰："何为？夫人朝夕退而游焉④，以议执政之善否。其所善者，吾则行之。其所恶者，吾则改之。是吾师也，若之何毁之？我闻忠善以损怨⑤，不闻作威以防怨⑥。岂不遽止⑦，然犹防川⑧，大决所犯⑨，伤人必多，吾不克救也⑩。不如小决使道⑪。不如吾闻而药之也⑫。"然明曰："蔑也今而后知吾子之信可事也⑬。小人实不才⑭，若果行此，其郑国实赖之，岂唯二三臣⑮？"

注释

①乡校：古时乡间的公共场所，既是学校，又是乡人聚会议事的地方。

②执政：掌握国家政权者。

③然明：即郑国大夫融蔑，然明是他的字。

④夫 fú：文言指示代词，相当于"这"或"那"。

退：本意退回，返回，此处指工作完毕后回来。

⑤忠善：忠于为善。损怨：减少怨恨。

⑥作威：谓利用威权。

⑦遽 jù：急忙，迅速。⑧防川：用堤堵水。

⑨大决：堵塞河流最终必将造成大缺口。⑩克：能够。

⑪小决使道：开小口使之疏通。道，同"导"，疏通之意。

⑫药之：以之为药，以治己病。⑬信：确实，的确。

⑭小人：然明自称。⑮二三臣：执政之人。

译文

郑国人在乡校里游玩聚会，议论执政者施政措施的好坏。郑国大夫然明对子产说："毁了乡校怎么样？"子产说："为什么要毁掉？人们早晚事情完了到那里交游聚会，来议论政事措施的好坏。他们认为好的，我们就推行它；他们所厌恶的，我们就改掉它。这些正是我的老师。为什么要毁掉它呢？我听说忠于为善，能减少怨恨，没有听说过依靠权威能防止怨恨。靠权威来堵塞难道不能很快制止议论？但是就像堵塞河水一样：河水大规模决堤所造成的损害，伤害的人必定很多，我是不能挽救的。不如开个小口予以疏通，不如让我听到这些意见而作为治病良药。"然明说："蔑从现在起知道您确实是可以成就大事的。小人实在没有才能。如果真的这么做下去，这确实对郑国有利，岂是只有利于执政的二三位大臣？"

仲尼闻是语也①，曰："以是观之，人谓子产不仁，吾不信也。"

注释

①仲尼：孔子的字。孔子当时方十岁，此语当为后来所说。

译文

孔子听到这些话，说："照这些话来看，别人说子产不仁，我不相信。"

卷十 昭公

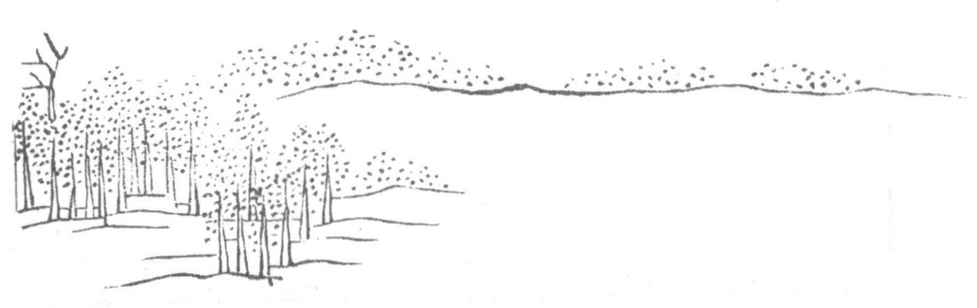

子产却楚逆女以兵

昭公元年

元年春，楚公子围聘于郑[①]，且娶于公孙段氏。伍举为介[②]。将入馆，郑人恶之[③]，使行人子羽与之言[④]，乃馆于外。

注释

①公子围：楚康王弟，即后来的楚灵王。

②伍举：即椒举，楚国大夫。

③恶 wù：厌恶。

④行人：官名，掌接待诸侯及诸侯的上卿之礼。

子羽：即公孙辉。

译文

元年春季，楚国的公子围到郑国去聘问，并且娶了公孙段的女儿为妻。伍举作为副使，将要进入郑国客馆，郑国人讨厌他，派行人子羽婉辞拒绝，于是就住在城外。

既聘，将以众逆[①]。子产患之[②]，使子羽辞[③]，曰：“以敝邑褊小[④]，不足以容从者，请墠听命[⑤]。”令尹命大宰伯州犁对曰[⑥]：“君辱贶寡大夫围[⑦]，谓围：‘将使丰氏抚有而室[⑧]。’围布几筵[⑨]，告于庄、共之庙而来[⑩]。若野赐之[⑪]，是委君贶于草莽也[⑫]！是寡大夫不得列于诸卿也。不宁唯是[⑬]，又使围蒙其先君[⑭]，将不得为寡君老[⑮]，其蔑以复矣[⑯]。唯大夫图之[⑰]！”

注释

①众：兵众。逆：迎亲。

②患：忧虑，担心。

③辞：推辞，拒绝。

④褊 biǎn：窄小。

⑤墠 shàn：即经过除草、整治的郊外的土地，多用于古代祭祀或会盟。古迎亲，男方接女方于女家祖庙，子产不欲楚国大队人马进城，故打算除地为墠，代替祖庙以行迎亲之礼。

⑥令尹：即公子围，时任楚国令尹。大宰：太宰，官名。伯州犁：原为晋国贵族，后奔楚，为楚国太宰。

⑦贶 kuàng：赏赐。寡大夫：公子围的谦称。

⑧丰氏：即公孙段氏，受赐为丰。抚有：据有，拥有。而室：你的家室。

⑨布几筵：陈设神灵之席，指布置祭品。

⑩庄：即楚庄公，公子围祖父。共：楚共公，公子围之父。古时娶亲，先告祭祖庙。

⑪野赐：赐亲于野地。

⑫委：抛弃，舍弃。君：指郑伯。莽：密集丛生的草。

⑬不宁唯是：不仅如此。

⑭蒙：蒙骗，欺骗。谓公子围告祖庙而来，却不得行礼于女家祖庙，乃对先君的欺骗。先君：指庄王共王。

⑮老：卿大夫。杜预注："大臣称老，惧辱命而黜退。"

⑯蔑：无，没有。复：复命。

⑰图：考虑。

译文

聘礼举行以后，公子围将要带领其兵众前去迎娶。子产担心这件事，派子羽辞谢，说："由于敝邑狭小，不足以容纳您的随从，请求让我们野外清除地面为墠作为祭祀的地方，再听候您的命令。"令尹命令太宰伯州犁回答说："承蒙贵君给寡大夫围恩惠，对围说：'将要让丰氏的女儿嫁给你做妻室。'围陈列几筵，在庄王、共王的神庙中祭告然后前来娶妻。如果在野外赐给我，这是把贵君的恩赐丢入草莽中去了，这也是让寡大夫不能处在卿的行列里了。不仅如此，更使围欺骗了自己的先君，将要不再能做寡君的大臣，恐怕也不能回去复命了。请大夫再做考虑罢！"

子羽曰："小国无罪，恃实其罪[①]。将恃大国之安靖己[②]，而无乃包藏祸心以图之[③]。小国失恃，而惩诸侯[④]，使莫不憾者，距违君命，而有所壅塞不行是惧。不然，敝邑，馆人之属也，其敢爱丰氏之祧？"伍举知其有备也，请垂櫜而入[⑤]。许之。

注释

①恃实其罪：恃靠大国而无备，则是罪。恃，依靠，依仗。

②安靖：使安定平静。

③而：通"尔"，你，指楚国。

无乃：恐怕是，表示委婉揣度的语气。图：图谋，谋取。

④惩诸侯：使诸侯得到警惕，警戒。

⑤櫜 tuó：口袋，弓袋子。

译文

子羽说："小国没有罪过，依靠大国而不设防备就是它的罪过。小国打算依靠大国安定自己，而大国却恐怕是包藏祸心来打小国的主意吧！怕的是小国失去了依靠，就让诸侯得到戒惧，而全部怨恨大国，对国君命令抗拒违背，使它行不通。否则，敝邑就等于贵国的宾馆，岂敢爱惜丰氏的神庙？"伍举知道郑国有了防备，请求倒转弓袋子进入国都。郑国才同意了。

晏婴叔向论齐晋季世

昭公三年

既成昏①，晏子受礼②，叔向从之宴，相与语。叔向曰："齐其何如？"晏子曰："此季世也③，吾弗知。齐其为陈氏矣④。公弃其民，而归于陈氏。齐旧四量⑤：豆、区、釜、钟⑥。四升为豆，各自其四⑦，以登于釜⑧。釜十则钟。陈氏三量皆登一焉⑨，钟乃大矣⑩。以家量贷⑪，而以公量收之⑫。山木如市，弗加于山⑬；鱼盐蜃蛤⑭，弗加于海。民参其力⑮，二入于公，而衣食其一⑯。公聚朽蠹⑰，而三老冻馁⑱。国之诸市，屦贱踊贵⑲。民人痛疾，而或燠休之⑳，其爱之如父母，而归之如流水㉑。欲无获民，将焉辟之？箕伯、直柄、虞遂、伯戏㉒，其相胡公、大姬㉓，已在齐矣㉔。"

注释

①成昏：订婚。昏，同"婚"。

②受礼：宴享宾客之礼。

③季世：末世。季在排行用字"伯、仲、叔、季"中居末。

④其：将。陈氏：鲁庄公二十二年（前672年），陈公子完奔齐，齐桓公使为工正，陈氏后成齐之大族。

⑤量 liáng：量器。

⑥豆、区 ōu、釜、钟：齐国的四种量器。

⑦各自其四：以四进位。即四豆成区，四区成釜，依此类推。

⑧登：增加。

⑨三量：指豆、区、釜。

登一：加一，指由四进位增加为五进位。

即五升成豆，五豆成区，五区成釜。

⑩钟乃大矣：指钟的增加不止一个旧量（一釜）。

⑪家量：陈氏私家用的量器。

⑫公量：齐国原有的量器。

⑬弗加于山：价格不高于山中。

⑭蜃 shèn：大蛤。蛤：蛤蜊，这里指代海产品。

⑮参其力：将劳动所得分成三份。

⑯衣食其一：以其一份来谋取衣食。

⑰聚：聚敛的财物。朽蠹：腐烂生虫。

⑱三老：杜预注："三老，谓上寿、中寿、下寿。皆八十已上。"馁 něi：饥饿。

⑲屦：用麻、葛等制成的单底鞋。

踊 yǒng：古代受过刖刑的人所穿的鞋子。

⑳或：有人，指陈氏。

燠 yù 休：优恤，抚慰。燠，厚也。休，赐也。

一说燠休为痛念之词，即抚慰病痛时口中所发声音。亦通。

㉑如流水：像水流动一样自然迅速。

㉒箕伯、直柄、虞遂、伯戏：四人皆舜之后，陈氏祖先。

㉓相：佑助。胡公：以上四人的后代，陈国始封君。

大姬：即太姬，周武士的女儿，胡公配偶。

㉔已在齐矣：陈氏祖先将追随胡公在齐国受祭了。

意谓陈氏将获齐政权。

译文

订婚以后，晏子接受晋国的宴享宾客之礼，叔向陪他饮宴，互相谈话。叔向说："齐国怎么样？"晏子说："到了末世了，我不知道，齐国可能要属于陈氏了。国君抛弃他的百姓，让他们归附陈氏。齐国过去有四种量器：豆、区、釜、钟。四升为一豆，各自以四进位，一直升到釜。十釜就是一钟。陈氏的豆、区、釜三种量器在齐旧量的基础上加一（即五升为一豆，五豆为一区，依此类推），于是钟的容量就相应地大了。陈氏用私家的大量器借出，而用公家的小量器收回。山上的木料运到市场，价格不高于山上；鱼盐蜃蛤，价格不高于海边。百姓的劳力所得如果分为三份，两份归于国君，只有一份用来谋取衣食。国君聚敛的财物腐朽生虫，而老人们却挨冻受饥。国都的交易市场上，鞋子便宜而假足昂贵。百姓有忧患疾苦，陈氏就加以优厚的抚恤。他爱护百姓如同父母，而百姓归附他如同流水。想要不得到百姓的拥护，又怎么能避开呢？箕伯、直柄、虞遂、伯戏，他们跟随着胡公、太姬，已经在齐国享受祭祀了。"

叔向曰："然[①]。虽吾公室[②]，今亦季世也。戎马不驾[③]，卿无军行[④]，公乘无人[⑤]，卒列无长[⑥]。庶民罢敝[⑦]，而宫室滋侈。道殣相望[⑧]，而女富溢尤[⑨]。民闻公命，如逃寇仇。栾、郤、胥、原、狐、续、庆、伯[⑩]，降在皂隶，政在家门[⑪]，民无所依。君日不悛[⑫]，以乐慆忧[⑬]。公室之卑，其何日之有[⑭]？《谗鼎》之铭曰[⑮]：'昧旦丕显[⑯]，后世犹怠。'况日不悛，其能久乎？"

注释

①然：是的，对的。②公室：王室政权。

③戎马：战车的马。不驾：无人驾驭。

④军行：军事行动。⑤公乘：诸侯的兵车。

⑥卒：军队编制，以百人为卒。卒列：泛指军队。

⑦罢：同“疲”。敝：疲劳，乏困。

⑧殣 jìn：饿死的人。

⑨女：指受到宠爱的人。尤：多出。

⑩栾、郤、胥、原、狐、续、庆、伯：杜预注：“八姓，晋旧臣之族也。皂隶，贱官。”

⑪政在家门：卿大夫掌政。

家门：指卿大夫。国与家对，国指诸侯，家指卿大夫。

⑫日不悛：没有一天想到悔改。⑬慆 tāo：隐藏。

⑭何日之有：还能有几日。⑮谗鼎：春秋鲁鼎名。

⑯昧旦：拂晓，天未亮。丕显：大显。

译文

叔向说：“是呀。即使是我们公室，现在也是末世了。战车之马无人驾驭，国卿不率领军队，诸侯的兵车没有御者和戎右，步兵的行列没有长官。百姓困疲，而宫室更加奢侈。道路上饿死的人到处都能看到，而宠姬的家里财富多的装不下，百姓听到国君的命令，好像躲避仇敌一样。栾、郤、胥、原、狐、续、庆、伯这八家的后人已经沦为低贱吏役，政事由私家掌管，老百姓无所依靠。国君没有一天想到改悔，用欢乐来掩盖忧愁。晋国公室的卑微，还能有几天？《谗鼎》上的铭文说：‘天不亮即起修明德政，子孙后代仍会懈怠。’何况毫不改悔，国家能够长久吗？”

晏子曰："子将若何？"叔向曰："晋之公族尽矣[①]。肸闻之，公室将卑[②]，其宗族枝叶先落[③]，则公室从之。肸之宗十一族，唯羊舌氏在而已。肸又无子[④]，公室无度[⑤]，幸而得死[⑥]，岂其获祀？"

注释

①公族：诸侯的同族。

②卑：衰落。

③宗族：同祖之宗。

④无子：没有好儿子，即没有可以继承的后代。

⑤度：制度，法度。

⑥得死：得到善终。

译文

晏子说："您打算怎么办？"叔向说："晋国的公族全完了。肸听说，公室将要衰落的时候，它的宗族就像树的枝叶一样首先落下来，公室就跟着凋零了。肸的一宗十一族，只有羊舌氏一族还在。肸又没有好儿子，公室没有法度，能够得到善终就是侥幸，难道还会指望得到后代的祭祀吗？"

晏子拒更宅

昭公三年

初，景公欲更晏子之宅[1]，曰："子之宅近市，湫隘嚣尘[2]，不可以居，请更诸爽垲者[3]。"辞曰："君之先臣容焉[4]，臣不足以嗣之[5]，于臣侈矣。且小人近市，朝夕得所求，小人之利也，敢烦里旅[6]？"公笑曰："子近市，识贵贱乎？"对曰："既利之，敢不识乎？"公曰："何贵何贱？"于是景公繁于刑[7]，有鬻踊者[8]，故对曰："踊贵屦贱。"既已告于君，故与叔向语而称之。景公为是省于刑[9]。君子曰："仁人之言，其利博哉！晏子一言，而齐侯省刑。《诗》曰：'君子如祉，乱庶遄已。'[10]其是之谓乎！"

注释

①景公：齐景公。更：更换。晏子：晏婴，齐国大夫。

②湫 jiǎo：低下。隘：狭隘。嚣尘：喧闹扬尘。

③爽：明朗高爽。垲：干燥。

④先臣：古代臣于君前称自己已死的祖先、父亲为"先臣"。这里即晏子的先辈。

⑤嗣：继承。

⑥里旅：主司旅之官，管理卿大夫家宅。

⑦繁于刑：谓刑法繁多且严苛。

⑧鬻 yù：卖。踊：假肢。

⑨省：减少，减免。

⑩《诗》：指《诗经·小雅·巧言》。

祉：福。庶：差不多。遄：急速。已：停止。

译文

当初，齐景公要为晏子更换住宅，说：“您的住房靠近市区，低洼狭小，喧闹扬尘，不能居住，请您换到高爽干燥的房子里去。”晏子辞谢说：“君王的先臣就住在这里，下臣不足以继承先人，对下臣而言住在里边已经过分了。而且小人的住所靠近市场，早晚能得到所需要的东西，这是小人的利益，岂敢麻烦邻里大众为我造新房子？”齐景公笑着说：“您靠近市场，知道物价的贵贱吗？”晏子回答说：“既然以它为利，怎么能不知道呢？”景公说：“什么贵？什么贱？”当时，齐景公所设刑罚繁多且严苛，市场上有出卖假腿的，所以晏子回答说：“假腿贵，鞋子贱。”晏子已经告诉国君，所以跟叔向说话的时候也谈到这个。齐景公为此就减免了刑罚。君子说：“仁人的话，它的利益多么广大啊！晏子一句话，齐侯就减轻刑罚。《诗经》说：‘君子为世人造福，祸乱差不多能急速停歇。’说的就是这个吧！”

及宴子如晋，公更其宅，反，则成矣。既拜[①]，乃毁之，而为里室[②]，皆如其旧[③]，则使宅人反之[④]，口：“谚口：‘非宅是卜，唯邻是卜[⑤]。’二三子先卜邻矣[⑥]，违卜不祥[⑦]。君子不犯非礼[⑧]，小人不犯不祥，古之制也。吾敢违诸乎？”卒复其旧宅[⑨]。公弗许，因陈桓子以请[⑩]，乃许之。

注释

①拜：拜谢齐景公赏赐新宅。

②里室：邻居的住宅。齐景公为广晏子之宅而拆邻里之宅。

③旧：屋舍旧貌。

④宅人：指旧宅的居民。反之：返回原来的居所。

⑤非宅是卜，唯邻是卜：不是住宅需要占卜，唯有邻居需要占卜。

⑥二三子：指旧日宅人。

⑦违卜：违背占卜，即迁移邻居。

⑧犯：触犯，冒犯。非礼：不合礼法的事。

⑨卒：最终，终于。复：恢复，还原。

⑩陈桓子：陈无宇，齐国大臣。

译文

等到晏子去晋国，齐景公更换他的住宅，回来，新屋就已经完工。晏子拜谢以后，就拆毁了新房而复建邻居的房屋，恢复如原来的一样，让旧宅的居民返回原来的居所，说："俗话说：'不是住宅需要占卜，唯有邻居需要占卜。'这几位先已卜邻安居了，迁移邻居违背占卜不祥。君子不去做不合礼法的事情，小人不去做不祥的事情，这是古代的制度，我敢违背它吗？"最后恢复了旧居。齐景公开始不允许，晏子托陈桓子代为请求，齐景公才允许了。

女叔齐论礼之本末

昭公五年

公如晋[1]，自郊劳至于赠贿[2]，无失礼。晋侯谓女叔齐曰[3]："鲁侯不亦善于礼乎？"对曰："鲁侯焉知礼？"公曰："何为[4]？自郊劳至于赠贿，礼无违者，何故不知？"对曰："是仪也[5]，不可谓礼。礼所以守其国[6]，行其政令，无失其民者也。今政令在家[7]，不能取也。有子家羁[8]，弗能用也。奸大国之盟[9]，陵虐小国[10]。利人之难[11]，不知其私[12]。公室四分，民食于他[13]。思莫在公[14]，不图其终[15]。为国君，难将及身，不恤其所[16]。礼之本末[17]，将于此乎在，而屑屑焉习仪以亟[18]。言善于礼，不亦远乎？"君子谓："叔侯于是乎知礼。"

注释

①公：鲁昭公。

②郊劳：到郊外迎接慰劳。赠贿：赠送礼物。

来时迎接，归时馈赠，皆晋国接待礼节。

③晋侯：晋平公，名彪。

女 rǔ 叔齐：女氏，名侯，字叔齐，晋大夫，官司马。

④何为：为什么，何故。

⑤仪：仪式。

⑥守：保有，掌管。

⑦家：卿大夫。

⑧子家羁：鲁之公族，庄公玄孙，子家为氏，名羁，谥懿伯。

⑨奸：同"干"，干犯。

⑩陵虐：欺侮虐害。陵，通“凌”，侵犯，欺侮。

⑪难 nàn：灾难。

利人之难指鲁昭公四年利用莒难而取鄫之事。

⑫私：自己的私难。

⑬他：其他人，指鲁大臣季孙、叔孙、孟孙三家。

⑭思：民之所思，指民心。

⑮图：考虑。终：后果。

⑯恤：忧虑。所：所处地位。

⑰礼之本末：礼的精神实质为本，仪式为末。

⑱屑屑：繁琐细屑。亟：急忙，赶快。

译文

鲁昭公去到晋国，从来时郊外慰劳行一直到走时馈赠礼物，从没有不合礼节的。晋平公对女叔齐说：“鲁侯不也很知礼吗？”女叔齐回答说：“鲁侯哪里懂得礼！”晋平公说：“为什么？从郊外慰劳一直到馈赠礼物，没有违于礼的地方，为什么不懂得？”女叔齐回答说：“这是仪式，不能说是礼。礼，是用来保有国家、推行政令，不失去百姓的。现在政权掌握在卿大夫私家，不能拿回来。有子家羁，不能任用。触犯大国的盟约，欺侮虐待小国。利用别人的危难，却不知道自己也有危难。公室的军队一分为四，百姓靠三家大夫生活。民心不在国君，国君不考虑后果。作为一个国君，危难将要到他身上，却不去忧虑他所处的地位。礼的精神实质为本，仪式为末就在于此，他却急于追求琐碎的仪式。说他懂得礼，不也是相差得太远了吗？”君子认为：“女叔齐在这件事上是懂得礼的。”

子革对灵王

昭公十二年

楚子狩于州来[①]，次于颍尾[②]，使荡侯、潘子、司马督、嚣尹午、陵尹喜帅师围徐以惧吴[③]。楚子次于乾溪[④]，以为之援。雨雪[⑤]，王皮冠，秦复陶[⑥]，翠被[⑦]，豹舄[⑧]，执鞭以出，仆析父从[⑨]。

注释

①楚子：指楚灵王。狩：打猎。

州来：吴国地名，其地在今安徽凤台。

②次：指临时驻扎和住宿。

颍 yǐng 尾：颍水入淮水处，在今安徽正阳关。

③荡侯、潘子、司马督、嚣尹午、陵尹喜：皆楚大夫。

惧：使……畏惧，威胁之意。

④乾溪：吴国地名，其地在今安徽省亳州市东南。

⑤雨雪：下雪。雨，此处用作动词，降落之意。

⑥复陶：用毛羽制成的御风雪的外衣。

⑦翠被：翡翠羽制成的背帔。被，通“帔”。

⑧豹舄 xì：用豹皮制成的鞋。舄，鞋。

⑨仆：太仆。析父：楚大夫。

译文

楚灵王在州来打猎阅兵，驻扎在颍尾，派荡侯、潘子、司马督、嚣尹午、陵尹喜率领军队包围徐国以威胁吴国。楚灵王驻在乾溪，作为他们的后援。天下雪，楚灵王头戴皮帽子，身穿秦国的羽衣，披着翠羽披肩，脚穿豹皮鞋，手拿着鞭子走了出来。仆析父作为随从。

右尹子革夕[①]，王见之，去冠、被，舍鞭，与之语曰："昔我先王熊绎[②]，与吕伋、王孙牟、燮父、禽父，并事康王[③]，四国皆有分[④]，我独无有。今吾使人于周，求鼎以为分[⑤]，王其与我乎？"对曰："与君王哉！昔我先王熊绎，辟在荆山[⑥]，筚路蓝缕[⑦]，以处草莽[⑧]。跋涉山林，以事天子。唯是桃弧、棘矢[⑨]，以共御王事[⑩]。齐，王舅也[⑪]。晋及鲁、卫，王母弟也[⑫]。楚是以无分，而彼皆有。今周与四国服事君王，将唯命是从，岂其爱鼎？"

注释

①右尹：楚国官名。子革：郑丹。夕：晚上进见。

②熊绎：楚国始封君。

③吕伋：姜太公之子丁公。王孙牟：卫康叔之子康伯。燮父：唐叔虞之子。禽父：周公之子伯禽。此四人为齐、卫、晋、鲁四国的始祖。康王：即周康王，成王之子。

④四国：指齐、卫、晋、鲁。分：古天子封诸侯时所赐传国之礼器。

⑤鼎：夏、商、周三代视为传国之宝。

⑥辟：同"僻"，偏远。荆山：楚人的发祥地，今湖北南漳县西。

⑦筚路：柴车。蓝缕：破烂的衣服。

⑧草莽：丛生的杂草。

⑨桃弧、棘矢：桃木做的弓，棘枝做的箭。

⑩共御：谓恭肃己身以抵御不祥。共，同"恭"。杜预注："桃弧、棘矢，以御不祥。"

⑪王舅：周成王的母亲为姜太公之女，故称。

⑫母弟：周公旦、卫康叔均武王同母弟，唐叔虞为成王母弟，故称。

译文

右尹子革晚上前来进见，楚灵王接见他，脱去帽子、披肩，放下鞭子，和他说话，说："从前我们先王熊绎，和吕伋、王孙牟、燮父、禽父一起侍奉康王，齐、晋、鲁、卫四国都分赐了宝器，唯独我国没有。现在我派人到成周，请求把鼎作为赏赐，周天子会给我吗？"子革回答说："会给君王啊！从前我们先王熊绎住在荆山僻处，乘柴车、穿破衣以开辟丛生的杂草，跋山涉水以侍奉天子，只有这桃木做的弓、棘枝做的箭来供奉王室大事之用。齐国，是周天子的舅父。晋国和鲁国、卫国，是天子的同胞兄弟。楚国因此没有得到赏赐的宝器，而他们却有，现在是周朝和四国都顺服侍奉君王了。他们将完全听从您的命令，难道还会吝惜鼎？"

王曰："昔我皇祖伯父昆吾[1]，旧许是宅[2]。今郑人贪赖其田，而不我与。我若求之，其与我乎？"对曰："与君王哉！周不爱鼎，郑敢爱田？"王曰："昔诸侯远我而畏晋，今我大城陈、蔡、不羹[3]，赋皆千乘[4]，子与有劳焉[5]。诸侯其畏我乎？"对曰："畏君王哉！是四国者[6]，专足畏也[7]，又加之以楚，敢不畏君王哉！"

注释

①昆吾：楚远祖季连之兄。

②旧许：即许国，其地在今河南许昌，多次迁移，其故地为郑国占有，故称旧许。宅：居住。

③城：筑城；修筑城墙。陈、蔡：皆楚附属国。

不羹：楚附属国，有东西二邑，故下文称四国。

④赋：士兵。这里指兵车。

⑤子：指子革。与 yù：参与，参加。有劳：有功劳。

⑥四国：指陈、蔡、和东西不羹。

⑦专：单独占有。

译文

楚灵王说："以前我们的皇祖伯父昆吾，居住在许国旧地，现在郑国人贪图这些土田的利益而不给我们。我们如果向他们求取，会给我们吗？"子革回答说："会给君王啊！周朝不吝惜鼎，郑国哪里敢吝惜土田？"楚灵王说："从前诸侯认为我国僻远而害怕晋国，现在我们大力地修筑陈国、蔡国和东西不羹城的城墙，每地都有战车一千辆，您参与此事也是有功劳的，诸侯会害怕我们了吧！"子革回答说："害怕君王啊！光是这四个城邑，也就足够使人害怕了，又加上楚国本身的力量，岂敢不畏惧君王呢？"

工尹路请曰[①]："君王命剥圭以为鏚柲[②]，敢请命。"王入视之。析父谓子革："吾子，楚国之望也[③]！今与王言如响[④]，国其若之何？"子革曰："摩厉以须[⑤]，王出，吾刃将斩矣[⑥]。"

注释

①工尹：官名。掌管百工及官营手工业。路：人名。

②剥：剖开。圭：玉制礼器。

鏚 qī：古代一种形似斧的兵器。柲 bì：柄。

③望：名望，声望。

④响：回声。意谓子革随声附和。

⑤摩厉：即磨砺。厉，“砺”的古字，磨刀石。

须：等待。比喻做好准备，待时而动。

⑥刃：刀刃。这里指其劝谏之言。

斩：意谓斩断楚王贪欲和邪念。

译文

工尹路请命说：“君王命令破开玉器来装饰斧柄，谨请发布命令。”楚灵王进去察看。析父对子革说：“您，是楚国有声望的人！今天和君王说话，答对好像他的回声一样一味附和，国家将怎么办？”子革说：“我磨快了刀刃等着，君王出来，我的刀刃就将斩断楚王贪欲和邪念。”

王出，复语。左史倚相趋过[①]。王曰：“是良史也，子善视之[②]。是能读《三坟》《五典》《八索》《九丘》[③]。”对曰：“臣尝问焉。昔穆王欲肆其心[④]，周行天下[⑤]，将皆必有车辙马迹焉。祭公谋父作《祈招》之诗[⑥]，以止王心，王是以获没于祗宫[⑦]。臣问其诗而不知也。若问远焉，其焉能知之？”王曰：“子能乎？”对曰：“能。其诗曰：‘祈招之愔愔[⑧]，式昭德音[⑨]。思我王度[⑩]，式如玉，式如金。形民之力[⑪]，而无醉饱之心[⑫]。’”

注释

①左史：官名。倚相：人名。

趋：小步快走，是表示恭敬的一种礼节。

②善视：善加看待。

③《三坟》《五典》《八索》《九丘》：皆上古书名，已佚失。

④穆王：周穆王。肆：放纵。⑤周行：遍行。

⑥祭公谋父：周公之孙，祭为其封邑，谋父是他的名字。

⑦获没：得到善终。没：同“殁”。

祗宫：穆王行宫，其地在今陕西华县北。

⑧愔愔 yīn：和悦安舒的样子。

⑨式：语首助词。昭：昭明。⑩度：仪表、行为。

⑪形民之力：杜预注：“言国之用民，当随其力任，如金冶之器，随器而制形。”形，这里有衡量的意思。

⑫醉饱：酒食过度。意谓贪图享受，放纵欲望。

译文

楚灵王出来，又和子革说话。左史倚相从前面小步快速走过，楚灵王说：“这个人是好史官，您要好好看待他，这个人能够读《三坟》《五典》《八索》《九丘》这样的古书。”子革回答说：“下臣曾经问过他。从前周穆王想要放纵他自己的野心，周游天下，想要让天下到处都有他的车辙马迹。祭公谋父作了《祈招》这首诗来阻止穆王的野心，穆王因此得以寿终正寝于祗宫。下臣问他这首诗，他都不知道。如果问更远的事情，他哪里能知道？”楚灵王说：“您能诵读吗？”子革回答说：“能。这首诗说：‘《祈招》和悦安适，昭显有德者的声音。想我君王的风度，样子好像玉，好像金。衡量百姓的力量来使用，而自己没有醉酒饱食的贪欲。’”

王揖而入，馈不食[1]，寝不寐，数日，不能自克，以及于难[2]。

注释

①馈：进献餐饭。

②难：指子革对灵王后的第二年，楚国内乱，拥立新王，楚灵王兵溃逃走，后自缢于乾溪。

译文

楚灵王向子革作揖，就走了进去，送上饭来不吃，躺下睡不着，有好几天如此，还是不能克制自己，所以最终遭遇了祸难。

仲尼曰[1]："古也有志[2]：'克己复礼[3]，仁也。'信善哉[4]！楚灵王若能如是，岂其辱于乾溪？"

注释

①仲尼：孔子。

②志：记载。

③克己：克制自己的私欲。复礼，回归礼制。

④信：确实，的确。

译文

孔子说："古时候有话说：'克制自己的私欲而回归礼制，这就是仁。'说得确实好啊！楚灵王如果能够像这样做，难道还会在乾溪受到羞辱？"

子产弗与韩宣子环
昭公十六年

宣子有环[1]，有一在郑商[2]。宣子谒诸郑伯[3]，子产弗与，曰："非官府之守器也[4]，寡君不知。"子大叔、子羽谓子产曰："韩子亦无几求[5]，晋国亦未可以贰[6]。晋国、韩子，不可偷也[7]。若属有谗人交斗其间[8]，鬼神而助之，以兴其凶怒，悔之何及？吾子何爱于一环，其以取憎于大国也，盍求而与之[9]？"子产曰："吾非偷晋而有二心，将终事之，是以弗与，忠信故也。侨闻君子非无贿之难[10]，立而无令名之患[11]。侨闻为国非不能事大字小之难[12]，无礼以定其位之患[13]。夫大国之人，令于小国[14]，而皆获其求，将何以给之？一共一否[15]，为罪滋大[16]。大国之求，无礼以斥之[17]，何餍之有[18]？吾且为鄙邑[19]，则失位矣[20]。若韩子奉命以使，而求玉焉，贪淫甚矣，独非罪乎？出一玉以起二罪，吾又失位，韩子成贪，将焉用之？且吾以玉贾罪[21]，不亦锐乎[22]？"

注释

①宣子：韩起，晋执政大臣。环：玉环。

②有一：与之配对的一环。

③谒：请求。郑伯：郑定公。

④官府：官方的府库。守器：指所守护的重器。

⑤无几：没有多少。

⑥贰：有二心。

⑦偷：轻慢，怠慢。

⑧属：恰好。谗人：谗言之人。交斗：挑拨。

⑨盍：何不，为什么不。

⑩贿：财物。难 nàn：患难。此句意谓君子不患无财物。

⑪立：立身。令名：美好的声誉。

此句意谓却担心立身而没有美好的名声。

⑫事大：敬事大国。字小：抚养小国。字，养育，抚养。

⑬定其位：安定保全其地位。

⑭令：命令。

⑮一共一否：有时给，有时因不能满足而不给。共，同“供”。

⑯滋：更加。

⑰斥：驳回。

⑱餍 yàn：满足。

⑲且：将要。鄙邑：边境的城邑。

⑳失位：即失去其独立国的地位。

㉑贾：买来。引申为招引，招致。

㉒锐：细小。

译文

韩宣子有一只玉环，与之配对的一个在郑国的商人手里。韩宣子向郑定公请求得到那只玉环，子产不给，说：“这不是公家府库中保管的器物，寡君不知道。”子太叔、子羽对子产说：“韩子也没有太多的要求，对晋国也不能怀有二心。晋国和韩子都是不能怠慢的。如果恰好有进谗言之人在两国之间挑拨，如果鬼神再帮着坏人，以兴起晋国人的凶心怒气，后悔哪里来得及？您为什么吝惜一个玉环，而招致大国的憎恶呢？为什么不去找来给他？”子产说：“我不是轻慢晋国而怀有二心，而是要始终侍奉他们，所以才不给他，这是为了忠诚和守信的缘故。侨听说君子不是担忧没有财物，而是担心立身却没有美好的名声。侨又听说治理国家不是怕不能敬事大国、抚养小国，而是怕没有礼仪来保全安定他的地位。大国对小国发号施令，如果一切要求都得到满足，将要用什么来不断地供给他们？有时给了，有时不给，所造成的罪过更大。大国的要求，如果不合乎礼就驳斥，他们哪里会有满足的时候？我们就将成为他们边境的城邑，那就失去了作为一个独立国的地位了。如果韩子奉命出使而求取玉环，他的贪婪邪恶就太过分了，这难道不是罪过吗？拿出一只玉环而引起两种罪过，我们又失去了独立国的地位，韩子则成为贪婪的人，哪里用得着这样？而且我们以一只玉环招致罪过，不也太不值得了吗？”

韩子买诸贾人，既成贾矣[①]，商人曰：“必告君大夫[②]。”韩子请诸子产曰：“日起请夫环[③]，执政弗义[④]，弗敢复也[⑤]。今买诸商人，商人曰，必以闻[⑥]，敢以为请。”子产对曰：“昔我先君桓公，与商人皆出自周[⑦]，庸次比耦[⑧]，以艾杀此地[⑨]，斩之蓬蒿藜藋[⑩]，而共处之。世有盟誓，以相信也，曰：‘尔无我叛，我无强贾[⑪]，毋或匄夺[⑫]。尔有利市宝贿[⑬]，我勿与知。’恃此质誓[⑭]，故能相保，以至于今。今吾子以好来辱，而谓敝邑强夺商

人，是教弊邑背盟誓也，毋乃不可乎！吾子得玉而失诸侯，必不为也。若大国令，而共无艺[15]，郑，鄙邑也，亦弗为也。侨若献玉，不知所成[16]，敢私布之[17]。”韩子辞玉，曰：“起不敏[18]，敢求玉以徼二罪[19]？敢辞之。”

注释

①成贾：即成交。

②告：禀告，报告。君大夫：郑国君及大夫。

③日：昔日，往日。起：韩宣子自称。

④弗义：不认为合道义。

⑤复：再次请求。

⑥闻：报告，上报。

⑦皆出自周：郑封邑本在周境内，郑桓公始东迁。

⑧庸次：按次序。比耦 ǒu：并肩耦耕。

⑨艾 yì 杀：割草伐木，整治土地。艾，通“刈”，割。

⑩蓬蒿藜藋 líhuò：均指野草。

⑪强贾：强行买卖。

⑫毋：不要。匄gài：乞求，求取。

⑬利市：好买卖。宝贿：珍贵的财货。

⑭质誓：有信用的誓言。

⑮共：同“供”。艺：限度，法则。

⑯成：好处。

⑰布：告诉，布达。

⑱不敏：不聪颖，谦辞。

⑲徼：求取。

译文

韩宣子在商人那里购买玉环，已经成交了。商人说："一定要向君大夫禀告！"韩宣子向子产请求说："前些时候我请求得到这只玉环，执政认为不合于道义，所以不敢再次请求。现在在商人那里买到了，商人说一定要把这件事情报告，谨冒昧地以此作为请求。"子产回答说："从前我们先君桓公和商人们都是从周朝迁居出来的，共同合作，并肩耕种，整治土地，割草伐木，一起居住在这里。世世代代都有盟誓而互相信赖。誓词说：'你不要背叛我，我不要强行买卖你的东西，不要乞求、不要掠夺。你有赚钱的买卖和珍贵的财货，我也不加过问。'仗着这个有信用的盟誓，所以能互相支持直到今天。现在您带着友好的情谊光临敝邑，而告诉我们去强夺商人的东西，这是教导敝邑背叛盟誓，未免不可以吧！如果得到玉环而失去诸侯，那您一定是不干的。如果大国有命令，要我们没有限度地进贡，那就是把郑国当成了边区属邑，我们也是不干的。侨如果献上玉环，真不知道有什么好处。冒昧地私下向您布达。"韩宣子于是把玉环退了回去，说："我韩起虽然不聪明，岂敢求取玉环以求得两项罪过？谨请把玉环退还。"

论裨灶焉知天道

昭公十七年

郑裨灶言于子产曰[①]：“宋、卫、陈、郑将同日火，若我用瓘斝玉瓒[②]，郑必不火。”子产弗与。

注释

①裨灶：郑国大夫，精通象纬学。

②瓘 guàn：古代玉器。斝 jiǎ：青铜制的酒器。

玉瓒zàn：古代祭祀用的一种像勺子的玉器。

译文

郑国的裨灶对子产说：“宋、卫、陈、郑四国将要在同一天发生火灾。如果我们用瓘斝玉瓒祭神，郑国一定不发生火灾。”子产不肯给。

昭公十八年

夏五月，火始昏见[①]。丙子，风。梓慎曰[②]：“是谓融风[③]，火之始也。七日[④]，其火作乎！”戊寅，风甚。壬午，大甚。宋、卫、陈、郑皆火。梓慎登大庭氏之库以望之[⑤]，曰：“宋、卫、陈、郑也。”数日，皆来告火。裨灶曰：“不用吾言，郑又将火。”郑人请用之，子产不可。子大叔曰：“宝[⑥]，以保民也。若有火[⑦]，国几亡[⑧]。可以救亡，子何爱焉？”子产曰：“天道远，人道迩[⑨]，非所及也[⑩]，何以知之？灶焉知天道？是亦多言矣，岂不或信[⑪]？”遂不与，亦不复火。

注释

①火：指火星。昏见：在黄昏之时出现。见，同“现”。

②梓 zǐ 慎：鲁国大夫。

③融风：杜预注：“东北曰融风。融风，木也。木，火母，故曰火之始。”

④七日：自丙子至壬午共七日。

⑤大庭氏之库：其地在鲁都曲阜城内。

大庭氏，传说中的古帝之名，或以为古国名。

⑥宝：指上文瓘斝玉瓒。⑦有：通“又”。

⑧几 jī：几乎，差不多。⑨迩：近。

⑩非所及：天道与人道不相关及。

⑪或信：偶然说中。意谓其所言既多，偶然亦有说中者。

译文

夏季，五月，大火星开始在黄昏出现。丙子日，刮风。梓慎说：“这就叫做融风，是火灾的开始，七天以后，恐怕要发生火灾吧！”戊寅日，风刮得很大。壬午日，风刮得更大了。宋国、卫国、陈国、郑国都发生火灾。梓慎登上大庭氏遗址的库房远望，说：“这是在宋国、卫国、陈国、郑国。”几天以后，四国都来报告火灾。裨灶说：“不听取我的意见，郑国还要发生火灾。”郑国人请求采纳他的意见，子产不同意。子太叔说：“宝物是用来保护百姓的。如果有了火灾，国家差不多都会灭亡。能用它们挽救灭亡，您还吝惜它干什么？”子产说：“天道过远，人道切近，两不相关。如何能由天道而知人道？灶哪里懂得天道？这个人所说的话多了，难道不会偶尔也说中的？”于是就没有给。后来也没有再发生火灾。

郑之未灾也，里析告子产曰[1]："将有大祥，民震动，国几亡。吾身泯焉[2]，弗良及也[3]。国迁[4]，其可乎？"子产曰："虽可，吾不足以定迁矣。"及火，里析死矣，未葬，子产使舆三十人迁其柩。

注释

①里析：郑国大夫。

②泯：灭，死亡。

③良：语助词。

④国迁：迁移国都。

译文

郑国还没有发生火灾以前，里析告诉子产说："将要发生大的灾异，百姓震动、国家差不多会灭亡。那时我自己已经死了，赶不上了。迁都，或者可以避免？"子产说："即使可以，我一个人不能决定迁都的事。"等到发生火灾，里析已经死了，没有下葬，子产派三十个人搬走了他的灵柩。

火作，子产辞晋公子、公孙于东门[1]。使司寇出新客[2]，禁旧客勿出于宫[3]。使子宽、子上巡群屏摄[4]，至于大宫[5]。使公孙登徙大龟[6]。使祝史徙主祏于周庙[7]，告于先君。使府人、库人各儆其事[8]。商成公儆司宫[9]，出旧宫人[10]，置诸火所不及。司马、司寇列居火道，行火所焮[11]。城下之人，伍列登城。明日，使野司寇各保其征[12]。郊人助祝史除于国北[13]，禳火于玄冥、回禄[14]，祈于四鄘[15]。书焚室而宽其征[16]，与之材[17]。三日哭，国不市⑱。使行人告于诸侯⑲。宋、卫皆如是。陈不救火，许不吊灾⑳，君子是以知陈、许之先亡也。

注释

①辞：辞别。即晋公子、公孙将至，以火灾辞之不使入城。

②新客：各诸侯国新来聘者。

③宫：馆舍。

④屏摄：祭祀之位。

⑤大宫：帝王诸侯的祖庙。

⑥公孙登：郑大夫，辅佐占卜。

⑦祝史：皆掌祭祀之官。主祏 shí：古代宗庙中所藏的神主。神主为木制，平时藏于石函中，故称“主祏”。

周庙：周厉王庙。郑国始祖桓公为厉王少子，故有厉王之庙。

⑧府人、库人：掌管府库藏物之官员。儆：警备，戒备。

⑨商成公：郑国大夫。司宫：官名。

主管宫内之事，为宫内阉人之长。

⑩旧宫人：先君宫女。

⑪焮 xìn：火所烧处。

⑫野司寇：官名。掌郊野之诉讼及管理所征发的徒役。

征：征役之人。

⑬郊人：郊区乡众。

除于国北：在都城之北，平治场地，以建祭坛。

⑭禳：古代祭祷鬼神来消除灾祸的活动。

玄冥：水神。回禄：火神。

⑮鄘 yōng：城。

⑯书：登记。

⑰材：建筑材料。

⑱不市：停止交易。

⑲行人：官名，掌接待诸侯使者之礼，并奉使前往四方诸侯。

⑳吊灾：慰问遭受灾难的人。

译文

火灾发生以后，子产在东门辞别了前来的晋国公子、公孙，派司寇把新来的客人送出去，禁止早已来的客人走出馆舍的大门。派子宽、子上巡察许多祭祀处所，一直到太宫。派公孙登将大龟迁走，派祝史迁走宗庙里安放神主的石匣到周庙，并向将迁移主祏之事祭告于先君。派府人、库人各自戒备自己的管辖区域以防火。派商成公命令司宫戒备，迁出先君的宫女，安置在火烧不到的地方。司马、司寇排列在火道上，扑救火所烧处。城下的人列队登城。第二天，命令野司寇各自保聚他们所征发的徒役不散开，郊区的人帮助祝史在国都北面，平治场地以修建祭坛，向水神、火神祈祷消除火灾，又在四城祈祷。登记被烧的灾户，减免他们的赋税，发给他们建筑材料。号哭三天，国都中的市场停止交易。派行人向诸侯报告。宋国和卫国也都这样。陈国没有救火，许国不慰问遭灾的百姓，君子因此而知道陈国、许国将先灭亡。

子产论小国忘守则危

昭公十八年

火之作也，子产授兵登陴①。子大叔曰："晋无乃讨乎②？"子产曰："吾闻之，小国忘守则危，况有灾乎？国之不可小③，有备故也。"既④，晋之边吏让郑曰⑤："郑国有灾，晋君、大夫不敢宁居⑥，卜筮走望⑦，不爱牲玉⑧。郑之有灾，寡君之忧也。今执事撊然授兵登陴⑨，将以谁罪？边人恐惧不敢不告。"子产对曰："若吾子之言，敝邑之灾，君之忧也。敝邑失政，天降之灾，又惧谗慝之间谋之⑩，以启贪人⑪，荐为弊邑不利⑫，以重君之忧。幸而不亡，犹可说也⑬。不幸而亡，君虽忧之，亦无及也。郑有他竟⑭，望走在晋⑮。既事晋矣，其敢有二心？"

注释

①授兵：发给武器。陴 pí：城上矮墙。

②讨：讨罪。上文郑辞晋公子、公孙于东门，今又发兵守城，恐晋误为背叛，前来讨罪。

③不可小：不可小视。

④既：后来，不久。

⑤让：责问，责备。

⑥宁居：安居。

⑦卜筮：古代推算吉凶祸福，用龟甲的称"卜"，用蓍草的称"筮"，合称"卜筮"。

走望：四出祭祀。

⑧牲玉：供祭祀用的牺牲和玉器。

⑨撊 xiàn 然：凶猛威武貌。

⑩间谋：趁隙谋算。

⑪启：开启。

⑫荐：再次。

⑬说：解释，辩解。

⑭他竟：与别国接壤为邻。竟，同“境”。

⑮望走在晋：言避难时所指望奔走的，仍然是晋国。

译文

火灾发生的时候，子产登上城上的矮墙颁发武器。子太叔说：“晋国恐怕要来讨罪吧？”子产说：“我听说，小国忘记守御就危险，何况还有火灾呢？国家之所以不被轻视，就因为有防备的缘故。”不久，晋国的边防官吏责备郑国说：“郑国有了火灾，晋国的国君、大夫不敢安居，占卜占筮、四出祭祀，不敢吝惜牺牲玉帛。郑国有火灾，是寡君的忧虑。现在执事忿忿然登上城墙分发武器，将要拿谁来治罪？边境上的人害怕，不敢不报告。”子产回答说：“诚如您所说的那样，敝邑的火灾，是贵国君王的忧虑。敝邑的政务不修，上天降下火灾，又害怕邪恶的人乘机谋算敝邑，以开启贪婪之人的欲望，再次增加敝邑的不利，以加重君王的忧虑。幸亏没有灭亡，还可以加以解释。如果不幸而被灭亡，君王虽然为敝邑忧虑，恐怕也是来不及了。郑国虽然与别国接壤为邻，避难时所指望奔走的，仍然是晋国，已经侍奉晋国了，哪里敢有二心呢？”

楚王召伍奢二子

昭公二十年

费无极言于楚子曰[①]："建与伍奢将以方城之外叛[②]。自以为犹宋、郑也[③]，齐、晋又交辅之[④]，将以害楚。其事集矣[⑤]。"王信之，问伍奢。伍奢对曰："君一过多矣[⑥]，何信于谗？"王执伍奢[⑦]。使城父司马奋扬杀大子[⑧]，未至，而使遣之[⑨]。

注释

①费无极：楚国大夫。楚子：楚平王。

②建：楚平王太子。伍奢：楚国大夫，伍尚、伍员之父。方城：山名，在楚国北部边境。

③犹：如同，好像。

④交辅：在左右辅助。⑤集：成。

⑥一过：指楚平王纳太子建之妻。多：重。

⑦执：捉拿，逮捕。

⑧城父：楚国城邑，楚王使太子居之以镇北部边境。

⑨遣之：通知太子建逃走。

译文

费无极对楚平王说："太子建和伍奢将要率领着方城山外的人叛乱，自以为如同宋国、郑国一样，齐国、晋国又左右辅助他们，将会危害楚国，这事情快成功了。"楚平王相信了这些话，质问伍奢。伍奢回答说："君王有一次过错已经很严重了，为什么还听信谗言？"楚平王逮捕了伍奢，派城父司马奋扬去杀太子。奋扬还没有到达，先派人通知太子出逃。

三月，太子建奔宋。王召奋扬，奋扬使城父人执己以至。王曰："言出于余口①，入于尔耳，谁告建也？"对曰："臣告之。君王命臣曰：'事建如事余。'臣不佞②，不能苟贰③。奉初以还④，不忍后命⑤，故遣之。既而悔之，亦无及已。"王曰："而敢来，何也？"对曰："使而失命⑥，召而不来，是再奸也⑦。逃无所入。"王曰："归，从政如他日⑧。"

注释

①余：我。②不佞：不才。

③苟：假设，设想。贰：怀有二心。

④奉初：奉行头一个命令，即辅佐太子。还：同"旋"，周旋。

⑤后命：续发的命令，即杀太子建的命令。

⑥失命：违误命令。⑦奸：干犯。⑧他日：往日。

译文

三月，太子建逃亡到宋国。楚平王召回奋扬，奋扬让城父大夫逮捕自己回到郢都。楚平王说："话从我的嘴里说出去，进到你的耳朵里，是谁告诉建的？"奋扬回答说："是下臣告诉他的。君王曾命令我说：'侍奉建要像侍奉我一样。'下臣不才，不能设想自己有二心。奉了一开始的命令去对待太子，就不忍心执行您后来的命令。所以要他逃走了。不久我后悔，也来不及了。"楚平王说："你敢回来，为什么？"奋扬回答说："被派遣而违误了使命，召见我又不回来，这是再次违背命令，要逃走也没有地方可去。"楚平王说："你回去吧！还像往日一样做官。"

无极曰："奢之子材[①]，若在吴，必忧楚国，盍以免其父召之[②]。彼仁，必来。不然，将为患。"王使召之，曰："来，吾免而父。"棠君尚谓其弟员曰[③]："尔适吴[④]，我将归死。吾知不逮[⑤]，我能死，尔能报。闻免父之命，不可以莫之奔也；亲戚为戮，不可以莫之报也。奔死免父，孝也；度功而行[⑥]，仁也；择任而往[⑦]，知也；知死不辟，勇也。父不可弃[⑧]，名不可废[⑨]，尔其勉之，相从为愈[⑩]。"伍尚归。奢闻员不来，曰："楚君、大夫其旰食乎[⑪]！"楚人皆杀之[⑫]。

注释

①材：同"才"。

②免：赦免。

③棠君：棠为地名。其地或谓在今南京六合，或谓在河南遂平县西北。棠君为封号。尚、员：皆伍奢子。

④适：到……去。

⑤不逮：比不上。即伍尚自认才智不如伍员。

⑥度 duó 功：估量成功与否。度，衡量，估计。

⑦择任：选择适合自己的任务。

⑧父不可弃：惧去为弃父。

⑨名不可废：惧死为废名。

⑩相从为愈：听我的话为好。从，听从。愈，更好。

⑪旰 gàn 食：晚食，言楚君大夫将为之忧患，不能按时吃饭。旰，晚。

⑫皆杀之：指伍奢、伍尚父子皆被杀。

译文

费无极说："伍奢的儿子很有才能，如果在吴国，一定会使楚国担忧，何不用赦免他们父亲的办法召回他们。他们仁爱，一定回来。不然，将会成为祸患。"楚平王派人召回他们，说："回来，我赦免你们的父亲。"棠邑大夫伍尚对他的兄弟伍员说："你到吴国去，我准备回去死。我的才智不如你，我能够死，你能够报仇。听到赦免父亲的命令，不能不奔走回去。亲人被杀戮，不能不报仇；奔走回去使父亲赦免，这是孝；估量成功与否而后行动，这是仁；选择适合自己的职位而前去，这是智；明知要死而不躲避，这是勇。父亲不能丢掉，名誉不能废弃，你还是努力吧！听我的话为好。"伍尚于是回去。伍奢听说伍员不来，说："楚国的国君、大夫恐怕要为此忧患，不能准时吃饭了。"楚国人把伍奢伍尚父子都杀了。

晏婴论和与同

昭公二十年

齐侯至自田①，晏子侍于遄台②，子犹驰而造焉③。公曰："唯据与我和夫！"晏子对曰："据亦同也，焉得为和？"公曰："和与同异乎？"对曰："异。和如羹焉④，水火醯醢盐梅以烹鱼肉⑤，燀之以薪⑥。宰夫和之⑦，齐之以味⑧，济其不及⑨，以泄其过⑩。君子食之，以平其心。君臣亦然。君所谓可而有否焉，臣献其否以成其可⑪。君所谓否而有可焉，臣献其可以去其否。是以政平而不干⑫，民无争心。故《诗》曰⑬：'亦有和羹⑭，既戒既平⑮。鬷嘏无言⑯，时靡有争。'先王之济五味⑰，和五声也⑱，以平其心，成其政也。声亦如味，一气⑲，二体⑳，三类㉑，四物㉒，五声，六律㉓，七音㉔，八风㉕，九歌㉖，以相成也。清浊，小大，短长，疾徐，哀乐，刚柔，迟速，高下，出入，周疏㉗，以相济也。君子听之，以平其心。心平，德和。故《诗》曰㉘：'德音不瑕㉙。'今据不然。君所谓可，据亦曰可；君所谓否，据亦曰否。若以水济水，谁能食之？若琴瑟之专一，谁能听之？同之不可也如是。"

注释

①齐侯：指齐景公。田：打猎。这里指打猎处。

②遄 chuán 台：齐国地名，在今山东临淄附近。

③子犹：国大夫梁丘据的字。驰：驱赶马车奔跑。造：到。

④羹：用肉或菜调和五味做成带汤的食物。

⑤醯 xī：醋。醢 hǎi：肉酱。梅：梅子。

⑥燀：炊，烧火煮。⑦宰夫：厨师。和：调和。

⑧齐 jì：通“剂”。调配，配制。即调配使味道适中。

⑨济：增加，添加。

⑩泄，减少。过：过分，过重。

⑪献：提出，指进言。⑫干：犯，违背。

⑬《诗》：指《诗经·商颂·烈祖》。

⑭和羹：配以不同调味品而制成的羹汤。

⑮戒：告诫厨夫。平：和，指味道适中。

⑯鬷 zōng：通“奏”，进献。嘏 gǔ：通“假”。无言：指肃敬。

⑰五味：指酸、甜、苦、辣、咸五种味道。

⑱五声：指宫、商、角、 徽、羽五个音阶。

⑲一气：杜预注：“须气以动。”

⑳二体：杜预注：“舞者有文、武。”一说指阴柔、阳刚两种音乐风格。

㉑三类：杜预注：“风、雅、颂。”

㉒四物：指四方之物。因乐所用八音之器其物非一处能备，故杂用四方之物以成器。

㉓六律：杜预注：“黄钟、太簇、姑洗 xiǎn、蕤 ruí 宾、夷则、无射 yì 也。阳声为律，阴声为吕。”

㉔七音：指宫、商、角、徵、羽、变宫、变徵七种音阶。

㉕八风：八方之风。

㉖九歌：杜预注：“九功之德皆可歌也。六府三室谓之九功。”

㉗周：密。㉘《诗》：指《诗经·豳风·狼跋》。

㉙德音：本指美德，这里借指美好的音乐。瑕：玉上的斑点，这里指缺陷。

译文

齐景公从打猎的地方回来，晏子在遄台侍候，梁丘据也驱车来到。齐景公说:“只有梁丘据与我和谐啊！”晏子回答说:“梁丘据也只不过相同而已,哪里说得上和谐呢？”齐景公说:“和谐跟相同不一样吗？”晏子回答说:“不一样。和谐就如同做羹汤，用水、火、醋、酱、盐、梅来烹调鱼和肉，用柴烧煮，厨工加以调和，使各种味道恰到好处，味道不够就增加调料，味道太浓就减少调料。君子喝这种羹汤，内心安定。君臣之间也是这样。国君所认为行而其中包括不行的，臣下指出它的不行的部分，而使行的部分更加完备。国君所认为不行而其中包括行的，臣下指出它的行的部分，而去掉它的不行，因此政事平和而不违于礼，百姓没有争夺之心。所以《诗经》说:‘有着调和的羹汤,已经告诫厨工把味道调得匀净。神灵来享而无所指责,上下也都没有竞争。’先王使五味调和、使五声的谐动听，是用来平静他的内心、完成政事的。声音也像味道一样，是由一气、二体、三类、四物、五声、六律、七音、八风、九歌各方面相辅相成的。是由清浊、大小、短长、缓急、哀乐、刚柔、快慢、高低、出入、疏密各方面互相调节的。君子听了,内心平和。内心平和,德行就和谐。所以《诗经》说‘德音没有缺陷’。现在梁丘据并不如此。国君认为可以的，他也认为可以。国君认为不可以的，他也认为不可以。如同用清水去调剂清水，谁能吃它呢？如同琴瑟老弹一个音调，谁能听得下去呢？不应该雷同的道理就是如此。”

论古而无死

昭公二十年

饮酒乐。公曰[①]："古而无死[②]，其乐若何？"晏子对曰："古而无死，则古之乐也，君何得焉？昔爽鸠氏始居此地[③]，季萴因之[④]，有逢伯陵因之[⑤]，蒲姑氏因之[⑥]，而后大公因之[⑦]。古者无死，爽鸠氏之乐，非君所愿也。"

注释

①公：指齐景公。

②而：如果。

③爽鸠氏：杜预注："爽鸠氏，少皞氏之司寇也。"

④季萴 cè：传说中为虞、夏诸侯。因：继承，接续。

⑤有逢伯陵：殷诸侯，姜姓。

⑥蒲姑氏：殷诸侯，地在今山东博兴县。

⑦大公：姜太公，齐始封君。

译文

喝酒喝得很高兴，齐景公说："从古至今如果没有死，它的欢乐会怎么样啊！"晏子回答说："从古至今如果没有死，那现在就只是古代人欢乐而已，君王能得到什么呢？从前爽鸠氏开始居住在这里，季萴沿袭下来，有逢伯陵沿袭下来，蒲姑氏沿袭下来，然后太公沿袭下来。从古以来如果没有死，那是爽鸠氏的欢乐，并不是君王所希望的。"

子产论为政宽猛

昭公二十年

郑子产有疾，谓子大叔曰："我死，子必为政[①]。唯有德者能以宽服民[②]，其次莫如猛[③]。夫火烈[④]，民望而畏之，故鲜死焉[⑤]。水懦弱，民狎而玩之[⑥]，则多死焉。故宽难。"疾数月而卒。大叔为政，不忍猛而宽。郑国多盗，取人于萑苻之泽[⑦]。大叔悔之，曰："吾早从夫子，不及此。"兴徒兵以攻萑苻之盗[⑧]，尽杀之，盗少止。

注释

①为政：执掌政权。②宽：宽容，宽大。③猛：严厉。

④火烈：火势猛烈。⑤鲜：少有。

⑥狎 xiá：亲昵，轻慢。玩：玩耍，戏弄。

⑦取：通"聚"。萑 huán 苻：沼泽名，多芦苇。⑧徒兵：步兵。

译文

郑国的子产患病，对子太叔说："我死以后，您必定执政。只有有德行的人能够用宽大来使百姓服从，其次就莫若用严厉。火势猛烈，百姓看着就害怕，所以很少有人死于火。水性懦弱，百姓轻慢并玩弄它，很多人就死在水中。所以宽大不容易。"子产病了几个月就去世了。子太叔执政，不忍心严厉而奉行宽大的政策。郑国盗贼很多，聚集在芦苇塘里。太叔后悔，说："我早点听从他老人家的话，就不至于到这一步。"于是发动步兵攻打藏在芦苇丛生的湖泽里的盗贼，全部杀死他们，盗贼稍稍收敛了一些。

仲尼曰："善哉！政宽则民慢[①]，慢则纠之以猛。猛则民残[②]，残则施之以宽。宽以济猛[③]，猛以济宽，政是以和。《诗》曰[④]：'民亦劳止[⑤]，汔可小康[⑥]。惠此中国，以绥四方[⑦]。'施之以宽也。'毋从诡随[⑧]，以谨无良[⑨]。式遏寇虐[⑩]，惨不畏明[⑪]。'纠之以猛也。'柔远能迩[⑫]，以定我王。'平之以和也。又曰[⑬]：'不竞不絿[⑭]，不刚不柔。布政优优[⑮]，百禄是遒[⑯]。'和之至也[⑰]。"

注释

①慢：轻慢。

②残：受伤害。

③济：调剂，调节。

④《诗》：指《诗经·大雅·民劳》。

⑤劳止：辛劳，劳苦。

⑥汔 qì：差不多。

⑦绥 suí：安抚，安定。

⑧从：同"纵"，放纵。诡随：不问是非，见风使舵之人。

⑨谨：约束，使……谨慎。

⑩遏：阻止。寇虐：指残忍凶暴之人。

⑪惨：通"曾"。明：明法。

⑫柔：怀柔。远：远方。能：优抚，亲善。迩：近。

⑬又曰：出自《诗经·商颂·长发》。

⑭竞：竞争。絿 qiú：急躁。

⑮优优：宽和之貌。

⑯禄：福。遒 qiú：聚集。

⑰至：极致，达到顶点。

译文

孔子说："好啊！政事宽和，百姓就轻慢，轻慢就用严厉的措施来纠正；施政严厉，百姓就受伤害，百姓受到伤害就实施宽和的政策。用宽和调节严厉，用严厉调节宽和，政事因此而和谐。《诗经》说：'百姓已经很辛劳，差不多可以稍稍安康。赐恩给中原各国，用以安抚四方。'这是施政宽和。'不要放纵随声附和的人，以约束不良之辈。应当制止残暴的人，他们从来畏惧明法'，这是用严厉来纠正。'怀柔边远，优抚近邦，用来安定我君王'，这是用和睦来安定国家。又说，'不争强不急躁，不刚猛不柔弱。施政平和宽厚，各种福禄都会聚集'，这是和谐之极了。"

及子产卒，仲尼闻之，出涕曰[①]："古之遗爱也[②]。"

注释

①出涕：因伤心而落泪。

②遗爱：杜预注："子产见爱，有古人之遗风。"

译文

等到子产死去，孔子听到这消息，流着眼泪，说："他的仁爱，是古人流传下来的遗风啊！"

卷十一 定公

蔡昭侯如楚
鲁定公三年

蔡昭侯为两佩与两裘①，以如楚，献一佩一裘于昭王②。昭王服之③，以享蔡侯。蔡侯亦服其一。子常欲之④，弗与，三年止之。唐成公如楚⑤，有两肃爽马⑥，子常欲之，弗与，亦三年止之。唐人或相与谋，请代先从者⑦，许之。饮先从者酒，醉之，窃马而献之子常。子常归唐侯。自拘于司败⑧，曰："君以弄马之故⑨，隐君身⑩，弃国家，群臣请相夫人以偿马⑪，必如之⑫。"唐侯曰："寡人之过也，二三子无辱。"皆赏之。蔡人闻之，固请而献佩于子常⑬。子常朝，见蔡侯之徒，命有司曰："蔡君之久也，官不共也⑭。明日，礼不毕⑮，将死⑯。"蔡侯归，及汉，执玉而沈⑰，曰"余所有济汉而南者⑱，有若大川。"蔡侯如晋，以其子元与其大夫之子为质焉，而请伐楚。

注释

①蔡昭侯：蔡国君，蔡悼侯之弟，蔡成侯之父。名申，一作甲。

②佩：佩玉。裘：皮袄。③服：穿戴，穿着。

④子常：楚国令尹。止：不许返回蔡国。

⑤唐成公：唐国国君。唐，楚附属小国，唐惠侯之后，地在今湖北随州市西北。

⑥肃爽：良马名。

⑦请：向楚人请。代：替代。先从者：先行前去的唐成公亲随。

⑧自拘：窃马者自我拘禁。司败：即司寇，掌司法。

⑨弄马：玩马。⑩隐：隐藏，指被拘禁事。

⑪相：帮助。夫人：那养马之人。

偿：补偿，即给唐成公找好马。

⑫如之：如先前的马一样。⑬固：坚决。⑭共：同“供”。

⑮毕：完备。⑯将死：意谓如礼数不完备将处死主管官员。

⑰执玉而沈：沉玉于汉水以立誓。

⑱济汉：渡过汉水。而南：即朝见楚国。

译文

蔡昭侯制作了两块玉佩和两件皮衣带到楚国去，把一块玉佩和一件皮衣献给楚昭王。昭王穿上皮衣戴好玉佩，并设享礼招待蔡侯。蔡侯也穿戴了另外的皮衣和玉佩。子常想要蔡侯的皮衣和玉佩，蔡侯不给，子常就把他扣留了三年。唐成公到楚国去，带了两匹肃爽马，子常也想要，唐成公不给，子常也把唐成公扣留了三年。唐国有数人互相商量，请求代替成公的亲随们，楚国答应了。这些人到达后，让亲随们喝酒，灌醉了他们，偷了马献给子常。子常于是送回了唐侯。策划偷马的人自缚到了唐国的司法官那里，说：“国君由于玩马的缘故，使自身失去自由，抛弃了国家和群臣，下臣们请求帮助养马人赔偿马匹，一定会像先前两匹马一样的好。”唐侯说：“这是寡人的过错。您几位请不要羞辱自己！”对他们全都给予赏赐。蔡国人听说了这件事，坚决请求，而把玉佩献给了子常。子常上朝，见到蔡侯的手下人，就命令官员们说：“蔡侯所以长久留在我国，都是因为你们没有供给赠别的礼物。到明天礼节再不完备，就要处死主管的官员。”蔡侯回国，到达汉水，拿起一块玉丢入汉水中，说：“我要是再渡汉水朝见楚国，有大河为证！”蔡侯到晋国去，以他的儿子元和大夫的儿子作为人质，请求晋国出兵攻打楚国。

吴王阖庐入郢

定公四年

楚自昭王即位[①]，无岁不有吴师。蔡侯因之，以其子乾与其大夫之子为质于吴。

注释

①昭王：楚昭王，名轸，平王子。

译文

楚国自从楚昭王即位以后，没有一年不和吴国交战，蔡昭侯因为这个原因，把他的儿子乾和一个大夫的儿子放在吴国作为人质。

冬，蔡侯、吴子、唐侯伐楚[①]。舍舟于淮汭[②]，自豫章与楚夹汉。左司马戌谓子常曰[③]：“子沿汉而与之上下[④]，我悉方城外以毁其舟[⑤]，还塞大隧、直辕、冥阨[⑥]，子济汉而伐之，我自后击之，必大败之。”既谋而行。武城黑谓子常曰[⑦]：“吴用木也，我用革也，不可久[⑧]。不如速战。”史皇谓子常[⑨]：“楚人恶而好司马，若司马毁吴舟于淮，塞城口而入[⑩]，是独克吴也。子必速战，不然不免。”乃济汉而陈[⑪]，自小别至于大别[⑫]。三战，子常知不可，欲奔[⑬]。史皇曰：“安求其事[⑭]，难而逃之，将何所入[⑮]？子必死之，初罪必尽说[⑯]。”

注释

①吴子：吴王阖庐，名光，吴王诸樊之子。唐侯：唐成公。

②舍：弃。淮：淮水。汭 ruì：河流弯曲处。

③左司马戌：即沈尹戌，官左司马，名戌。

④之：即吴联军。与之上下意谓楚军随吴军上下周旋，使之不得渡江突破口。

⑤悉：尽。悉方城外意谓尽方城以外的全部兵力。其舟：即吴军停在淮汭的船只。

⑥塞：堵塞。大隧、直辕、冥厄：三者皆淮东隘道，大隧在东，在今河南信阳南豫鄂交界处，南北朝后称黄岘关；直辕居中而偏南，南北朝后称武胜关；冥厄在西，南北朝后称平靖关。

⑦武城黑：楚国武城大夫，名黑。武城：地名，在今河南南阳县北。

⑧不可久：不可久战，言革不耐雨湿。

⑨史皇：楚国大夫。

⑩城口：总指三隘道。

⑪陈：同“阵”，布阵，列阵。

⑫小别、大别：皆山名，均在今淮南、汉北地。

⑬奔：逃亡。

⑭安：国家太平之日。求其事：谋求执掌政事。

⑮何所入：逃到哪里去。

⑯初罪：过去所犯罪过。说：通“脱”，即脱罪。

译文

冬季，蔡昭侯、吴王阖庐、唐成公联合发兵进攻楚国。他们把船停在淮汭，从豫章进发，与楚军隔着汉水对峙。楚国司马沈尹戌对子常说："您沿着汉水和吴国联军上下周旋，我带领方城之外的全部人马来毁掉他们的船只，回返时再堵塞大隧、直辕、冥阨。这时，您再渡过汉水而进攻，我从后面夹击，必定把他们打得大败。"两人既已谋划，于是出发。楚国武城大夫黑对子常说："吴国人用木头制的战车，我们用的是皮革蒙的战车，下雨天不能持久，不如速战速决。"史皇对子常说："楚国人厌恶您而喜欢司马。如果沈司马在淮河边上毁掉了吴国的船，堵塞了城口而回来，这是他一个人独享战胜吴军的功劳。您一定要速战速决。否则，就不能免于祸难。"于是就渡过汉水摆开阵势，从小别山一直到大别山。同吴军交战三场，子常知道楚军不敌，打算逃走。史皇说："国家太平之时，您争着执掌政权；国家有了祸难就逃避，你能逃到哪里去呢？您一定要拼命死战这一场，以前的罪过必然可以全部免除。"

十一月庚午，二师陈于柏举[①]。阖庐之弟夫槩王[②]，晨请于阖庐曰："楚瓦不仁[③]，其臣莫有死志，先伐之，其卒必奔。而后大师继之[④]，必克。"弗许。夫槩王曰："所谓'臣义而行,不待命'者,其此之谓也。今日我死，楚可入也。"以其属五千,先击子常之卒。子常之卒奔，楚师乱，吴师大败之。子常奔郑。史皇以其乘广死[⑤]。吴从楚师，及清发[⑥]，将击之。夫槩王曰："困兽犹斗，况人乎？若知不免而致死，必败我。若使先济者知免[⑦]，后者慕之，蔑有斗心矣[⑧]。半济而后可击也。"从之。又败之。楚人为食[⑨]，吴人及之，奔。食而从之，败诸雍澨[⑩]。五战及郢[⑪]。

注释

①二师：楚军和吴联军。柏举：地名，在今湖北麻城东北。

②夫槩 gài 王：即夫概，吴王阖庐之弟。

③瓦：囊瓦，即子常。

④大师：大部队。

⑤乘广：指楚王或主帅率领的兵车。言史皇乘了常之兵车战死。

⑥清发：水名，在今湖北安陆。

⑦免：免于一死。致死：拼死决战。

⑧蔑有：没有。

⑨为食：做饭。

⑩雍澨：水名，在今河北京山县。

⑪郢 yǐng：楚国的都城，在今湖北省荆州市荆州区北。

译文

十一月庚午日，吴、楚两军在柏举摆开阵势。吴王阖庐的弟弟夫槩王早晨请示阖庐说："楚国的令尹子常不仁，他的部下没有拼死一战的决心。我们抢先进攻，他们的士兵必定奔逃，随后大部队跟上去，必然得胜。"阖庐没有答应。夫概王说："所谓'臣下见事情合于道义就去行动，不必等待命令'，说的就是这个吧！今天我拼命作战，就可以攻进楚国的郢都了。"于是，夫槩王率领着他的部下五千人，抢先攻打子常的士卒，子常的士兵奔逃，楚军乱了阵脚，楚军大败于吴军。子常逃亡到郑国。史皇在子常逃逸后乘他留下的兵车血战而死。吴军追赶楚军，到达清发，准备发动攻击。夫槩王说："被围困的野兽还要争斗一番，何况人呢？如果明知难免一死而同我们拼命决战，必定会打败我们。如果让先渡过河的楚军知道一过河就可以逃脱，后边的人羡慕先渡河的，楚军就没有斗志了。渡过一半之后才可以攻击。"照他说的做，又一次打败楚军。楚军做饭，吴军追兵又至，楚军奔逃。吴军吃完楚军做的饭，而后继续追击，在雍澨打败了楚军。五战之后，吴军到达楚国的郢都。

己卯，楚子取其妹季芈畀我以出①，涉睢②。鍼尹固与王同舟③，王使执燧象以奔吴师④。

注释

①季芈畀mǐbì我：楚昭王的小妹。季芈，古代女子在姓前加排行作为字，季为排行最末。芈为姓。畀我，其名。

②睢 suī：水名，在今湖北枝江县东北。

③鍼 zhēn 尹固：鍼尹为楚国官名，固为人名。

④执燧 suì 象：烧火燧以系于象尾。燧，火炬。

译文

己卯日，楚王带了他妹妹季芈畀我逃出郢都，渡过睢水。鍼尹固和楚王同乘一船，楚昭王让鍼尹固烧了火燧系在大象的尾巴上，驱赶其冲入吴军中。

庚辰，吴入郢，以班处宫[①]。子山处令尹之宫[②]，夫槩王欲攻之，惧而去之，夫槩王入之。

注释

①班：爵位等级。处：居住。宫：楚之宫室。

②子山：吴王阖庐之子。

译文

庚辰日，吴军进入郢都，按照爵位等级之卑尊，分别住在楚国宫室里。吴王阖庐的儿子子山住进了令尹府，夫槩王想要攻打他，子山害怕，离开了，夫 王就住进了令尹府。

左司马戌及息而还[①]，败吴师于雍澨，伤。初，司马臣阖庐[②]，故耻为禽焉[③]。谓其臣曰："谁能免吾首[④]？"吴句卑曰[⑤]："臣贱，可乎？"司马曰："我实失子[⑥]，可哉！"三战皆伤，曰："吾不用也已。"句卑布裳，刭而裹之[⑦]，藏其身而以其首免。

注释

①息：古息国，其地在今河南息县。

意谓左司马沈尹戌未及完成“悉方城外”等任务，闻楚败而还。

②臣：为……臣下。

③禽：通“擒”，捉拿。

④免吾首：意谓保全己首，免为吴得。

⑤吴句 gōu 卑：吴国人句卑。

⑥失子：没有及早发现、赏识你。

⑦刭 jǐng：割脖子。

译文

左司马沈尹戌到达息地就往回退兵，在雍澨打败吴军，负了伤。当初，左司马曾经做过吴王阖庐的臣下，所以把被吴军俘虏看成耻辱，对他的部下说：“谁能够保全我的脑袋，免被吴国人得到？”吴国人句卑说：“下臣卑贱，可以担当这任务吗？”司马说：“我竟然没能及早发现您，您行啊！”沈尹戌三次战斗都负了伤，说：“我不中用了。”句卑展开下裳，割下沈司马的脑袋包裹起来，藏好尸体，便带着沈尹戌的头颅逃走了。

楚子涉睢，济江，入于云中[①]。王寝，盗攻之，以戈击王。王孙由于以背受之[②]。中肩。王奔郧[③]，钟建负季芈以从[④]，由于徐苏而从[⑤]。郧公辛之弟怀将弑王[⑥]，曰：“平王杀吾父，我杀其子，不亦可乎？”辛曰：“君讨臣，谁敢仇之？君命，天也，若死天命，将谁仇？《诗》曰[⑦]：‘柔亦不茹[⑧]，刚亦不吐，不侮矜寡，不畏强御。’唯仁者能之。违强陵弱[⑨]，非勇也。乘人之约[⑩]，非仁也。灭宗废祀[⑪]，非孝也。动无令名，非知也。必犯是，余将杀女。”

注释

①云中：云梦泽中。

②王孙由于：楚国大夫。

③郧 yún：古国名，在今中国湖北省安陆县。

④钟建：楚国大夫。

⑤徐：缓缓。苏：苏醒。

⑥郧公辛：楚国郧县大夫，其父蔓成然在昭公十四年为楚平王所杀。

⑦《诗》：指《诗经·大雅·荡之什·烝民》。

⑧茹：吃。矜 guān 寡：鳏寡。矜，通“鳏”。

⑨违：避。

⑩约：处于困境。

⑪灭宗废祀：言弑君罪大，将遭灭族之祸使宗祀灭绝。

译文

楚昭王渡过睢水，又渡过长江，进入云梦泽中。楚昭王在睡觉时，强盗袭击他，用戈刺击楚昭王，楚大夫王孙由于用背去挡，被击中了肩膀。楚昭王逃到郧地，钟建背着季芈跟随着。王孙由于慢慢苏醒过来以后，也跟随上去。郧公辛的弟弟怀打算杀死楚昭王，说：“平王杀了我父亲，我杀死他的儿子，不也是可以的吗？”辛说：“国君讨伐臣下，谁敢仇恨他？国君的命令，代表上天的意志。如果因天意而死，您还要仇恨谁？《诗经》说：'软的不吞下，硬的不吐掉。不欺辱鳏寡，不畏惧强暴。'只有仁爱的人能做到这样。逃避强暴，欺凌弱小，这不是勇；乘人之危，这不是仁；灭亡宗族，废弃祭祀，这不是孝；行无正当名义之举，这不是明智。你如果一定这样做，我就先杀死你。"

斗辛与其弟巢以王奔随。吴人从之，谓随人曰："周之子孙在汉川者，楚实尽之①。天诱其衷②，致罚于楚，而君又窜之③。周室何罪？君若顾报周室，施及寡人④，以奖天衷⑤，君之惠也。汉阳之田，君实有之。"楚子在公宫之北⑥，吴人在其南。子期似王⑦，逃王，而己为王⑧，曰："以我与之，王必免。"随人卜与之，不吉。乃辞吴曰："以随之辟小而密迩于楚⑨，楚实存之⑩，世有盟誓，至于今未改。若难而弃之，何以事君？执事之患，不唯一人⑪。若鸠楚竟⑫，敢不听命。"吴人乃退。鑢金初官于子期氏⑬，实与随人要言⑭。王使见，辞，曰："不敢以约为利。"王割子期之心⑮，以与随人盟。

注释

①尽：灭亡。言尽为楚吞灭。

②诱：引导。衷：内心。天诱其衷谓上天开导其心意。

③窜：藏匿。

④施 yì：延续，推及。

⑤奖：成。

⑥公宫：随国宫室。

⑦子期：昭王之庶兄，貌相似。

⑧己为王：言自己假扮为昭王。

⑨密迩：靠近。

⑩存：保全。

⑪一人：指楚昭王。

⑫鸠：安定。竟：同“境”。

⑬鑪 lú 金：子期的家臣。

⑭要言：盟约，约定。

⑮割子期之心：割取子期心口之血订立盟约。

译文

斗辛就和他的弟弟巢护卫着楚昭王逃亡到随国。吴国人追赶楚昭王，吴王派人对随国国君说："周朝的子孙封在汉水一带的，楚国全都灭了他们。上天指示其心意，降罚于楚国，而您又把楚君藏匿起来。周室有什么罪？君王如果报答周室的恩惠，推及于寡人，以达成天意，这是君王的恩惠，汉水的土地，您就可以享有。"楚王住在随国宫殿的北面，吴军在随国宫殿的南面。子期长得像楚昭王，他让楚昭王逃走而自己假扮作楚昭王，说："把我交给吴军，君王一定可以脱难。"随国人为交出子期之事占卜，不吉利，就辞谢吴国说："以随国的偏僻狭小而紧挨着楚国，楚国确实保全了我们。随、楚两国世世代代都有盟誓，到今天也没有改变。如果在危难之时而背弃他们，又怎么能侍奉君王？执事所担心的并不在于昭王这一个人，如果对楚国境内加以安抚，我国怎敢不听您的命令？"吴军于是撤退了。鑪金当初在子期氏那里做家臣，曾经和随国人有过约定不要把楚昭王交给吴国人。楚昭王让他进见随君订盟，他辞谢，说："不敢利用君王困窘的时机而谋求私利。"楚昭王割取子期心口之血和随国人盟誓。

申包胥乞师

定公四年

初，伍员与申包胥友①。其亡也②，谓申包胥曰："我必复楚国③。"申包胥曰："勉之！子能复之，我必能兴之。"及昭王在随，申包胥如秦乞师，曰："吴为封豕、长蛇④，以荐食上国⑤，虐始于楚⑥。寡君失守社稷，越在草莽⑦。使下臣告急⑧，曰：'夷德无厌⑨，若邻于君⑩，疆埸之患也。逮吴之未定⑪，君其取分焉⑫。若楚之遂亡，君之土也。若以君灵抚之⑬，世以事君。'"

注释

①伍员：伍子胥。申包胥：楚大夫，包胥是字，申是他的食邑。

②亡：逃亡。③复：同"覆"，颠覆。

④封：大。豕 shǐ：野猪。⑤荐：屡次。

⑥虐：虐待，残害。

⑦越：颠越，流亡。草莽：杂草丛林，指荒凉之地。

⑧下臣：申包胥自称。⑨夷：夷狄，指吴国。

⑩邻于君：吴灭楚则将于秦为邻。

⑪逮：趁着。定：安定下来，即占领楚国。

⑫分：言与吴国共分楚地。⑬抚：存恤楚国。

译文

当初，伍子胥和申包胥是朋友。伍子胥逃亡的时候，对申包胥说："我一定要颠覆楚国。"申包胥说："请您尽力吧！您能颠覆楚国，我一定能复兴楚国。"等到楚昭王在随国避难，申包胥就到秦国去请求出兵，说："吴国就如同大猪、长蛇，屡次吞食中原国家，危害从楚国开始。寡君失守国家社稷，流亡于杂草丛林之中，使下臣报告急难，说：‘夷人的本性是贪得无厌，如果吴国成为君王的邻国，这将会是边境的祸患。趁着吴国没有在楚国安定下来，君王可以与吴共分楚国。如果楚国就此灭亡，那就是君王的土地了。如果仰仗君王的威福派兵镇抚楚国，楚国将世世代代侍奉君王。’”

秦伯使辞焉[①]，曰：“寡人闻命矣。子姑就馆[②]，将图而告[③]。”对曰：“寡君越在草莽，未获所伏[④]。下臣何敢即安？”立，依于庭墙而哭，日夜不绝声，勺饮不入口七日。秦哀公为之赋《无衣》[⑤]，九顿首而坐[⑥]，秦师乃出。

注释

①秦伯：即秦哀公。②姑：姑且，暂且。

③图：考虑。④伏：居处。

⑤《无衣》：杜预注：“《诗经·秦风》。取其‘王于兴师’。”

⑥顿首：叩头至地，为重礼，以谢秦之出兵。

译文

秦哀公辞谢申包胥，说：“我知道您的意见了，您姑且到宾馆休息，我们将商量一下再答复您。”申包胥回答说：“寡君逃亡到杂草丛林之中，还没有得到安身的地方，下臣哪敢去休息呢？”于是申包胥站着，靠在院墙上号啕大哭，日夜哭声不断，整整七天滴水不进。秦哀公大为感动，赋了《无衣》这首诗。申包胥叩头九次，然后坐下。秦军于是出动。

齐鲁夹谷之会

鲁定公十年

十年春，及齐平[①]。

夏，公会齐侯于祝其[②]，实夹谷[③]。孔丘相[④]。犁弥言于齐侯曰[⑤]："孔丘知礼而无勇，若使莱人以兵劫鲁侯[⑥]，必得志焉。"齐侯从之。孔丘以公退，曰："士[⑦]，兵之[⑧]！两君合好，而裔夷之俘以兵乱之[⑨]，非齐君所以命诸侯也。裔不谋夏，夷不乱华，俘不干盟[⑩]，兵不偪好[⑪]。于神为不祥，于德为愆义[⑫]，于人为失礼，君必不然。"齐侯闻之，遽辟之[⑬]。

注释

①平：和谈，讲和。

②公：鲁定公。齐侯：指齐景公。

祝其：即夹谷，地名，在今山东莱芜市夹谷峪。

③实：实际上。

④相：即傧相，负责主持会议。

⑤犁弥：齐国大夫。

⑥莱：诸侯国名，姜姓，在今山东黄县，襄公六年为齐国所灭，故下文称之为夷俘。夹谷为莱人流落之所。

⑦士：呼唤随从侍卫。⑧兵之：用兵器攻打他们。

⑨裔夷：华夏地域以外的民族。

⑩干：干犯，触犯。

⑪偪好：逼迫友好。

⑫愆：违背，违反。

⑬遽：迅速，急忙。辟：同"避"。

译文

鲁定公十年春季，鲁国和齐国讲和。

夏季，鲁定公在祝其会见齐景公，祝其也就是夹谷。孔丘作为傧相。犁弥对齐景公说：“孔丘懂得礼而缺乏勇，如果派莱地人用武力劫持鲁侯，必定可以如愿以偿。”齐景公听从了。孔丘陪同鲁定公退出，说：“士兵们，拿起武器攻打他们！两国的君主友好和谈，而边远的东夷俘虏用武力来捣乱，这不是齐君用来对待诸侯的态度，边远不能图谋中原，东夷不能搅乱华人，俘虏不能触犯盟会，武力不能逼迫友好，这些对于神明来说是大不吉祥的，对于德行来说是丧失道义的，对于人们来说是丢弃礼仪，君王必定不会这样做。”齐景公听了以后，很快就让莱地人避开。

将盟，齐人加于载书曰①：“齐师出竟②，而不以甲车三百乘从我者，有如此盟。”孔丘使兹无还揖对曰③：“而不反我汶阳之田④，吾以共命者⑤，亦如之。”

注释

①加：添加条款。载书：即盟约之书。

②出竟：指出境作战。竟，同“境”。

③兹无还：鲁国大夫。

④反：同“返”，返还。汶阳之田：汾水北岸之地，齐侵占的鲁地，即下文郓、欢、龟阴之田。

⑤共命：供给齐国之命，即满足齐国的要求。共，同“供”。

译文

将要盟誓，齐国人在盟书上加了一条说："如果齐军出境，而鲁国不派三百辆甲车跟随我们的话，有盟誓为证！"孔丘让兹无还作揖回答说："你们不归还我们汶阳的土田，让我们用来供应齐国的需要，也有盟誓为证！"

齐侯将享公，孔丘谓梁丘据曰[①]："齐、鲁之故[②]，吾子何不闻焉？事既成矣，而又享之，是勤执事也[③]。且牺、象不出门[④]，嘉乐不野合[⑤]。飨而既具[⑥]，是弃礼也。若其不具，用秕稗也[⑦]。用秕稗，君辱，弃礼，名恶，子盍图之？夫享，所以昭德也。不昭，不如其已也。"乃不果享[⑧]。

注释

①梁丘据：齐国大夫。

②故：故事，即旧日事典。

③勤：使……辛苦。

④牺、象：古代饰有鸟形、鸟羽或象骨的酒器。

⑤嘉乐：钟、磬也。即古代用于宴飨祭祀的钟磬之乐。
野合：野外演奏。

⑥既：尽，全部。具：具备，即牺、象、嘉乐皆全。

⑦秕稗 bǐbài：秕子和稗子，比喻轻贱草率。

⑧果：成为现实，实现。

译文

齐景公准备设享礼招待定公。孔丘对梁丘据说："齐国、鲁国旧有的典礼制度，您为什么没有听说过呢？事情已经达成了，而又设享礼，这是让执事辛苦了。而且牺尊、象尊不出国门，钟磬不在野外合奏。设享礼而把这些东西全部具备了，这是不合礼仪的。如果这些东西不具备，那就像秕子稗子一样轻微而不郑重。像秕子稗子一样的礼节，这是君王的耻辱。抛弃礼仪，就名声不好，您何不考虑一下呢！享礼，是用来宣扬德行的。不能将德行发扬光大，不如不举行。"结果齐景公没有举行享礼。

齐人来归郓、欢、龟阴之田①。

注释

①郓 yùn、欢、龟阴：都是鲁国的邑名，全在汶水的北岸，即"汶阳之田"。

译文

齐国人前来归还郓地、欢地、龟阳的土地。

卷十二 哀公

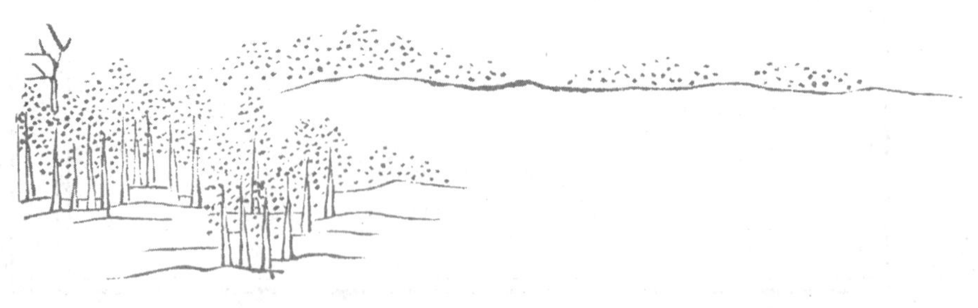

伍员谏许越平

哀公元年

吴王夫差败越于夫椒①，报檇李也②。遂入越。越子以甲楯五千③，保于会稽④。使大夫种因吴大宰嚭以行成⑤，吴子将许之。伍员曰："不可。臣闻之树德莫如滋，去疾莫如尽⑥。昔有过浇杀斟灌以伐斟鄩⑦，灭夏后相⑧。后缗方娠⑨，逃出自窦⑩，归于有仍⑪，生少康焉，为仍牧正⑫。惎浇⑬，能戒之⑭。浇使椒求之⑮，逃奔有虞⑯，为之庖正⑰，以除其害⑱。虞思于是妻之以二姚⑲，而邑诸纶⑳。有田一成㉑，有众一旅㉒，能布其德，而兆其谋㉓，以收夏众㉔，抚其官职。使女艾谍浇㉕，使季杼诱豷㉖，遂灭过、戈，复禹之绩。祀夏配天㉗，不失旧物㉘。今吴不如过，而越大于少康，或将丰之㉙，不亦难乎？句践能亲而务施㉚，施不失人，亲不弃劳。与我同壤而世为仇雠㉛，于是乎克而弗取，将又存之，违天而长寇仇，后虽悔之，不可食已㉜。姬之衰也㉝，日可俟也。介在蛮夷，而长寇仇，以是求伯㉞，必不行矣。"弗听。退而告人曰："越十年生聚㉟，而十年教训㊱，二十年之外，吴其为沼乎㊲！"三月，越及吴平。

注释

①夫差：吴国末代国君，吴王阖庐（或作阖闾lǘ）之子。越：诸侯国名，姒姓，国都在会稽，其地在今浙江绍兴。夫椒：越国地名，在今浙江绍兴北。

②檇 zuì 李：越国地名，在今浙江省嘉兴西南。定公十四年吴王阖庐在这里被越国打败，受伤而死。

③越子：即越王勾践。甲楯：指披甲持盾的士兵。

④保：保住，守住。会稽：山名，在今浙江绍兴市东南。

⑤种：文种，越国大夫，字禽。嚭 pǐ：伯嚭，伯州犁的孙子，吴国太宰。行成：商议谈和。

⑥这两句话后被收入《古文·尚书.泰誓》。滋：长，多。疾：恶。尽：彻底。

⑦有过：古代的国名，在今山东掖县北。浇：人名，夏代寒浞杀后羿并占有其妻室，生子名浇，封于有过。斟灌、斟鄩：均为夏的同姓诸侯。

⑧夏后相：夏朝第五代君主，少康之父。

⑨后缗 mín：夏后相之妻。娠：怀孕。

⑩窦：洞，孔。

⑪有仍：古国名，后缗即有仍之女，其地在今山东的济宁。

⑫牧正：牧官之长。

⑬惎：憎恶。

⑭戒：警惕，戒备。

⑮椒：浇臣。

⑯有虞：古代诸侯国名，姚姓，其地在今山西永济。

⑰庖正：掌膳食之官

⑱除：免除。

⑲二姚：指有虞国君虞思的两个女儿，虞是姚姓国，故称二姚。

⑳纶：古地名，其地在今河南商丘虞城东南。

㉑成：方十里为一成。

㉒众：人口。旅：五百人为一旅。

㉓兆：开始。谋：谋划。

㉔夏众：夏朝遗民。

㉕女艾：少康臣。

㉖季杼：少康子。豷 yì：浇的弟弟，戈国国君。

㉗配天：古礼，祭祀天地。

㉘旧物：指夏代原来的典章制度。

㉙或：假如。丰：壮大。

㉚务：致力于。施：施与恩德。

㉛同壤：同处一方，国土相连。

㉜不可食：无法消除，不可反悔。

㉝姬：指吴国。吴国为姬姓国。

㉞伯：霸。

㉟生聚：繁衍人口，积累物资。

㊱教训：教化百姓，训练军队。

㊲为沼：变为池沼，谓国家灭亡。

译文

吴王夫差在夫椒击败越国军队，以报在槜李被越国打败之仇。于是吴军就乘势入侵越国。越王勾践带着披甲持盾的士兵五千人固守在会稽山，派大夫文种通过吴国太宰嚭而向吴国求和。吴王夫差打算答应越国的请求。伍员说："不可以。下臣听说：'建树德行最好不断增加，除去邪恶最好彻底干净。'从前有过国的国君浇杀了斟灌而攻打斟鄩，灭亡了夏后相，后缗正怀着孕，从城墙的小洞里逃出去，回到娘家有仍国，生下少康。少康后来在有仍做了牧官之长，嫉恨于浇，而能警惕戒备。浇派遣椒寻找少康，少康逃奔到有虞国，做了那里掌管膳食之官，才赖此免除了浇的杀害，虞思因此把两个女儿嫁给了他，把纶邑封给他，拥有方圆十里的土田，有五百人的兵众，能广施恩德，并开始谋划复兴计划。他收罗夏朝的遗民，安抚他的官员，派遣女艾到浇那里去做间谍，派季杼去引诱浇的弟弟豷。这样就灭亡了过国、戈国，复兴了禹的事业。少康奉祀夏朝的祖先同时祭祀上天，维护了原有的天下。现在吴国不如过国，而越国比少康强大，如果与之讲和而使越国壮大，不也是对吴国的灾难吗？勾践能够亲近别人而致力于施行恩惠，对应该施舍的人从不漏掉。对有功劳的人从不放弃。越国和我国土地相连，而又世世代代是仇敌。在这种情况下如果我们战胜越国而不灭亡它，又准备让它存在下去，这是违背了天意而又助长了仇敌，以后即使懊悔，也来不及消除祸患了。姬姓的衰微，指日可待了。我国介于蛮夷之间，而还去助长仇敌的发展，用这样的办法来谋取霸业，必定是办不到的。”吴王夫差不听。伍员退下去告诉别人说：“越国用十年时间生息繁衍积累物资，用十年时间教化百姓训练军队，二十年以后，吴国的宫殿废坏，恐怕要成为池沼了。”三月，越国和吴国讲和。

楚昭王不祭河

哀公六年

是岁也，有云如众赤鸟，夹日以飞，三日。楚子使问诸周大史[①]。周大史曰："其当王身乎[②]！若禜之[③]，可移于令尹、司马。"王曰："除腹心之疾[④]，而置诸股肱[⑤]，何益？不谷不有大过[⑥]，天其夭诸[⑦]？有罪受罚，又焉移之？"遂弗禜。

注释

①楚子：楚昭王。

②当：天象应验在楚王身上。

③禜 yǒng：古代请求神灵消灾的祭祀。

④腹心：楚王自喻。

⑤置：放置，转移。股肱：喻左右大臣。

⑥不有：没有。

⑦夭：夭折，短命。

译文

哀公六年，有云彩好像一群红色的鸟一样，在太阳两边飞翔，这种异常天象持续了三天。楚昭王派人询问成周的太史。成周的太史说："这天象恐怕要应验在君王您的身上吧！如果禳祭，可以转移到令尹、司马身上。"楚昭王说："把我的疾病除掉，而转置于辅政大臣身上，有什么益处？我没有重大的罪过，上天怎么能让我折寿呢？有罪受到处罚，又能移到哪里去呢？"于是就没有禳祭。

初，昭王有疾。卜曰："河为祟[①]。"王弗祭。大夫请祭诸郊，王曰："三代命祀[②]，祭不越望。江、汉、睢、章[③]，楚之望也。祸福之至，不是过也。不穀虽不德，河非所获罪也。"遂弗祭。

注释

①祟：神鬼作怪。

②三代：指夏、商、周三代。

③江、汉、睢、章：均为楚国境内大川。

译文

当初，楚昭王有病，占卜的人说："黄河之神在作怪。"楚昭王不去祭祀。大夫们请求在郊外祭祀。楚昭王说："三代时制定的祭祀礼法，祭祀不超越本国的所辖范围。长江、汉水、睢水、漳水，是楚国的大川。祸福的来到，不会超过这些地方。我纵然没有德行，也不会得罪黄河之神。"于是就不去祭祀。

孔子曰："楚昭王知大道矣！其不失国也，宜哉[①]！《夏书》曰[②]：'惟彼陶唐[③]，帅彼天常[④]，有此冀方[⑤]。今失其行，乱其纪纲，乃灭而亡。'又曰[⑥]：'允出兹在兹[⑦]。'由己率常可矣。"

注释

①宜：应该，当然。

②《夏书》：指古文《尚书·五子之歌》。

③陶唐：唐尧。

④帅：遵循，遵从。天常：上天赋予的常道。

⑤冀方：代指中土。

⑥又曰：出自古文《尚书·大禹谟》。

⑦允出兹在兹：行善则得福，行恶则得报。意谓福祸来自人的德行。

译文

孔子说："楚昭王理解大道理了。他之所以不失去国家，就是应当的了！《夏书》说：'那位古代的君王陶唐，遵循天之常道，据有中土这片地方。现在走到邪道上，搅乱了治国的纲常，于是就被灭亡。'又说：'行善则得福，行恶则得报。'由自己来遵循天道，这就可以了。"

楚白公之乱

哀公十六年

楚大子建之遇谗也[①]，自城父奔宋。又辟华氏之乱于郑[②]，郑人甚善之。又适晋，与晋人谋袭郑，乃求复焉[③]。郑人复之如初。晋人使谍于子木[④]，请行而期焉。子木暴虐于其私邑，邑人诉之。郑人省之[⑤]，得晋谍焉。遂杀子木。

注释

①大子建：即楚平王子。大，即“太”。

②华氏之乱：指宋国华定、华亥等杀宋群公子，劫持宋元公一事。宋国内乱，在昭公二十年。

③复：重返郑国。

④谍：侦探，间谍。子木：即太子建。

⑤省 xǐng：查看。

译文

楚国太子建遭到诬陷的时候，从城父出逃到宋国，又去郑国躲避宋国华氏之乱。郑国人待他很好。后来他又到晋国，和晋国人谋划袭击郑国，为此就要求再回到郑国去。郑国人待他还像以前一样。晋国人派间谍去了太子建那里，事情完了间谍请求回晋国，同时和太子建约定了人袭郑国的日期。太子建在他的封邑里大肆暴虐，封邑的人告发他。郑国人来查问，抓住了晋国间谍，于是就杀死了太子建。

其子曰胜，在吴。子西欲召之，叶公曰[①]："吾闻胜也诈而乱，无乃害乎？"子西曰："吾闻胜也信而勇，不为不利，舍诸边竟，使卫藩焉[②]。"叶公曰："周仁之谓信[③]，率义之谓勇[④]。吾闻胜也好复言[⑤]，而求死士[⑥]，殆有私乎[⑦]？复言，非信也。期死[⑧]，非勇也。子必悔之。"弗从。召之使处吴竟，为白公。请伐郑，子西曰："楚未节也[⑨]。不然，吾不忘也。"他日，又请，许之。未起师，晋人伐郑，楚救之，与之盟。胜怒，曰："郑人在此，仇不远矣。"

注释

①叶公：即沈诸梁，字子高，楚国大夫。

②卫藩：捍卫国境。

③周：密合。

④率：遵循。

⑤复言：实践诺言。

⑥死士：为他出死力的武士。

⑦殆：恐怕，大概。私：私心。

⑧期死：这里指不怕死。

⑨节：合乎法度。未节：言一切尚未走上正轨。

译文

太子建的儿子名胜，在吴国，子西想召他回国。叶公说："我听说胜这个人狡诈而好作乱，召他回来会成祸害吧！"子西说："我听说胜这个人诚实而勇敢，不做没有利的事情。把他安置在边境上，让他保卫边疆。"叶公说："周合仁爱叫做诚信，遵循道义叫做勇敢。我听说胜这个人务求实践诺言，而又遍求不怕死的武士，恐怕是有私心吧？不管什么话都要实践，这不是诚信，不管什么事情都不怕死，这不是勇敢。您一定会后悔的。”子西不听，把胜召回来，让他住在和吴国接壤的边境地方，号为白公。胜请求进攻郑国，子西说：“楚国一切政事尚未纳入正常轨道。如果不是这样，我是不会忘记此事的。”过了些时候，胜又做如此请求，子西同意了。还没有起师出兵，晋国就攻打了郑国，楚国救援了郑国，并和郑国结盟。白公胜发怒，说：“郑国人在这里，仇人不在远处了。”

胜自厉剑[①]，子期之子平见之，曰：“王孙何自厉也[②]？”曰：“胜以直闻，不告女，庸为直乎[③]？将以杀尔父。”平以告子西。子西曰：“胜如卵，余翼而长之。楚国第[④]，我死，令尹、司马，非胜而谁？”胜闻之，曰：“令尹之狂也！得死，乃非我。”子西不悛[⑤]。胜谓石乞曰[⑥]：“王与二卿士[⑦]，皆五百人当之[⑧]，则可矣。”乞曰：“不可得也。”曰：“市南有熊宜僚者，若得之，可以当五百人矣。”乃从白公而见之[⑨]，与之言，说[⑩]。告之故，辞。承之以剑，不动。胜曰：“不为利谄[⑪]，不为威惕[⑫]，不泄人言以求媚者，去之。”

注释

①厉：同“砺”，磨砺。

②王孙：胜为楚平王之孙，故称。

③庸：岂，难道。

④第：表假设，意为“如果”。

⑤悛：发觉，觉悟。

⑥石乞：白公的党徒。

⑦王：指楚慧王。二卿士：指令尹子西和司马子期。

⑧皆：总共。

⑨从白公：让白公跟着。

⑩说：同“悦”。

⑪ 谄：动心。

⑫惕：惧怕。

译文

白公胜亲自磨剑，子期的儿子平见到后，说：“您为什么要亲自磨剑呢？”他说：“胜是以爽直著称的，不告诉您，怎么能算得上直爽呢？我要杀死你父亲。”平把这些话报告子西。子西说：“胜就如同卵，我用翅膀护着他长大。在楚国，只要我死了，令尹、司马，不归于胜还归于谁？”胜听说子西的话后，说：“令尹真狂妄啊！如果他得到好死，我就不是我。”子西还是没有觉悟。胜对其党徒石乞说：“君王和两位卿士，一共用五百个人对付就行了。”石乞说：“找这样五百个人太难了。”又说：“市场的南边有个叫熊宜僚的，如果得到他，可以抵五百个人。”石乞就跟着白公胜去见熊宜僚，和他谈话，大家很高兴。石乞将来意告诉熊宜僚，熊宜僚拒绝了。白公胜把剑架在宜僚脖子上，他一动不动。白公胜说：“不因利益而动心、不为胁迫而惧怕、不泄漏别人的话去讨好别人，你离开这里吧！”

吴人伐慎[①]，白公败之。请以战备献[②]，许之。遂作乱。秋七月，杀子西、子期于朝，而劫惠王[③]。子西以袂掩面而死[④]。子期曰："昔者吾以力事君，不可以弗终。"抉豫章以杀人而后死[⑤]。石乞曰："焚库弑王，不然不济。"白公曰："不可。弑王，不祥，焚库，无聚[⑥]，将何以守矣？"乞曰："有楚国而治其民，以敬事神，可以得祥，且有聚矣，何患？"弗从。

注释

①慎：楚国邑名，其地在今安徽颍上西北。

②战备：缴获的武器，盔甲等。

③惠王：楚昭王之子，名章。

④袂 mèi：衣袖。掩面：盖住脸，表示自惭。

⑤抉 jué：拔起。豫章：树名，樟树。

⑥聚：指物资。

译文

吴国人进攻慎地，白公胜打败了他们。白公胜请求把缴获的武装战利品进献到郢都，楚惠王同意了，白公胜就乘机发动叛乱。秋季，七月，在朝廷上杀了子西、子期，并且劫持了楚惠王。子西用袖子遮住脸而死去。子期说："过去我以勇力侍奉君王，不能有始无终。"拔起一株樟树打死了敌人然后死去。石乞说："焚烧府库，杀掉君王。不这样，事情就不能成功。"白公胜说："不行，杀死君王不吉祥，烧掉府库没有物资，将要用什么来保有楚国？"石乞说："有了楚国而治理百姓，用恭敬来侍奉神灵，就能得到吉祥，而且还有继续，有什么可担心？"白公胜没有听从。

叶公在蔡，方城之外皆曰："可以入矣[①]。"子高曰："吾闻之，以险侥幸者[②]，其求无餍[③]，偏重必离[④]。"闻其杀齐管脩也而后入[⑤]。

注释

①入：入国讨伐白公。

②以险侥幸：靠冒险而侥幸成功。

③餍 yàn：同"厌"，满足。

④偏重：不公平 。离：人民叛离。

⑤管脩 xiū：管仲的七世孙，楚国的贤大夫。

译文

叶公住在蔡地，方城山外边的人都说："可以进兵国都了。"叶公说："我听说，靠冒险而侥幸成功的，他的欲望不会满足，处事不公平，百姓必然会叛离。"听到白公胜杀了齐国的管修，然后才进入郢都。

白公欲以子闾为王[①]，子闾不可，遂劫以兵。子闾曰："王孙若安靖楚国，匡正王室，而后庇焉[②]，启之愿也，敢不听从。若将专利以倾王室，不顾楚国，有死不能。"遂杀之，而以王如高府[③]，石乞尹门[④]，圉公阳穴宫[⑤]，负王以如昭夫人之宫[⑥]。

注释

①子闾 lǘ：楚平王之子，名启。

②庇：覆盖。

③高府：杜预注："高府，楚别府。"即正官以外的官室。

④尹门：守门，看门。

⑤圉 yǔ 公阳：楚国的大夫。穴：打洞。

⑥负：背。昭夫人：楚昭王的妻子，惠王的母亲。

译文

白公胜想要立子闾为楚王，子闾不答应，就用武力威逼他。子闾说："您如果安定楚国，扶正王室，然后对百姓加以庇护，这就是启的愿望，怎么敢不听从？如果要专谋私利来颠覆王室，置国家于不顾，那么启宁死不从。"于是白公胜就杀了子闾，带着惠王到高府。石乞看守大门，圉公阳在宫墙上挖开一个洞，背着惠王到了昭夫人的宫中。

叶公亦至，及北门，或遇之，曰："君胡不胄[①]？国人望君如望慈父母焉[②]。盗贼之矢若伤君，是绝民望也。若之何不胄？"乃胄而进。又遇一人曰："君胡胄？国人望君如望岁焉，日日以几[③]。若见君面，是得艾也[④]。民知不死，其亦夫有奋心，犹将旌君以徇于国[⑤]，而反掩面以绝民望，不亦甚乎？"乃免胄而进。遇箴尹固[⑥]，帅其属将与白公[⑦]。子高曰："微二子者[⑧]，楚不国矣。弃德从贼[⑨]，其可保乎？"乃从叶公。使与国人以攻白公。白公奔山而缢，其徒微之[⑩]。生拘石乞而问白公之死焉[⑪]，对曰："余知其死所，而长者使余勿言[⑫]。"曰："不言将烹。"乞曰："此事克则为卿，不克则烹，固其所也，何害？"乃烹石乞。王孙燕奔頯黄氏[⑬]。诸梁兼二事[⑭]，国宁，乃使宁为令尹[⑮]，使宽为司马[⑯]，而老于叶[⑰]。

注释

①胄：戴上头盔。

②望君：盼望收成。

③以几：盼望你来。几，通“冀”，企盼。

④艾：安心。

⑤旌：表扬，宣扬。徇：遍告，通告。

⑥箴尹固：楚国大夫。

⑦与：助。

⑧微：要不是。二子：指子西和子朝。

⑨德：有德的人，指子西，子朝。贼：指白公。

⑩微：藏匿，不显露。

⑪死：指尸体。

⑫长者：指白公党徒。

⑬王孙燕：白公胜之弟。

頯 kuí 黄氏：吴国地名，其地在今安徽宣城境内。

⑭二事：指令尹和司马二职。

⑮宁：子西之子子国。

⑯宽：子朝的儿子。

⑰叶：叶公的采邑，在今河南叶县。

译文

叶公也到了，到达北门，有人遇到他，说：“您为什么不戴上头盔？国内的人们盼望您好像盼望慈爱的父母，盗贼的箭如果射伤您，就是断绝了百姓的盼望。为什么不戴上头盔？”叶公于是戴上头盔前进，又遇到一个人说：“您为什么戴上头盔？国内的人们盼望您好像盼望丰收一样，天天盼望，如果能见到您的面容,就能安心了。百姓知道不至于再有生命危险,就会有奋战的决心，还要把您的名号写在旗帜上在都城里巡行传示号召，但是您又用头盔将颜面遮住以断绝百姓的盼望,不也太过分了吗？”叶公就脱下头盔前进。他遇到箴尹固率领他的部下，准备去帮助白公胜。叶公说:“如果没有子西和子期两位，楚国就不成为国家了，抛弃有德之人而跟从叛贼,难道能够保全自己吗？”箴尹固于是跟随了叶公。叶公派他和国内的人们一同攻打白公胜。白公胜逃到山上自己吊死了,他的部下把尸体藏起来。叶公活捉了石乞而追问白公胜的尸体。石乞回答说:“我知道他尸体所藏的地方，但是白公让我不能说出来。”叶公说:“不说就烹了你。”石乞说:“这种事成功就是卿，不成功就被烹，这本来就是应有的结果，有什么妨碍？”于是就烹了石乞。王孙燕逃亡到頯黄氏那里。叶公身兼令尹、司马二职，国家安定以后，他就让宁做令尹，宽做司马，自己在叶地养老。

黄池之会
哀公十三年

夏，公会单平公[①]、晋定公、吴夫差于黄池[②]。

注释

①公：鲁哀公。单平公：周卿士。

②黄池：在河南封丘县南。

译文

夏季，哀公在黄池会见单平公、晋定公、吴王夫差。

六月丙子，越子伐吴[①]，为二隧[②]。畴无余、讴阳自南方[③]，先及郊[④]。吴大子友[⑤]、王子地[⑥]、王孙弥庸[⑦]、寿于姚自泓上观之[⑧]。弥庸见姑蔑之旗[⑨]，曰："吾父之旗也。不可以见仇而弗杀也。"大子曰："战而不克，将亡国。请待之。"弥庸不可，属徒五千[⑩]，王子地助之。乙酉，战，弥庸获畴无余，地获讴阳。越子至，王子地守。丙戌，复战，大败吴师。获大子友、王孙弥庸、寿于姚。丁亥，入吴。吴人告败于王，王恶其闻也[⑪]，自刭七人于幕下[⑫]。

注释

①越子：越王勾践。

②隧：道路。为二隧即兵分两路。

③畴无余、讴阳：皆越大夫。

④郊：吴国国都之郊外。

⑤吴大子友：吴王夫差之子，名友，立为太子。

⑥王子地：吴王夫差之子，名地。

⑦王孙弥庸：吴王阖庐之孙，名弥庸。

⑧寿于姚：吴大夫。泓：水名。

或谓即越来溪，泓上即横山，在今江苏吴县市西南。

⑨姑蔑：越国地名，其地在今浙江龙游县北。

杜预注："弥庸父为越所获，故姑蔑人得其旗。"

⑩属 zhǔ：聚集。徒：步兵。

⑪恶 wù：害怕，厌恶。

⑫自：亲自。七人：即前后来报信的七个人。

译文

六月丙子日，越王勾践攻打吴国，兵分两路，越国的畴无余、讴阳从南边走，先到达吴国国都的郊区。吴国的太子友、王子地、王孙弥庸、寿於姚在泓水上观察越军。弥庸见到姑蔑的旗帜，说："那是我父亲的旗帜。我不能见到仇人而不杀死他们。"太子友说："如果作战不能取胜，将会亡国，请等一等。"王孙弥庸不同意，集合部下五千人出战，王子地帮助他。乙酉日，两军交战，弥庸俘虏了畴无余，王子地俘虏了讴阳。越王勾践率军到达，王子地防守。丙戌日，再次交战，越军大败吴军，俘虏了太子友、王孙弥庸、寿於姚。丁亥日，越军进入吴国。吴国人向吴王报告战败。吴王深恐诸侯听到这个消息，亲自把前后去报信的七个吴人杀死在帐幕里边。

秋七月辛丑，盟，吴、晋争先[①]。吴人曰："于周室，我为长[②]。"晋人曰："于姬姓，我为伯[③]。"赵鞅呼司马寅曰[④]："日旰矣[⑤]，大事未成[⑥]，二臣之罪也[⑦]。建鼓整列[⑧]，二臣死之[⑨]，长幼必可知也[⑩]。"对曰："请姑视之。"反，曰："肉食者无墨[⑪]。今吴王有墨，国胜乎[⑫]？大子死乎？且夷德轻[⑬]，不忍久，请少待之。"乃先晋人。

注释

①争先：即争盟时谁先歃血。

②我为长：杜预注："吴为大伯后，故为长。"

③伯：同"霸"。

④赵鞅：字志父，晋国卿士。司马寅：晋国大夫，官司马。

⑤旰：晚。

⑥大事：即订立盟约之事。

⑦二臣：指赵鞅与司马寅。

⑧建鼓整列：下令整队。

⑨死之：战死。

⑩长幼：即位次先后。

⑪墨：气色晦暗。

⑫胜：为敌所胜。

⑬夷：古代对东方各族的泛称，带有华夏族的鄙夷。此处为晋国对吴国之称。

德轻：性子不沉着稳定。

译文

秋季，七月辛丑日，诸侯盟誓，吴国和晋国争执歃血的先后。吴国人说："在周王室中，我们为首。"晋国人说："在姬姓之中，我们为首。"赵鞅对司马寅说："天已晚了，大事还没有成功，这是我们两个臣下的罪过。竖起旗帜整顿队列，我们两人战斗到死，次序先后就可以定了。"司马寅说："请姑且让我到吴营那里观察一下。"回来后，司马寅说："高贵的人的脸色没有晦暗无神的。现在吴王面色灰暗，是他的国家被敌人战胜了吗？或许是太子死了吧？而且夷人生性轻佻不沉着，不能长久忍耐，请稍等一等。"吴国人于是让晋国人先歃血。

图书在版编目（CIP）数据

左传译注 /（春秋）左丘明著；王珑燕译注．—北京：北京联合出版公司，2015.7（2023.8重印）

ISBN 978-7-5502-4101-5

Ⅰ.①左… Ⅱ.①左… ②王… Ⅲ.①中国历史－春秋时代－编年体②《左传》－译文③《左传》－注释

Ⅳ.①K225.04

中国版本图书馆CIP数据核字（2015）第143121号

左传译注

作　　者：（春秋）左丘明

译　　注：王珑燕

出 品 人：赵红仕

选题策划：梁明德　邵鹏军

责任编辑：王　巍

特约编辑：刘文硕

封面设计：格林文化

版式设计：格林文化

北京联合出版公司出版

（北京市西城区德外大街83号楼9层　100088）

三河市华润印刷有限公司　新华书店经销

字数160千字　960毫米×640毫米　1/16　印张21.75

2015年9月第1版　2023年8月第3次印刷

ISBN 978-7-5502-4101-5

定价：49.00元
